普通高等教育“十三五”规划教材

高校体育理论与健康管理教程

张义飞　李兆元　任　楠　主编

中国石化出版社
HTTP://WWW.SINOPEC-PRESS.COM
中国经济出版社
CHINA ECONOMIC PUBLISHING HOUSE

内 容 提 要

《高校体育理论与健康管理教程》教材以“健康第一”为指导思想，在注重体育锻炼基础上，突出了心理健康在体育教学中的作用和地位。主要介绍学生与教师实用的体质健康管理、体育行为管理、身体素质管理、心理健康管理等方面的内容。

本书适合作为高等院校体育专业教材，以及对体育理论与健康发展感兴趣的读者朋友。

图书在版编目（CIP）数据

高校体育理论与健康管理教程 / 张义飞，李兆元，任楠主编．—北京：中国石化出版社，2018.8
普通高等教育“十三五”规划教材
ISBN 978-7-5114-5053-1

Ⅰ.①高… Ⅱ.①张… ②李… ③任… Ⅲ.①体育－高等学校－教材②健康教育－高等学校－教材 Ⅳ.①G807.4②G647.9

中国版本图书馆 CIP 数据核字（2018）第 222741 号

中国石化出版社出版发行
地址：北京市东城区安定门外大街 58 号
邮编：100011　电话：(010)57512500
发行部电话：(010)57512575
http://www.sinopec-press.com
E-mail:press@sinopec.com
北京富泰印刷有限责任公司印刷
全国各地新华书店经销
*
710×1000 毫米 16 开本 15.25 印张 290 千字
2020 年 1 月第 1 版　2020 年 1 月第 1 次印刷
定价：60.00 元

《高校体育理论与健康管理教程》编委会

主　编	张义飞	李兆元	任　楠
副主编	赵　统	孟红玉	孙翊超
	葛春艳	李小明	毕　强
	刘　娜		
编　委	冯建秀	杨　牧	冯　婕
	周文祥	王　森	林　海
	张　营	马　勤	冉　勇
	朱宝峰		

前　言

体育教学是学校教育的重要组成部分，是现代教育思想的重要内容。《中共中央国务院在关于深化教育改革全面推进素质教育的决定》指出："学校教育要树立健康第一的指导思想，切实加强体育工作……"。教育部领导曾多次在全国性的体育教育工作会议上强调，把学校体育工作的重心放在面向全体学生，全面提高学生的身心健康水平上来。这就为学校体育工作提出了要求、指明了方向。

大学体育是学校体育教育的终点，又是大学生实现终身体育教育的起点。因此，大学体育教材应充分体现以适应大学生的锻炼需要为主题的编写思想，以兴趣、娱乐为手段的教学方式，以提高全民族素质为目标的教育理念等几大特点。

大学生是我国社会主义建设任务的主要接班人，承载着国家和民族的希望，他们的科学文化水平、思想政治水平和身体素质处于同等重要的位置，尤其是大学生的身体健康，是国家强大的重要保证。为了全面贯彻落实《中共中央国务院关于深化教育改革全面推进素质教育的决定》，不断深化体育课程改革，使学生树立正确的健康促进观并且能够积极参加体育锻炼，从而提高大学生的身体素质水平。我们根据《全国普通高等学校体育课程教学指导纲要》《学校体育工作条例》的要求，特组织编写了《高校体育理论与健康管理教程》这本教材。目的在于更有效地推进大学生的素质教育，强化运动健康意识，增强终身锻炼的意识，提高自我保健、自我评价和自我调控的能力。

本教材具有以下特点：

第一，内容新颖。本书摒弃了公共体育课以"竞技体育"为主的指导思想，牢牢树立"健康第一"的理念。首先是视角新，突出了健康在体育教学中的作用和地位；其次是资料新，研究国内大学生当前健康状况并吸收了近年来国内体育教育研究的最新成果。

第二，实用性强。本书既符合学生的特点，又适合教师教学，内容涉猎广泛。同时注重理论联系实际，选择了与大学生的生活相关的体育知识，列举了大量鲜活的生活实例。

第三，语言精练，可读性强。内容陈述力求深入浅出，图文并茂，结构新颖。

由于编者的水平有限、时间仓促，书中难免会出现错误和瑕疵，恳请专家、学者们批评指正，在此，表示最真诚的感谢！

编　者

目　录

第一章　高校体育的基本理论

体育是学校教育的组成部分。体育课是高等学校必修课程，它和其他学科一样，共同担负着为社会主义现代化建设培养人才的使命。大学生应充分利用在校学习的良好条件，掌握体育基本理论知识，积极锻炼，培养终身体育锻炼的习惯。本章阐述高校体育的地位、目的任务和组织形式及《国家体育锻炼标准》，使学生明确高校体育的目的要求，提高体育锻炼的自觉性和积极性。

第一节　体育在高校教育中的地位和作用

社会主义社会的根本任务是发展生产力。生产力水平的提高，社会主义经济的繁荣，都有赖于科技进步。从根本上说，科技的发展，经济的振兴乃至整个社会的进步，都取决于劳动者素质的提高和大量合格人才的培养。

我国的教育法规定："教育必须为社会主义现代化建设服务，必须与生产劳动相结合，培养德、智、体等方面全面发展的社会主义事业的建设者和接班人。"高等学校的根本任务，是培养高级专门人才，以适应社会发展的需要。要认识体育在高校教育中的地位和作用，必须研究体育与德育、智育的关系，了解体育自身固有的特点，使其在培养人才的教育中，与德育、智育一道共同担负起培养全面发展人才的重要使命。

一、高校体育是全面发展教育的重要组成部分

德、智、体全面发展的教育，是马克思主义教育理论的重要内容。

马克思通过对资本主义生产方式的研究，预见到由于社会化工业生产的发展，必然导致人的全面发展，也就是说，社会生产决定了人的发展，指出未来社会必须培养全面发展的人。马克思指出："我们把教育理解为以下三件事：第一，智育；第二，体育，即体育学校和军事训练所教授的那种东西；第三，技术教育……"。他还在《资本论》中说："生产劳动同智育和体育的结合，它不仅是提高社会生产的一种方法，而且是造就全面发展的人的唯一方法。"所谓全面发展的人，就是德智体几方面都得到发展的人。我们所要培养的合格人才，应具备以下几方面的素质：

（1）具有健全的体魄和全面发展的体能；

（2）有较高的文化修养以及合理的知识结构和创造性的思维能力；

（3）有勇于开拓，积极进取的精神和强烈的竞争意识；

（4）具有高尚的道德情操、顽强的意志品质和灵活的应变能力。

我们党和政府历来重视学校体育工作。毛泽东同志一贯主张学校教育要使学生德智体全面发展，重视并强调体育在教育中的地位和作用。毛泽东同志早在1917年发表的《体育之研究》中就指出："体育一道，配德育与智育，而德智皆寄于体，无体是无德智也。……体者，载知识之车而寓道德之舍也。"强调"中学及中学以上，宜三育并重"。1950年，针对旧社会给青少年所造成的健康不良状况，作出了"健康第一"的指示；1953年对青年团工作方向的指示中又强调："青年时期是长身体的时期。因此，要充分兼顾青年的工作、学习和娱乐、体育、休息两个方面。"号召青年要"身体好、学习好、工作好"。1957年在（关于正确处理人民内部矛盾的问题）一文中明确指出："我们的教育方针，应该使受教育者在德育、智育、体育几方面都得到发展，成为有社会主义觉悟的有文化的劳动者。"周恩来同志在1958年也指示，学生每天应有一小时的体育活动时间。

《体育法》第17条明文规定："教育行政部门和学校应当将体育作为学校教育的组成部分，培养德、智、体等方面全面发展的人才。"体育作为学校教育的组成部分，已纳入法规范畴，得到法律的保障。为什么体育在学校教育中具有如此重要的地位和作用呢？《中国教育改革和发展纲要》中指出："当今世界政治风云变幻，国际竞争日趋激烈，科学技术发展迅速。世界范围的经济竞争、综合国力竞争，实质上是科学技术的竞争和民族素质的竞争。从这个意义上说，谁掌握了面向21世纪的教育，谁就能在21世纪的国际竞争中处于战略主动地位。"科学技术的竞争和民族素质的竞争归根到底是人才的竞争。所谓人才素质，即劳动者的素质，它主要包括身体素质、思想道德素质和科学文化素质。

中共中央在《关于教育体制改革的决定》中指出："高等学校担负着培养高级专门人才和发展科学技术的重大任务。"无论是培养高级专门人才，还是发展科学技术，都必须使学生德、智、体等方面全面发展，而不是片面发展，这是21世纪国际竞争对人才的要求所决定的。

我国人民正在为实现社会主义现代化建设的宏伟目标而努力。为了适应21世纪我国经济腾飞和社会发展的需要，必须培养大批坚持社会主义方向的各级各类合格人才。青年是祖国的未来，是社会主义现代化事业的建设者和接班人。这一代人是否全面发展，德才兼备，身心健康，直接关系到社会主义建设事业的成败，关系到国家的命运和民族的兴衰。发展高校体育，正是为培养全面发展的高级专业人才这一重大使命的需要。

二、发展高校体育，必须正确认识德、智、体三育的辩证关系

在高等学校教育中，德育是方向，智育是主体，体育是其他教育因素的基础。它们既互相促进，又互相影响，互为作用。在德、智、体三育中，任何一育的存在和发展，都以其他两育的存在和发展作为条件。因此，必须正确认识德、智、体三育的辩证关系，掌握规律，全面兼顾，共同推动高等学校教育目标的实现。

体育在高等学校教育中的独特作用，主要表现在：

（一）体育能增强学生体质

这是学校教育其他因素所不能代替的，它不仅是大学生完成当前学习任务的需要，而且也是为迎接未来工作生活的需要。在发展市场经济的新形势下，讲竞争，讲速度，讲效益，讲拼搏。这不仅对大学生的思想品质、学识才能提出了更高、更严格的要求，同时也对大学生的身体素质、健康状况提出了更高、更严的要求。通过科学的体育锻炼手段，可以促进学生身体健全发育、增强体质。

（二）体育有助于德育的发展

随着我国经济向社会主义市场经济转化的推进，体育在培养人们的竞争意识、道德风尚和积极进取的精神等方面，越来越显示出它的特殊作用。竞争是体育的突出特点，通过各种体育游戏，集体练习，评比和竞赛等手段，能有效地锻炼和培养胜不骄，败不馁，勇攀高峰，敢于拼搏的精神以及勇敢、顽强、刚毅、果断等意志品质。而良好的意志品质又总是和克服困难的行为相联系的。它一方面在克服困难中得到体现，另一方面也在克服困难中得到锻炼。在体育运动中，人们都有一个共同体会，每前进一步或提高一分一秒，都必须付出极大努力去克服一个又一个生理上和心理上的困难或障碍。胜利常常取决于持之以恒、坚韧不拔、付出超乎常人的努力之中。通过集体的体育游戏和比赛，可以培养热爱集体、团结互助、关心他人和正确处理人际关系等良好的思想品德和个性心理特征。

（三）体育能够促进智育的发展

大量的科学实验证明，通过体育锻炼，能促进大脑发育，改善大脑的氧气和养料的供应，提高工作效率。还能改善人的神经过程的均衡性和灵活性，提高大脑皮层的综合分析能力。通过体育锻炼，有助于培养学生敏锐的观察力，迅速的反应能力以及良好的注意力和记忆力、丰富的想象力和灵活的思维能力等。例如，利用体育“积极性休息”的手段，可以消除人脑的疲劳，提高大脑工作效率；利用体育运动中技能迁移的特点，可以培养学生横向思维的能力；通过体育教学中发现法的运用，可以培养学生创造性的思维能力等。

著名的法国作家、哲学家、启蒙思想家伏尔泰，他生来就先天不足，21 岁发育成怎样的一个人呢？用他自己的话来形容，就是个“瘦、高、憔悴而没有臀部”的青年人。他渴望著书立说有所成就，但虚弱之躯难于把理想变为现实。有鉴于此，他就决心把自己的身体锻炼好。体育运动使得这位青年时期体弱多病、又瘦又高的学者活了 84 岁，进行了长达 60 年之久的创作活动，而他的一句哲理名言“生命在于运动”，已为世人所广泛推崇。

俄国的伟大作家列夫·托尔斯泰，是举世公认的世界文坛泰斗。他一生酷爱体育，有一副健康的体格。他家藏书甚多，平时好学不倦，一有空就到大自然去玩个痛快，一年四季根据气候不同特点进行活动，例如，跑步、游泳、滑雪、骑马、划船、打网球等。由于经常锻炼，他的肌肉结实，身体灵活，体型健美，到了 80 岁，身体不发胖，腰杆笔直，十分精神。在他 80 岁以后的日子里，仍然能坚持写作活动，要是没有那持之以恒的体育锻炼是不可能的。

我国当代的绘画艺术大师刘海粟，从小就和山水结下了不解之缘，喜欢爬山，爱好游泳，从 1978 年起，他已届耄耄之年，还九上黄山，足迹几乎踏遍祖国大半河山，他所到的地方，都留下了瑰丽的图画。此外，他锻炼兴趣广泛，骑马、打球，无所不爱。他步入 90 岁高龄，仍经常散步，活动肢体，在艺术上、在人生的征途上，都攀登了高峰，成为时代的佼佼者。

（四）体育能够促进美育的发展

体育既有教育的功能，也有审美的作用。体育与美育既互相结合，又互相促进。例如，学生体形的改善和正确姿势的形成，既是身体发展的需要，也是美育的要求。体育与美育的结合，主要包括身体的美、动作的美和品德的美。身体的美就是健美的体形，表现在身体的匀称、和谐、比例协调和健壮等方面。在体形美的基础上，还必须有美的动作，我们常说“坐有坐相，站有站相”，就是说不管是站还是坐，都要符合正确姿势的要求，所谓“站如松，坐如钟”，就是对站和坐提出的最佳规格。

培养体形美、动作美，不仅关系到学生体质的增强，而且，健美的体形，正确的姿势和彬彬有礼的风度，还直接反映了一个大学生的精神面貌。正确的、有组织的体育教学和运动训练，有助于我们确立和增强美的观念。通过体育活动，能够发展我们感受美、欣赏美、表达美的能力，从而促进美育的发展。

（五）体育能够促进劳动技术教育的发展

大学生通过体育锻炼，不仅能发展各项身体素质，为掌握基本生产技能奠定良好的体力基础，而且，在体育运动中形成的多种多样的动作技能以及走、跑、跳、

投、推、抛、拉、举、支撑、悬垂、攀登、爬越等人体基本活动能力，都可以直接迁移到学习基本生产技术技能和各种劳动及日常生活中去，对学生掌握基本生产技术有良好的促进作用。

大学教育作为一个整体，对学生实施全面发展的教育，不仅应在指导思想上有明确的全面发展教育的观点，而且在处理学校教育的各个部分、各个环节的关系上，也应用全面的观点，统筹兼顾好德智体三育的关系。如将有限的时间、经费、人力、物力等不恰当地偏重于某一育或两育之上时，就势必排挤和影响了另一育或两育的发展。因此，应当全面贯彻国家的教育方针，坚定不移地促使学生德智体全面发展。

大学生的学习任务繁重，而时间和精力是相对有限的。这就要求学生必须正确看待和处理好锻炼身体与专业学习在时间上的矛盾。实际上，矛盾是存在的，但是，磨刀不误砍柴工，体育锻炼虽然用去了一些时间，但促进了健康，增强了体质，开发了智力，提高了学习效率。不少学生从生活实践中领悟到所谓“8 减 1 大于 8”的时间效益。正因为一个人的时间、精力有限，所以需要全面兼顾，合理安排，同时，还要进行科学的锻炼，每天用去一小时锻炼身体，换来比 8 小时学习或工作更大的效益。

古今中外许多革命家、科学家和教育家，在青年时期都很注意身体锻炼，他们德智体全面发展，是我们学习的好榜样。

马克思和恩格斯都非常喜爱击剑、骑马、散步和游泳；列宁则擅长弈棋和冰上速滑；毛泽东毕生从事各种体育锻炼，青年时期不仅四季坚持冷水浴，而且，还采用了“日光浴”“风浴”“雨浴”等独特的锻炼方法；周恩来在学生时代就喜欢打篮球、跑步和跳高，担任总理，工作繁忙，仍坚持做广播操、打乒乓球和散步；邓小平酷爱和擅长桥牌闻名于世。

上述这几位伟大人物，他们还有一个共同的爱好——游泳，而且特别喜欢到江河湖海去游。马克思和恩格斯 1872 年到荷兰参加在海牙召开的第一国际代表大会后，还邀请与会代表到海滨游泳。恩格斯还能在宽阔的威悉河上横渡四个来回；而毛泽东湘江击水，畅游十三陵水库，多次横渡长江的故事，则至今传为佳话；邓小平步入 80 岁高龄，仍兴致勃勃到渤海和黄海游泳，两次都历时 90 分钟，令人敬佩不已。

这些举世闻名的无产阶级革命家，在他们的光辉一生中，不仅表现出高度的政治觉悟，具有渊博的知识，而且在身体锻炼方面，也为我们树立了全面发展的光辉榜样。

两次荣获诺贝尔奖奖金的法国著名物理学家、化学家居里夫人有一句名言：“科学的基础是健康的身体。”她认为：对于人最宝贵的东西是健康、道德品质和学识。她不但自己喜欢游泳和骑自行车，而且对两个女儿也坚持严格的知识传授和体格训练。春天带她们去远足，夏天去游泳，秋天去爬山。在她的培育下，大女儿伊伦·居里也获得诺贝尔奖奖金，小女儿在音乐方面也颇有成就。

青年时期是人生的黄金时代，理想的追求，事业的成就，是从青年时期开始的，身体的发育成长，也是在青年时期基本定型的，要使自己健康地工作，获得长寿，对国家多做贡献，就要珍惜自己的青春，积极锻炼身体，为毕生的事业打下基础。

古代一些很有才华的人物，因身体虚弱多病而过早地离开人世。晚唐杰出诗人李贺，写了不少优秀诗篇，为当时和后人所推崇，可惜因体弱多病，又不懂得体育健身，只活到 27 岁就去世了。晋朝哲学家王弼，十几岁就会注解《老子》和《易经》，也因身体虚弱，不注意休息和锻炼身体，24 岁就去世了。不认识体育健身的科学道理，或轻视体育锻炼的作用，往往会影响自己身体的健康，甚至缩短自己的生命，我们要吸取这些教训。

三、高校体育是国民体育的基础

学校体育是国民体育的基础，搞好学校体育不仅是学校教育的需要，也是我国体育事业发展的需要。我国的《宪法》规定："国家举办各种学校，普及初等义务教育，发展中等教育、职业教育和高等教育。"将来每个人都可能经历中、小学教育的阶段。因此，在学期间，青少年学生体质增强了，才能从根本上改变我国人民的体质状况，提高我国的人口素质。新中国成立以来，我国大学生的体质与健康水平有了很大提高，但由于种种原因，目前我国大学生的体质与健康水平与世界上一些发达国家相比仍存在一些差距。为适应我国社会主义现代化建设的需要，培养德智体全面发展的人才，进一步搞好高校体育工作，促使高校体育的各项任务的全面完成，是高校一项十分紧迫的任务。

增强学生体育健身的意识，养成锻炼身体的良好习惯，掌握体育的基本知识与技能，提高各种运动活动能力，不仅是自身完善和推动群众性体育活动的需要，也是毕业后走向社会，坚持终身锻炼，成为社会体育骨干，推动我国社会体育发展，实现全民健身计划的需要。

四、高校体育是丰富大学生课余文化生活，建设校园社会主义精神文明的需要

新工时制的实施，大学生紧张的学习生活，需要丰富多彩的课余文化生活来调节。大学生精力旺盛，需要各种有益身心健康的文体活动来满足他们的爱好和要求。大学校园应该是高质量的文化领域，高层次的文化园地。随着我国改革开放政策的进一步发展和深化，中、外文化交流的日益增多，难免一些假丑恶的文化现象会鱼龙混杂于校园内外。我们要以健康的文化体育活动去抵制各种丑恶现象对校园的

侵蚀。

体育作为社会主义精神文明建设的一部分，它既是文化建设的内容，又是思想建设的重要手段。因此，开展大学校园的文化体育活动，占领课余文化阵地，引导大学生建立健康文明的生活方式，形成良好的校风学风，抵制精神污染，是高等学校开展思想教育的一种生动活泼，行之有效的形式。

第二节　高校体育的功能结构与发展历史

一、我国大学体育的结构与功能

（一）大学体育的结构

大学体育是大学教育的有机组成部分，是国民体育的基础，它对培养社会建设人才，增强民族体质都具有重要的意义。它主要是指在大学教育中，运用身体运动、卫生保健等手段，对受教育者施加影响，促进其身心健康发展的一项有目的、有计划、有组织的教育活动。因此，我国大学体育的结构主要包括以下要素。

1. 运动教育

（1）体育与健康课程。体育与健康课程是一门以身体练习为主要手段，以增进学生健康为主要目的的必修课程。它是我国大学课程体系的重要组成部分，是实施素质教育和培养学生德智体美全面发展的必不可少的手段。

（2）课外体育活动。课外体育活动指学校在课余时间面向全体学生开展的一项以健身、娱乐活动为主要内容，以班级、小组为基本组织单位，以满足广大学生多种身心需要为目的，促进学生身体、心理和社会适应能力和谐发展的体育锻炼活动。

（3）课余体育训练。大学课余体育训练是利用课余时间，大学有目的、有计划地对部分在体育方面有一定天赋或有某项运动特长的学生，以运动队、代表队、俱乐部等形式对他们进行较为科学、系统的训练。旨在全面发展他们的体能和身心素质，提高某项运动技术和水平，为竞技体育培养后备人才。

（4）课余体育竞赛。课余体育竞赛是指学校充分利用课余时间，有计划、有目标地组织学生以夺取优胜为目的，以运动项目、游戏活动、身体练习为内容，根据正规的、简化的或自定的规则所进行个人或集体的体力、技艺、智力和心理的相互比赛。

2. 健康教育

学校健康教育是一项以传授健康知识，建立卫生行为，改善环境为核心内容的教育，旨在通过对学生开展有计划、有组织、有系统的教育活动，促使学生自觉地养成有利于自身健康成长的行为，消除或降低危险因素，降低发病率、伤残率和死亡率，提高自身生活质量。学校健康教育的目的是通过健康教育的过程以改善、达到、维持和促进学生个体及社会的健康状况。任务是使学生从小养成良好的生活习惯和行为模式，达到最佳的健康状态。

3. 教育活动中的体育和家庭体育

（1）教育活动中的体育。从整个教育体系看，学生体育的获得不仅仅在运动场上进行，要有效地增进学生的健康，必须将对学生的体育、健康贯穿于整个学校教育的全过程。只有学校的一切教育活动和全校教职员工对学生身心健康全方位、多层次地关心，对他们的身体和精神密切地关注，才能使学生在运动场上的运动真正发挥出有效的作用。

（2）家庭体育。家庭体育是指学生受家长熏陶，在家庭范围内进行的各种各样的身体练习和健康保健活动，其主要内容是锻炼身体和体育娱乐。为了有效地增进学生的健康，学生的家庭体育十分重要。因此，建立学校—家庭教育体系是增进学生健康的有效措施和基本条件。

（二）学校体育的功能

功能是指某一事物在环境中所能发挥的某种作用和效能。大学体育的功能是指大学体育在一定的环境和条件下对人和社会所能发挥的作用，它与大学体育的过程结构和大学体育的环境有着密切的关系。大学体育的功能是大学体育的本质反映，它映射出大学体育对人的物质机体与人的精神思维及社会适应性的多种功能。具体说来，大学体育具有如下几个方面的功能。

1. 教育功能

大学体育不仅包含着德育、智育、美育等方面的全面教育和培养，而且蕴藏着极大的潜力和深刻的内涵。体育不仅仅是一种社会性的实践活动，而且是大学教育的组成部分，它还包含了人们对自身的认识和对生命的感悟。大学体育的教育功能主要表现在：

（1）促进学生智力发展。大学体育通过各种各样的身体活动，可以促进学生的智力发展。学生通过体育锻炼能够使自身神经系统发育和发达，这为智力的开发奠定了生物学基础。

另外，大学体育是一项创造性的运动，蕴涵着丰富的开发智力、培养创造力的内容，对全面培养人的观察能力、广泛训练人的记忆能力、启迪诱导人的想象力和提高人的思维能力具有重要的作用。研究表明，运动有助于人开发大脑右半球的功

能，对发展儿童的直觉、空间转换、形体感知等形象思维及创造力具有重要作用。

（2）让学生形成优良品德。大学体育是德育的重要内容和手段，它对于培养、完善学生的人格和个性起着重要作用。大学体育的德育作用表现在：

①大学体育可以培养学生的道德认识与信念，如遵守规则、公平竞争、团结合作、民主奋进等。

②大学体育能有效地营造一个特殊的德育环境，使学生的道德信念通过体育活动得到强化，并内化为学生具体的道德行为。

③大学体育能有效地培养学生的个性意志品质，如勇敢、顽强、对挫折的承受力、对困难的忍受力等。

④大学体育还可以培养学生的集体主义和爱国主义精神以及责任感和荣誉感。

（3）培养学生的审美情趣。大学体育不仅可以塑造学生的身体美，而且还可以给学生灌输心灵美、行为美以及运动美，并可使各种美在运动实践中得到完美的结合。

运动教育、体育锻炼对塑造健美身体的作用是非常直接的。学生通过运动教育、体育锻炼，能使自身体魄健壮、身体匀称、姿态优雅、动作矫健，这既是健康的标志，也是人体美的表现。运动中的形体美、动作美、节奏美、服饰美以及行为举止美都将给学生以强烈的美感体验，使其得到美的享受和情感的陶冶与升华。大学体育培养学生鉴赏美、表现美和创造美的作用是独特的、具体的，有着极强的实践性，这是一般的科学无法比拟的。

2. 健身功能

大学体育的健身功能是大学体育最本质、最为独特的功能。大学体育的健身功能主要表现在以下几个方面：

（1）让学生养成正确的身体姿势，促进其生长发育。青少年学生正处于生长发育的关键时期，身体的可塑性比较大。体育锻炼对培养学生正确的身体姿势，促进机体的生长发育具有重要作用，实践证明，经常参加体育活动，可以促进人体组织的血液循环，使人的骨密质增厚，骨骼变粗，骨骼的坚固性、抗弯、抗断和耐压的性能显著提高。另外，经常参加体育锻炼，能刺激人的骨骼增长，这对青少年学生身高的增长有着积极的意义。

（2）提高学生集体的功能水平。体育锻炼还可以有效地提高人的机体功能水平。经常参加体育活动的人其机体内部能量消耗会增加，代谢产物会增多，新陈代谢旺盛，从而使其机体的各个器官系统如呼吸系统、血液循环系统、神经系统、消化系统等的功能水平得到改善。

（3）发展学生的身体素质和基本活动能力。体育锻炼对发展人的速度、力量、耐力、灵敏性、协调性、平衡性、柔韧性等素质，以及走、跑、跳、投、攀登、爬越等基本活动能力有着重要作用。

(4) 提高学生的心理发展能力。大学体育对提高青少年的认知、情感、意志、精神等心理方面的水平有着十分重要的作用。

(5) 能增强学生对外界环境的适应能力。外界环境是一个非常复杂的系统。自然环境的变化，不可避免地使人的生命和健康受到影响，人体必须随时调节各器官系统的功能来适应这种环境的变化，使人体的内外环境能保持相对的平衡。实践证明，经常参加体育锻炼，不仅可以提高学生对自然环境的适应能力，同时能增强学生对疾病的抵抗能力。

3. 娱乐功能

娱乐的目的是为了获得快乐。开展丰富多彩的课余锻炼与竞赛是大学体育的一个重要内容。一方面，学生通过参加体育活动可以调节情感、丰富生活，缓解由学习所引起的神经紧张和疲劳；另一方面，学生通过观赏体育比赛和表演可以得到心理上的满足和精神上的享受。大学体育还是学生休闲的重要手段，是扩大学生社会交往的重要媒介以及表现自我、展示自我的重要舞台。

更为重要的是，大学体育在某种程度上会对学生未来的生活方式产生巨大的、潜移默化的影响。学生在大学体育活动中所得到的乐趣和愉快体验，不仅会影响他们的体育态度，甚至还会影响他们未来的人生态度，这种受益将是终身的。

4. 促进个性全面发展的功能

个性是指人的个体在一定的社会关系中所形成的个人生理、心理和社会特征，它以独特的方式有机结合而使个体具有独特的社会性。人的个性就是人的独特的社会性。

现代社会不仅强烈地呼唤着人类要以自身鲜明的个性适应时代、改造时代、创造时代，而且更希望人类以自身良好、积极的个性，导向健康与和谐的未来。但人的积极、良好个性不是天生的，它需要教育的引导、培植与塑造。大学体育由于其活动内容多，同学间互动频繁，选择余地大，而且身心需要协同配合，各自承受不同的负荷和刺激，并且在体育活动中，有着让人身体体验深刻、角色变化频度快等特点，因而，大学体育对学生个性的发展具有其他文化课无法比拟的作用。另外，运动让人身体健康，而健康的身体是形成良好个性的基础，且良好个性社会价值的实现，更要以健康身体作为保证。

5. 文化传承功能

大学体育的文化传承功能是大学体育最主要的社会功能。其表现在：首先，大学体育是校园文化的重要内容。大学内部和大学之间开展的多种多样的体育活动，既可以丰富学生的文化生活，又可以营造一种健康向上的人文氛围和环境，对学生

的成长具有重要意义。其次，大学体育是传播体育文化的重要途径。大学通过对学生进行全面、系统的身体教育，可以使学生掌握体育、卫生保健等方面的基本知识、技术以及科学锻炼身体的方法，在这一过程中，体育文化被一代代传递、延续和继承。最后，大学体育对体育文化的创新与发展也具有十分重要的作用。无论是体育理论还是实践手段的创新与发展，都与大学体育有着密切的关系。

6. 社区体育的辐射功能

大学体育是竞技体育的基础早已得到肯定。但随着我国社会体育的蓬勃发展，大学体育对社区体育和家庭体育的辐射作用也凸显出来，大学体育向社区和家庭辐射功能是大学体育本身向纵向的时间和横向的空间拓展的一个必然趋势，也是对终身体育的积极回应，是现代大学体育功能的拓展，也是一个挑战。

7. 社会经济功能

大学体育的经济功能虽不明显，但其发展势头值得我们关注，如大学体育产业的开发和向社会商业活动的拓展、高校的高水平运动队或俱乐部的商业性活动的结合等。当然，大学体育的最根本的经济功能还是在通过改善和提高未来的劳动力的素质，来促进国民经济的增长这一点上。

从以上我们可以看出；现代大学体育的功能具有多元化的基本特征，围绕着人与社会，构成了一个多层次的系统。这个系统在现代教育、体育思想和理念的影响下，内涵更加丰富，在广度和深度上呈现出不断扩展的趋势，大学体育的多种功能将被时代赋予新的意义。

二、高校体育发展的历史沿革

（一）对我国学校体育历史的回顾

当近代教育制度刚刚在中国确立时，学校体育便随之应运而生，尽管不同历史阶段赋予了它们不同的内容、形式及指导思想，但鉴于学校体育在教育中的重要地位，各国政府都按照自己利益和时代要求的教育思想，把学校体育纳入了教育体系之中。例如，20 世纪初期出现的尚武精神、军国主义、实用主义和发育主义等，就一直影响着我国近代学校体育的发展方向。随着新中国的成立，在党和政府的领导下，我国社会主义的学校体育，在改造旧学校体育的基础上，历经半个世纪的沧桑，才从饱经风霜中积累了较丰富的经验，初步形成了具有中国特色的学校体育体系。回顾几十年的艰辛历程，学校体育大致可以分为以下几个阶段：

1. 奠定基础阶段（1949—1965 年）

（1）明确方向，建立机构。建国初期，党和政府十分重视学校体育，为了改变旧中国学校体育的落后面貌，毛泽东同志于1950年和1951年，曾先后两次写信给教育部部长马叙伦，并提出“健康第一”和“身体好、学习好、工作好”的号召。1951年7月，政务院通过《关于改善各级学校学生健康状况的决定》；1954年，中央体委及高等教育部等六单位发出《关于在中等以上学校中开展群众性体育运动的联合指示》；1957年颁布的党的教育方针又明确规定：“应该使受教育者在德育、智育、体育几方面都得到发展，成为有社会主义觉悟的有文化的劳动者。”以上文件和方针充分体现了“全面发展”的现代教育思想，在为学校体育发展奠定思想基础的同时，通过借鉴苏联学校体育的有益经验，终于创建了社会主义性质的学校体育，并明确了它在培养全面发展的社会主义事业建设者和接班人中所起的作用。在此期间，中央教育部设立了体育指导处，高教部成立了体育处，国家体委设立了群体司，共青团中央设立了军体部，加强了对学校体育的领导。

（2）加强措施，完善制度。为使学校体育工作得到落实，最初以学习苏联教学经验和推行《劳卫制》为主要内容的高校体育，基本改变了过去那种“放羊式”或所谓“单元一贯制”的教学方式，并使以《劳卫制》为中心的群体活动及运动训练工作也逐步开展起来。据1955年对上百所高等学校的统计材料表明，经常参加体育活动的学生已占学生总数的七成左右。但是由于对体育认识上的欠缺，为社会主义培养“全面发展”人才的思想尚未真正树立；加之师资力量薄弱，体育经费与设施欠缺，以及我们工作中存在的某些缺点，使学校体育的发展水平还很不平衡，有些学校不仅未能有计划地开展体育活动，甚至连正常的体育教学都没有走上正轨。针对这种情况，高等教育部及国家体委等单位，于1956年2月再次发出《关于加强领导进一步开展一般高等学校体育运动的联合指示》，强调各高等学校必须加强措施，把体育运动作为学校工作的重要方面，并要求各校对体育工作实行校（院）长负责制，在明确开展体育运动具体方针与步骤的基础上，制定体育工作计划，建立起必要的体育工作制度。此后，为了使体育教学工作有章可循，教育部颁布了教学计划，规定全国小学、中学、大学一、二年级，每周必修2学时的体育课。在此期间，高教部又先后颁发了《高等学校普通体育课教学大纲》，出版了高校普通体育课教学参考书，制定了《高等学校体育工作暂行规定》（试行草案），统一了高校体育教学内容和要求，开始在全国建立起比较完整的教学文件，使教学秩序得以稳定，课外体育活动得到开展。特别是在1965年，由于国家体委颁发了《青少年体育锻炼标准条例和项目标准》草案，不少有条件的高校开始试行《青少年体育锻炼标准》，使高校体育在普及群众性体育活动、开展课余运动训练和活跃运动竞赛等方面都有新的起色，并在大学生中涌现出一批运动健将和全国冠军。从总体上看，这段时期虽然受到“左”的思潮影响，但学校体育在曲折中仍在向前发展。

2. 严重破坏阶段（1966—1976 年）

1966—1976 年，学校体育遭到空前的洗劫。新中国学校体育的成就和经验全盘被否定，方向被扭曲，教学秩序被打乱，师资队伍被拆散，场地器材被摧毁，学生体质大幅度下降。高校体育更是首当其冲，破坏损失之惨重，几乎濒临彻底瓦解的境地。

3. 拨乱反正阶段（1976—1980 年）

1977 年 10 月以后，在党的十一届三中全会的指引下，经拨乱反正，学校体育才重新恢复。1978 年，国家重新颁布了《普通高校体育教学大纲》，教育部等三单位又联合发出《关于加强学校体育卫生工作的通知》，加强了党对高校体育工作的领导，落实了党的教育方针，开始重视教育师资队伍建设，并在恢复《两课、两操、两活动》及开展《国家体育锻炼标准》等活动中，涌现出一批先进典型。国家教育行政部门因势利导，于 1979 年在扬州召开了学校体育卫生工作经验交流会及颁布了《学校体育卫生工作暂行规定》（试行草案），有力地推动了学校体育卫生工作在恢复调整的基础上向前发展，并在一定程度上提高了学校体育的地位。

4. 改革开放阶段（1980—1989 年）

20 世纪 80 年代初，学校体育开始进入改革开放阶段。此时，新的《国家体育锻炼标准》开始实施，并进行了学校体育教学大纲改革的试验，有的省市还着手编写体育理论教材。为了贯彻落实《学校体育卫生工作暂行规定》，在高校重点抓了检查验收，并根据两部、两委的《关于进一步建立、健全“体质、健康卡片”，进行全国学生体质、健康调查研究的实施方案》的要求，普遍建立了“体质、健康卡片”。在运动水平提高方面，1982 年 8 月在北京举行了首届大学生运动会。1983 年 5 月再次召开研究学校体育卫生工作的“西安会议”，就认真贯彻党的“全面发展”教育方针，确立以增强学生体质为主的指导思想，加强体育师资队伍建设，坚持改革开放和加强体育科研工作等方面达成共识。为了加强科研工作，1983 年召开了第一次全国性学校体育论文报告会；1985 年底，国家教委和国家体委又联合召开了“全国学校课余运动训练工作座谈会”，作出了在部分高校和中学试办高水平运动队的战略决策。为了适应改革需要，1986 年后成立了中国高等教育学会体育研究会、中国体育科学学会学校体育研究会等群众性学术团体，对促进学校体育学术活动的开展、加快学校体育的改革起到了积极作用。

5. 深化改革阶段（1990 至今）

1990 年是学校体育深化改革卓有成效的一年。随着新修改的《国家体育锻炼标准》及《学校体育工作条例》的正式施行，根据多年实践研究，国家教委自 1990 年开始，相继颁发了大、中、小学《体育合格标准》，从而把学校体育提高到“齐抓共管”的地位，进一步扩大了它在学校体育中的影响。1992年，国家教委印发《全国普通高等学校体育课程教学指导纲要》，在规范学校体育的同时，又鼓励广大体育教育工作者积极进行体育教学改革。1993年，在原全国高校体育专业教材编审委员会基础上，又成立了全国高校体育教学指导委员会，它作为国家教委直接领导的业务参谋机构，为国家教委宏观管理提供经常性的咨询意见，进一步加快了高校体育改革的步伐。这期间，为了互通信息，交流经验，开阔视野，促进改革与发展，跨省市的学术交流频繁，国际性学术活动增多，各种全国性培训班讲习班相继举办，使学校体育改革不断深化，内容涉及指导思想、目标、内容、管理、教法、模式和评价标准等各个方面。

（二）对大学体育发展的概述

众所周知，体育教学（体育课）作为大学体育的基本组织形式，是大学教学计划所规定的必修课程。但在完成其任务的过程中，由于时代的变迁，为适应社会变革而不断更新的教育思想和观念，却始终影响着它的发展方向，表现出鲜明的时代特色。为了不断总结经验，从中汲取有益的营养，在继承和改革中求发展，以促进大学体育教学的深化改革，有必要阐明几十年来我国大学体育教学的发展概况，并以此作为我们展望未来的基础。

1. 传授“三基”为主阶段（新中国成立初至1966年）

新中国成立初期，由于受“全盘苏化”的影响，根据苏联专家凯里舍夫《教育理论》提出的“特殊认识过程教学论”，我国大学体育教学一直沿袭20世纪50年代苏联的教育体系，把“三基目标”作为法定的指导思想。于是突出以教师为中心，用机械模仿、课堂纪律、集体行动等规范约束学生，使学生没有对学习内容进行选择的条件与机会。这种“传习式”的教育思想方法，虽然在组织教学规范化、传授知识技能系统化方面产生过积极的影响，但却又阻碍了学生个性的自由发展，忽略了学生身体素质的提高，在一定程度上限制了大学体育效能的发挥。与此同时，作为培养体育师资的体育院、系，也都以传授专项理论和各项技、战术为主，形成了在技能教学中重“熬”，却忽视研究“学”的理论体系。结果长期以来，体育教师无论在业务领域或思想方法论方面，都自觉不自觉地受缚于此，严重阻碍了新教育思想和观念的传播与推广。

2. 唯“生物体育观”阶段（1966—1976年）

十年期间，因受“知识无用论”的影响，及其“封闭式”社会的制约，人们不可能接受国外先进的教育思想和教学理论，结果迫于政治压力，最终选择了“生物体育观”这个比较保守的立足点，这使大学体育教学从一个极端走向另一个极端，

一度以单纯的体质训练为中心，甚至有时干脆以劳动、军训代替体育教学。在这种错误思想干扰下，大学生的身体素质水平逐年下降，其中有相当一部分学生缺乏最基本的运动技能和体育知识，导致大学体育仍处于“启蒙”教学阶段。正是由于教育主体一直处于被动、消极的地位，使教育思想始终难以突破传统教育观念的束缚，因而就使体育这一人类自身掌握的、富有生命力的社会实践活动，变成了简单、僵化、枯燥的固定程式。

3. 侧重“增强体力”阶段（20世纪70年代末至80年代初）

针对1966～1976年学生体质普遍下降的历史教训，20世纪70年代末由教育部新颁布的大学普通体育课教学大纲，开始提出从增强体质出发，并与《国家体育锻炼标准》相结合的观点，在强调“三基”的同时，明显地把“增强体质”放在了主导地位上。但由于把田径作为教材内容的重点，仍保留了部分技术技能类项目，这表明对20世纪60年代初开始讨论“体育课是以发展身体为主还是以掌握技术技能为主”的颇有争论性的问题，至此有了比较全面的认识，即以体现生理负荷和练习密度的体育教学，应在遵循身体发展规律的基础上重视技术的掌握，而不一定非要呆板地按照技术教学常规组织教学。这在促使大学体育教学的发展上，又向前迈出了重要的一步。

4. 身心“全面发展”阶段（20世纪80年代后期至今）

20世纪80年代的改革开放政策，使现代科学及各种文化艺术通过各种渠道渗透到人类生活的各个方面，引起了人们生活方式的深刻变化。这种变化对体育发展产生了巨大的推动作用，主要表现在人们对体育观念的重新认识上。因为随着体育进入人们现代生活的社会趋势日渐明朗，低级的“生存需要”已远不能满足人们的精神需求，这使得各种体育现象几乎都无一例外地由生物、心理、社会三方面因素而构成。这种“三维体育观”的形成，必然要求大学体育教育思想也要与此相适应。因此，在这个阶段，围绕着发展学生个性、培养学生体育能力、养成学生终身体育习惯而展开的体育教学改革，气氛空前活跃。政府行政部门放宽了限制，广大体育教育工作者侧重课程体系、教材内容、教学模式、教学方法的改革，提出了许多有价值的研究报告和实验成果，使这一阶段的大学体育教学发展与改革，表现出如下的特征：

（1）大学体育教学指导思想又从唯“生物体育观”逐渐向由生物、心理和社会三方面因素构成的“三维体育观”转变，从而拓宽了它在健身、娱乐、竞技、文化、社会等方面的功能。

（2）大学体育教学目标开始朝着“多目标”“多功能”的方向转移，既要追求近期效益，更要着眼于长远目标。由于这种思想体系的确立，考虑改革和发展的双重需要，大学体育教学应侧重启发学生自觉主动地参与体育锻炼，应充分注意学生的个性发展，在全面锻炼身体、掌握技能与知识的基础上，达到增强学生体质的目的，并使学生终身受益于体育。

（3）加强课程与教材建设已成为促进大学体育教学发展的核心动力，近几年来围绕着课程设置、课程类型、课程内容、教学定位、教学大纲、教学模式和教材体系等内容进行的改革，已在课内外一体化、加强体育理论课、实行体育俱乐部制等方面提出不少有创新价值的意见，有待我们进一步通过实践去检验。

（4）根据现实提供的条件，针对教学方法的改革显得格外活跃，从改革的思路看，大都能体现“启发学生主动学习”的思想，表明“以教师中心”的传统观念正在逐步转变。

（5）科学制定评价体系，是一项长期而艰巨的任务。目前，从身、心两方面效果考虑，采用定性和定量结合的评价方法，在一定程度上可以适应现实的需要。

综上所述，经过对我国大学体育教学发展状况的大致描述，我们可以得出以下初步的认识：

第一，从近半个世纪的发展历程看，我国大学体育教学在建国初期有良好的发展势头，而在近十年的发展步伐最大，但几经挫折与反复，虽在艰难中不断前进，却仍未能彻底摆脱传统教育思想的束缚，改革也绝非是一蹴而就的事情，对此我们应有清醒的认识。

第二，大学体育教学发展至今，改革已从具体方法、组织形式等较表浅的方面，逐步向指导思想、观念转变等深层次方向发展，从局部零星的改革向整体改革方向发展。但改革能否付诸实践，尚不能脱离现实所能提供的条件，而在继承和发展中构建具有中国特色的大学体育教学体系，则是我们应牢牢记取的。

第三，大学体育教学改革在突破传统模式方面所做的努力，已通过许多具有丰富内涵结构的研究模式表现出来，但目前这种改革实践滞后的现象却比较普遍，其实际效果也有待通过制定反映多目标、多功能的评价标准去验证，否则就容易产生理论脱离实际的弊端。

第四，近十年大学体育教学改革虽然比较活跃，改革思路也逐渐趋于共识，但改革的主体思想尚不清晰。突破口究竟应选择在哪里？都仍必须花大力气继续努力探讨。根据目前全国大学发展不平衡的现状，是否采取多种模式，或按近期目标和远景规划两步走的办法，也都是我们今后重点研究的问题。

第三节　普通高校体育的目标任务与实现途径

一、高校体育的目标

（一）大学体育目标的内涵

目标是人们想要达到的境地或标准，它是人们通过努力，在一定时期内期望达到的预期结果。目标对人们的实践活动具有导向和激励作用。它通过对活动的各方面的控制和调节，使活动维持其稳定的方向，成为具体行动的向导。同时，目标又具有激励作用，能调动人们的积极性。目标一旦确定则不能轻易变动，但由于外部环境和内部条件的变化又可进行调整。

大学体育的目标是指一定时期内在大学这一特殊的空间范围，体育应达到的期望要求、结果和标准。它集中体现了人们对大学体育与健康课程编制，体育教学实施，课外体育活动、课余体育竞赛、课余体育训练开展中的体育价值的理解，是大学体育目的在大学体育中的具体化。它是大学体育决策和管理的出发点，也是大学体育工作应达到的结果。

大学体育的目标具有一定的层次性，是一个多层次的系统。在大学体育的总目标下，根据各项工作的特点，可以分解成下一层次的目标，如学前教育阶段的体育目标、初等教育阶段的大学体育目标、中等教育阶段的大学体育目标和高等教育阶段的大学体育目标等，每一阶段又包括如体育与健康课程教学目标、课外体育锻炼目标、课余体育训练目标、课余体育竞赛目标、体育科学研究目标、大学体育管理目标等。以上目标还可以分解成下一层次的具体目标。各目标之间相互联系，构成大学体育的目标体系，为实现大学的教育目标服务。

（二）我国大学体育目标的结构

目标是人们实践活动所要达到的境地和标准，是目的和标准的统一。它包括了使命、对象、目的、指标、时限等在内的一套完整系统，是人们实践活动最终期望和期望结果可考核性的有机统一，是人们实践活动目的具体化的表现。它具有具体性、明确性、系统性等特点。

由于目的具有概括性，很笼统、原则和抽象，不能分层到实践中去直接操作。因此，目的必须分解成具体目标，并通过目标逐一实现。

1. 大学体育的总目标

现阶段我国大学体育的总目标是：开发学生的身心潜能，促进学生身心和谐发展，增强学生体质，增进学生的健康；培养学生对体育的积极态度、兴趣、习惯和能力，能较为熟练地掌握和应用基本的体育与健康知识和运动技能，为终身体育奠定良好的基础；培养学生良好的思想品质，促进学生的个体社会化，使其成为具有创新精神和创新能力以及德、智、体、美全面发展的社会主义建设的合格人才；提高少数学生的运动技术水平，为国争光。

上述我国大学体育的总目标，体现了大学体育的本质特征，反映了现阶段我国社会、教育、体育发展的要求和学生个体的需要，比较符合我国大学体育的实际，具有较高的科学性和可行性。

2. 大学体育的效果目标

为保证大学体育总目标的实现，首先应该达到以下效果目标：

(1) 开发学生的身心潜能，增强学生的体质，增进学生的健康。各年龄阶段的学生正处于迅速生长发育的时期，因此，大学体育工作应根据学生不同年龄、性别所具有的生理、心理特点，有目的、有计划、有组织地开展体育教学和课外体育活动，并通过各种体育活动促进他们身体的正常发育，使学生在身体形态、生理机能、身体素质和身体基本活动能力等方面都得到全面发展，对自然环境有适应能力，对疾病有抵抗能力。小学和初中阶段的学生，针对他们身体各部分正处在迅速生长发育时期，要采取加强身体锻炼与养护结合，促进他们身体的正常发育，培养学生正确的身体姿势，并重视体态教育，塑造匀称健美的体型；发展学生的基本活动能力，把握住身体素质发展的敏感期，全面发展身体素质。到高中阶段，针对学生已进入青春后期，生长发育减慢，应巩固提高已获得的体力，进一步发展和提高身体素质水平，尤其要重视发展耐力和力量素质，增强体魄。高等大学学生身体发育已接近完成，可针对不同专业对身体的要求，以及学生对体育的爱好，组织体育活动，并不断提高要求，以进一步增强学生的体质。这不仅对青少年学生个体的成长具有重要的作用，而且对改善和提高全民族的体质健康也具有深远的战略意义。

(2) 传授体育运动、卫生保健和健康生活的知识、技能和方法，使学生具有一定的体育文化素养。大学体育本质上是系统地向学生传授体育文化的教育过程。它可以通过各种途径，向学生系统地传授体育运动知识、原理和方法及卫生保健、自我养护的基础知识，使学生懂得科学锻炼身体的基本原理和方法，学会体育运动中所要掌握的基本技术、技能，并认识大学体育的地位与意义，养成经常锻炼身体的习惯，最终使他们受益终身。

(3) 培养学生的体育兴趣、习惯和能力，为终身体育奠定基础。对体育的兴趣、爱好及养成体育锻炼的习惯，是形成终身体育的重要因素，也是实施终身体育的重点。大学体育和终身体育的联系，是通过“兴趣”和“能力”的桥梁来实现的。大学体育的重点应该更多地放在如何培养学生对体育的兴趣和能力上，在培养兴趣和

能力的基础上，通过长期技术、技能的学习，让学生形成稳定的体育价值观和积极的态度。有了良好的体育价值观和态度，学生才能积极参与体育锻炼，并且终身受益于体育。学生可以因人、因时、因地、创造性地去选择适合自己的健身方法和手段，以满足终身体育的需求。

（4）培养学生良好的思想品德，促进学生个性的全面发展。培养学生良好的思想品德和促进学生个性的全面发展是大学体育的重要目标之一。大学体育具有丰富的思想品德教育因素，结合体育的特点寓思想品德教育于体育活动之中。教育学生为社会主义现代化建设锻炼身体，提高社会责任感，树立群体意识，培养学生热爱集体、遵纪守法、团结合作、朝气蓬勃、勇敢顽强、拼搏进取、开拓创新、艰苦奋斗等思想品德和良好的体育作风，以及培养学生对体育的兴趣与爱好，体验运动的乐趣。同时，还要培养学生鉴赏美、表现美、创造美的情感和能力，陶冶学生美的情操，以促进学生个性的全面发展，为将来适应社会生活奠定良好的基础。

（5）发展学生的运动能力，提高学生的运动技术水平，为国家培养输送体育后备人才。大学是各种运动人才的摇篮，因此，大学要善于发现有运动天赋和运动才能的学生，并在课余时间对他们进行系统的运动训练，以提高他们的运动技术水平，使他们不仅成为推动大学群众性体育活动的骨干，同时也成为国家优秀运动员队伍的后备力量。有条件的大学，还应该组织具有本校特色和传统的高水平运动，一方面可以丰富校园文化生活；另一方面也可以为国争光。

上述大学体育的具体效果目标，它们之间相互联系、相互促进，是一个不可分割的整体，要在实践中采取各种手段和途径才能完全实现。但要注意的是，应根据各教育阶段体育的特点、侧重和要求不同而区别对待。

（二）制定体育目标应考虑的几个因素

大学体育目标能否在大学体育中起到核心的指导作用，关键在于大学体育目标对外界的敏感性与开放性，即大学体育目标能否正确反映社会发展的需要、体育学科本身的发展、学生身心发展的特点与需要。

1. 学生的需要

学生是体育施教的对象，是体育学习的主体，离开了学生这个主体的积极性与作用，大学体育将无从谈起。因而，在制定大学体育目标时，首先必须充分考虑学生这个主体的特点与需要。特别是学生的身心发展特点，因为它在很大程度上决定着学生能够学习什么，达到什么水平。

从内容上看，学生的需要包括学生的身心发展需要和学生的学习需要。这两方面的需要是相辅相成的，因而，我们在制定体育目标时，应充分考虑学生的两种需要之间的依存，在确定体育目标时，应充分考虑某一学段的学生能够学习什么，需要学习什么，以及怎样解决学生的学习动机。

从时间上看，学生的需要既包括学生当前的需要，也包括学生长久的需要。仅满足学生当前的需要，很容易引起学生的体育学习兴趣，但不一定能保证为学生走上社会提供良好的准备；仅满足长久的需要，又容易将成人化的体育内容强加给学生，使体育学习成为一种外在的过程。

从学习的性质上看，学生的需要既包括学生的天赋，也包括学生在后天的学习过程中形成的自觉性。因而，在制定大学体育目标时，首先，以学生的自发需要为基础，利用这种需要来达到体育的目的。其次，要了解作为大学体育特定对象的特定的学生的特定情况，将学生的情况与理想加以比较，确定其中的差距，发现体育的需要，从而揭示出大学体育的目标。

2. 社会的需要

社会的需要主要是指社会政治、经济、科技文化的发展对大学体育提出的要求。大学体育作为我国教育事业的重要组成部分，要全面贯彻我国的教育方针，与德育、智育密切配合，努力将学生培养成为有理想、有道德、有文化、有纪律，体魄健壮的社会主义建设者和接班人，为振兴中华民族做出贡献。这是确定我国大学体育目标的最基本依据。大学体育作为大学教育的一个有机组成部分，它随社会存在与发展，总是为一定的社会需要服务。首先，从整体的社会需要角度看，可分为：社会的现实需要与未来需要；其次，从时空的需要角度看，可分为：家庭、社区、民族、国家的需要。最后，从大学体育的施教对象的特性来看，大学体育不仅是为了今天的学生，更重要的是为了明天的学生。从这一意义上讲，大学体育既要适应当前的现实，又应超越社会的现实，走在社会发展的前面。只有在现实与未来、个人与国家、适应与改造之间找到切入点和结合点，大学体育目标才能更好地发挥其社会功能。

3. 体育学科的功能与发展

大学体育目标确定了体育的价值、定位及其内容和基本结构。大学体育主要是对学生进行身体教育和运动教育，强调的是增强学生的体质、提高学生的运动技能、让学生养成终身体育的思想及行为等。大学体育的主要手段，是体能的练习、运动技能的学习及参与运动的行为。体育学科是大学体育知识最主要的源泉，体育学科的功能是确定大学体育目标的重要依据。所谓体育学科的功能是指体育在与人的个体、社会相互作用的过程中，表现出来的相对特殊的社会作用与效能。一般认为体育学科具有以下功能：增强学生的体质，提高学生的基本活动能力。提高学生对自然的适应能力。娱乐学生的身心，陶冶情操，规范学生的行为。提高学生的审美情趣和有利于学生的智力发展，提高学生的智育活动效能。提高学生的自我保护能力

和人际交往能力。传承与发展体育文化。如果大学体育本身没有这样的功能，则大学体育目标的制定就变成了无源之水，无本之木。

大学体育目标不仅要考虑体育学科的存在，还要进一步考虑大学体育在大学教育中的地位和作用、学生的特点等。

所以，在制定大学体育目标时，不仅仅要考虑大学体育的功能，而且，还要看自己的体育价值追求。体育价值观是人们在制定与实施大学体育时的态度与选择，常常表现为强调体育的某些功能，弱化或忽视某些功能。大学体育目标是制定、设计、实施、评价大学体育的人的某种体育价值观取向的具体体现。对大学体育功能的不同认识、不同的体育价值追求会在很大程度上直接影响大学体育目标的制定、设计、实施、评价。

在制定大学体育目标时，学生、社会、学科三个因素是交互起作用的，其中任何一个因素都不可能单独成为大学体育目标的来源。过分强调某一因素，就会导致大学体育向一个极端发展。另外，国家对大学体育提供的条件、师资数量与质量、场地、器材设备、教学时数、地区气候特点、经费等，人、财、物等客观条件的保证，也是制定大学体育目标必须考虑的因素。

二、高校体育的任务

高等院校的根本任务是培养德育、智育、体育全面发展的人才，这就要求高等院校的毕业生不仅要有为祖国社会主义现代化建设而献身的坚定志向，在所学专业领域内有扎实的基础理论知识和技能，而且还要有强健的体魄。健康的身体不仅是完成学习任务的保证，更是走上工作岗位后能胜任工作的基础。高校体育的目的是：培养学生的体育意识、提高体育能力、养成自觉锻炼的习惯、增强体质、培养良好的道德意志品质，使之成为合格的现代化事业的建设者和接班人。

为达到上述目的，必须完成以下四项基本任务。

（一）增强体质，增进健康

增强体质、增进健康是我国普通高校体育的首要任务。

《全民健身计划纲要》中明确提出：“青少年和儿童的健康成长关系到国家的富强和民族的昌盛，要发动全社会关心他们的体质和健康。”大学生正处在青年期，同化作用和异化作用基本平衡，生长发育日趋完善和稳定，生理机能和适应能力均发展到较高水平，生命活动最旺盛，是身心发展的关键时期。在这个时期，通过体育教育，促进学生遵守合理的作息制度，参与丰富的校园文化活动，重视营养卫生，积极参加体育活动，全面提高身体素质，并着重加强力量和耐力素质，发展体能，提高对环境的适应能力，增强对疾病的抵抗能力，培养良好的精神和心理素质，从而提高健康水平，以强健的体魄和充沛的精力，保证当前的学习和迎接未来的工作。

（二）培养学生体育锻炼的意识、技能与习惯

《全民健身计划纲要》具体指出："要对学生进行终身体育的教育，培养学生体育锻炼的意识、技能与习惯。"现代体育，综合了解剖学、生理学、生物学、化学、医学、力学、哲学、心理学、教育学等自然科学和社会科学的知识，是一门综合性学科，其内容极其丰富。大学生要培养自己的体育意识，增强体育能力，提高参加体育锻炼的积极性、自觉性和实效性，就必须学习体育和卫生保健的基本知识，掌握科学锻炼身体的原理、方法和某些运动动作的基本技术，获得日常生活、生产劳动和国防建设中所必需的基本活动能力。通过教学实践来掌握体育的基本知识，基本技术、技能，增强体育能力，才能养成爱好体育、自觉锻炼身体的习惯。这不仅对大学生当前的学习有益，而且对未来的工作都是十分必要和有益的。

（三）发展学生的体育才能，提高运动技术水平

大学体育在广泛开展活动的基础上，正确处理普及和提高的关系，充分利用大学生的有利条件，以及体能和智能上的优势，对部分体育基础较好，并有一定专项运动天赋的学生进行有计划、系统的科学训练，不断提高其运动技术水平。既可丰富校园文化生活，又为大学培养体育骨干，进一步推动大学体育活动的开展，适应国内外大学体育交往的需要。

（四）培养良好的思想品质和道德风尚

体育具有教育的功能，是对学生进行思想品德教育的重要手段。由于体育的特点，它在完成教育的使命中可以发挥特殊的作用。

高校体育的思想教育任务，主要是：

（1）进行爱国主义和国际主义教育，使学生热爱共产党，热爱社会主义祖国。

（2）进行体育目的性教育，端正学生对体育的认识与态度，使学生懂得关心自己身体健康是社会赋予的责任，能对自己身体方面的发展提出要求，不断提高锻炼的自觉性和积极性。

（3）进行集体主义和爱国主义教育，培养学生热爱集体、团结互助的集体主义精神。

（4）进行组织纪律性教育，培养学生严格的组织纪律性和优良作风。

（5）进行体育道德风尚和意志品质的教育。培养学生遵守规则，服从裁判，胜不骄，败不馁，勇攀高峰，艰苦奋斗，敢于拼搏的精神和勇敢、顽强、刚毅、果断的意志品质。培养学生吃苦耐劳、团结友爱、勇于奉献的优良品质，形成文明的行

为和良好的体育道德风尚。同时，培养自信心、自制力和开拓创新的精神，提高热爱美、鉴赏美、表现美的情感和能力，使学生在知、情、意、行等诸方面都有更高层次的追求，从而建立文明、科学、健康、和谐的生活方式。

三、实现高校体育目标任务的要求与途径

（一）我国大学体育目的任务的基本要求

整体而言，组织开展学校体育的各项工作要以《中华人民共和国体育法》《学校体育工作条例》《学校卫生工作条例》和《学生体质健康标准（试行方案）》为依据，结合学校的具体实际，以保证学校体育目标的顺利实现。在具体工作过程中，应注意以下基本要求：

1. 认真贯彻体育法规，面向全体学生

认真贯彻党和国家的教育方针，认真执行《中华人民共和国义务教育法》《中华人民共和国体育法》，落实《学校体育工作条例》《体育与健康课程标准》《学生体质健康标准》等政策法规，纠正只抓少数高水平运动队来代替全体学生的体育活动和体质健康工作的错误倾向，大学体育工作要面向全体学生，将大学体育工作重点落在学生体质健康的群体活动上，全力保障学生体质健康，其中最重要的就是开展确保每天一小时体育活动工作，保证全体学生都享有体育的权利。要创造一切条件，组织和动员全体学生参加各种形式的体育活动，以满足学生的不同体育需要。对少数有生理缺陷或疾病的学生，要尽可能地安排他们进行适当的保健体育、医疗体育或矫正体育活动，以提高他们的健康水平。对部分有一定运动才能和天赋的学生，应从大学实际出发，在课余时间安排他们进行适当的运动训练，以提高他们的运动技术水平。

2. 以整体观点开展大学体育工作

（1）做到课内与课外有机结合。大学体育工作是一个系统工程，体育（与健康）课程和课外体育活动是实现大学体育工作的两个途径，二者互为依存、相辅相成。体育（与健康）课程所传授的知识技能、方法等可以为课外体育活动的开展奠定一定的身体和运动技能基础，并提供理论与方法指导。同时，学生通过课外体育活动，可以进一步巩固在体育（与健康）课程中所学习的内容，而且随着学生运动能力的提高，学生对体育的兴趣将越来越浓厚。正确处理好体育（与健康）课程和课外体育活动两者的关系，发挥其相互促进、相互加强、互为补充的积极作用，使人人每天有一小时的体育锻炼，增进身体健康。

（2）做到普及与提高有机结合。在普及上提高，在提高指导下普及，从整体上

逐步提高大学体育水平。

（3）做到体育与卫生保健有机结合。在体育知识传授的同时，要进行安全、健康、卫生保健的教育，使锻炼与保健养护结合，真正贯彻预防为主的卫生方针。

3. 积极推进体育课程体系改革

坚决贯彻“健康第一”的指导思想，依据现代体育课程发展趋势，按照《体育与健康课程标准》的精神，把体育课程教学作为大学体育的中心工作，不断深化体育教学改革，注重体育教学方法的科学性和实效性，结合实际应用多种教学模式，提高和优化体育教学质量；关注学生的学习兴趣和情感体验，注重构建学生的主体地位，注重形成和发展学生的个性；重视改造传统运动项目；在体育课程实践部分侧重选择促进学生身体发展，增强想象力，表现力与创造力的身体技能练习；培养学生终身体育的意识和能力；注重体育课程资源和校本课程的开发，重视体育教学研究和科研成果的转化，为学生的身心健康发展创造条件，在改革逐步构建形成有自身特色的体育课程教学新体系，使学生通过运动实践初步掌握体育的基本技能和方法，促进学生身体正常发育与健康水平提高，帮助学生确立健身意识和具有锻炼身体的能力，促进学生心理品质的健康发展，形成完整的主体意识和科学精神，培养学生勇敢自强的精神、合作与竞争的生活态度以及创新意识。

4. 营造良好的大学体育环境

大学体育环境是指开展大学体育活动所需要的物质、制度与心理环境，如校园、校舍、各种体育场地、器材、各种大学体育规章制度、大学体育的传统与风气以及师生关系等。实践证明，大学体育环境是大学体育的有机组成部分，对实现大学体育的目标具有重要的意义。幽雅的大学体育环境不仅可以引导和激励学生积极参与体育活动，给人以美的享受，而且对学生体育的兴趣、动机、爱好、态度等的形成产生潜移默化的影响和作用，并且能够有效地促进学生的身心健康。

营造良好的大学体育环境，不仅要加大投入改善大学体育的物质环境，还要努力构建大学体育传统与风气。学生置身于这种积极向上的体育氛围中，耳濡目染，潜移默化，从而产生一种春风化雨、润物无声的教育效果。

5. 加强体育师资队伍建设

“发展教育，教师是关键”。体育教师是大学体育工作的具体实施者，大学体育工作的成败主要取决于体育教师，是实现大学体育目标的关键。因此，必须大力加强体育师资队伍建设，努力采取切实措施加强体育教师队伍建设，提高体育教师的整体素质。一方面要努力提高师范体育教育专业的质量；另一方面要加强在职体育的业务培训与进修，在职培训与业余进修相结合，自学提高与脱产进修相结合，鼓励教师投身于教育改革的浪潮，认真汲取现代教育理论与思想，提高自身理论水平

与业务能力，以适应当代大学体育改革与发展对体育教师的新要求。同时，注意提高体育教师的社会地位和生活工作条件，防止体育师资的流失，使之在培养德、智、体人才中发挥更大的作用。

6. 加强大学体育科学研究

大学体育科学研究在教育科学研究中有着重要的地位。当前我国大学体育正处于急剧的发展变革阶段，实践中出现了大量的理论和实际问题，需要通过科学研究加以解决，大学体育科研工作要坚持理论和实践相结合，坚持科研和教学相结合，坚持专职科研工作者和大学体育教师相结合，努力解决大学体育工作的突出问题。要把体育课程和学生课外体育活动作为开展大学体育科研的主要场所，以运动技术、技能为载体，把体育内化为学生的健康意识，利用体育的特殊功能对学生施以道德、情操和心理的影响，充分发挥体育在实施素质教育中的积极作用。

在开展大学体育工作时，要注意及时总结工作中的各种经验，并将之上升到一定的理论高度，以便在实践中加以推广。同时，还要善于抓住一些大学体育实践中亟须解决的重要课题进行研究，力争以在科研上的突破来带动大学体育的改革向纵深发展。

（二）实现我国高校体育目标任务的途径

1. 实施创新体育教学的基本途径

（1）以课堂教学为主实施创新教育。“教育是知识创新、传播和应用的主要基地，也是培养创新精神和创新人才的重要摇篮”，“教育在民族创新精神和培养创新人才方面，肩负着特殊的使命，每一个学校都要爱护和培养学生的好奇心、求知欲，帮助学生自主学习、独立思考，保护学生的探索精神、创新精神，营造崇尚真知、追求真理的氛围，为学生的天赋和潜能的充分开发创造一种宽松的环境”。创新教育作为一项涉及方方面面的系统工程，创新精神和创新能力的培养不是一蹴而就的，是一个长期的过程、潜移默化的过程。因此，教师在体育教学中，必须从以下三个方面努力营造一个能诱发学生潜在的创造智能、自由释放其创新灵气的学习环境。①建立活跃、宽松、民主、高效的课堂氛围。充分调动学生的上课积极性，从而发挥学生的主观能动性，尊重学生的个性与创新精神。积极创造条件，在承认学生具有可以开发的巨大创新潜能的基础上，为其提供乐于思考、主动探索、大胆质疑、敢于标新立异的创新机会和条件，适时地做出有利于促使学生创新的评价，激发学生的创新意识和能力。②让学生有较大的自由度。在课堂上要允许学生自由表达自己的想法，不应对学生在课堂上的随意议论、相互交流、回答提问等做过多、过细的限制和要求，避免产生学生因害怕违反教师的有关规定而感到紧张、焦虑甚至压抑的现象。③多肯定，少批评。对学生的独创表现，不要轻易地加以否定，对学生在教学过程中表露的与众不同的观点、思维方法甚至出现的错误不压制、不讽刺、不嘲笑，给学生有一种“创新”的安全感。

（2）转变观念，不断创新。要求体育教师改变传统的教育思想，因为传统的学校体育是以传授运动技术为中心，并由此形成了教师以教材和课堂讲授的填鸭式教学模式，这种模式阻碍了学生创新能力的发展。应充分认识应试教育的弊端，不要因循守旧，安于现状。确立以“健康第一”和“终身体育”为指导思想，以培养学生的创新能力作为教学改革的核心。

（3）修改教学大纲，调整考试内容。我们多数的教学大纲都偏重于技术和理论的教学，忽视能力培养。学生学习的积极性调动不起来的原因就是应试教育和被动学习。修改大纲所选用的教材应体现出“创新性”“趣味性”“专业性”，并满足“健康第一”“终身体育”的需要。调整考试内容，除正常的体育技能考试外还应增加能反映学生创新能力及其他能力的考核，使考试真正成为检查和促进教学的一种手段。

（4）革新教法，不断创新。①教学目标的确定要创新。课堂教学的目标定位，应重视在学生创新意识和创新能力的培养发展上，要把激发学生的求知欲，培养学生的质疑能力、发散性思维、联想能力放在教学法目标的首位。注重基本理论和基本知识的教育，加强基本能力和基本方法的训练，变“授人以鱼”为“授人以渔”。同时，对不同类型的学生制定不同的教学目标，使其能自由选择相应的目标，既量力而行又不随心所欲，使潜能得到充分发挥。②教师的课堂设计要力求有新意。教师要能根据教学内容、要求和目的，选择最佳的教学方法、手段、技术去引导学生，以自己的创新激情感染学生，激发学生学习的主动性。③坚持启发式教学。创新本身也是自主性的活动，它要求教师在课堂上必须坚持以“导”为主，通过启发式教学，调动学生主动探求知识、摸索规律的主动性和积极性，从而提高认识问题、理解问题、解决问题的创新能力。

（5）体育教学应注意开发右脑训练。①开发右脑训练的依据。现代“脑科学”的研究表明，人的大脑左右两个半球的机能是不对称的，它们之间存在着明显的分工。左脑控制人的右半身的活动，主要具有言语的、数理的、抽象思维和求同思维的功能，而右脑控制人的左半身活动，主要具有非言语的、直观的、感知音乐旋律、进行模仿及整体性、综合性、创新机能、形象思维和求异思维的功能，创新能力的综合性本质决定了它只能是左、右大脑的整合效应。美国学者奥斯汀（Austin）还发现当两个半球对较弱的一边受到激励而与较强的另一边配合时，其结果是脑子的总能力和总效应得到很大加强，这个加强不是按“1＋1＝2”来计算，而是以5倍、10倍甚至更多倍数增强。传统的学校是一个“左脑社会”，教学活动几乎都围绕着发展左脑功能而不利右脑发展。而一个人大脑右半球的发达与否，同其创新、创造

能力紧密相关。为此，世界卫生组织曾在全球展开了“1990—2000‘脑十年’”活动，旨在促进脑科学研究，以提高人类的生存质量。②开发右脑训练的方法。开发右脑可以提高创新能力、形象思维能力和综合能力。那么，在学校体育教学中如何开发学生的右脑呢?

科学的体育活动是开发右脑功能的重要手段。科学研究发现，人的拇指和食指在大脑皮层的代表区，比整个胸部代表区总面积还大几倍，说明感觉越灵敏、精细，大脑皮层下的神经纤维数就越多。同样，大脑皮层内支配肢体运动的运动区域面积的大小，也与运动精细复杂程度密切相关。手与五指在大脑皮层所占区域几乎与整个下肢所占区域相等。因此，大脑从手指得到的感觉信息最多，同时反馈于手指的指令也最为频繁。所以，手指体操运动对开发大脑尤其对开发右脑具有重要意义。如创编一些以左侧手指活动为主的指尖、指端活动，拇指、食指活动，同时兼顾每个手指的运动，每个手指关节都参与的活动，手腕部位的各种活动等，从而使手指的运动更加协调、更加全面，使更多的刺激信息存入大脑。同样研究表明，通过左侧体操更多地活动左侧肢体，对右脑能够产生更多的良好刺激，因为无论人体的感觉传入信息或大脑对肢体运动的控制都是交叉的，所以开发右脑要多动左侧肢体。左侧体操的创编要按左侧手指、手掌、手腕、肘关节、躯干、髋关节的顺序依次进行，使左侧的各关节都得到充分活动，并应有头面部的双侧活动的跳跃运动等，以增加传入右脑的信息量。因此，我们在平时的体育教学活动中，可有意识地规定用左手运球、投掷，打羽毛球、地滚球，用左脚踢球、踢毽子等。在课的准备部分可有意识地编几套左侧体操、手指操，还应加强音乐伴奏在教学中的运用。在体育课中恰当地运用音乐伴奏既能激发学生练习兴趣又有利于开发右脑功能，因为右脑是主管音乐的。

(6) 建设一支适应创新教育的现代化教师队伍。实施创新教育，关键是有一支高素质的具有创新精神和创新能力的教师队伍，只有每一位体育教师都具有创新意识和创新能力，才能自觉地将“创新”体现在体育教学活动的全过程中，才能创新性地将知识技能传授给学生，同时创新性地运用现代化教育技术，实施启发式教学，向学生灌输创新意识，点燃学生的创新火花。

2. 实施“快乐体育”教学的基本途径

(1) 教师在教学指导思想上，应该主张以育人为出发点。教师在教学中应面向终身体育，从情感教学入手，强调乐学、勤学，育体与育心相结合，实行体力、智力的全面发展。在教学的关系上，主张把教学的主体从教师转向学生，强调学生是教学的主体，实行教师主导与学生主体相结合；在教学的观念结构上，主张教学是认知、情感、行为这三种心理活动的有机统一，强调体育课必须情知交融与身体发展并举，体育教育结构应是融认识、情感与身体发展为一体的三维立体结构。

（2）从体育教育心理学的角度出发，注重培养学生的体育兴趣。著名教育家夸美纽斯（J. A. Comenius）说过："兴趣是创造一个欢乐和光明的教学环境的主要途径之一"。教师积极引导学生的学习兴趣，是保证教学成果的重要因素之一。例如，在排球教学中，先向学生宣讲排球运动最大的特点——有团队精神和拼搏精神，有进取心和荣誉感；由于排球各环节的相互联系作用，对为人处世、学习、生活乃至整个人生，都有着不可估量的借鉴作用。教师的积极引导，提高了学生对排球学习的兴趣，为取得良好的教学效果奠定了基础。在体育教学中通过目标设置、创设情境、积极反馈、价值寻求等方法来提高学生内在动机。所谓体育动机是指选择、激发、维持并强化一定的体育活动从而导向实现目标的内在动力。学生参加体育活动属于有目的的行为，教师可以通过目标设置来激发动机。例如，在双手垫球练习时，由于动作比较简单，学生在中学就学习过，当大学体育课上再次出现时，他们就没有多少新鲜感，因此，高校教学应根据学生心理设置教学目标，精心组织教学，努力提高一个垫球次数等级（如将过去的良好提高到现在的优秀）。当这种目标转化为学生的内心需要时，学生的练习就会经常处于自我意识控制之下，积极性和自觉性就会增加。另外，可以增加学生在练习时对人际关系的处理要求，增加对力学知识在排球中的应用的要求。

（3）教师要善于发现、培养并保护学生的表现欲。自我表现欲，是个人展示自身价值的积极意念。学生的表现欲直接关系到学生对体育教学的参与意识。教师如果不能对学生在体育教学中反映出来的表现欲望给予正确对待和引导，甚至有意无意地加以扼杀，将会极大伤害学生的自尊心和自信心，打击学生的积极性，从而影响学生个性的健康发展。

教师更要能够及时发现那些内隐、含蓄、带有某种自我抑制的学生的表现欲。当学生有了积极旺盛的表现欲，教师的责任就是要珍惜保护。教师绝不能对学生所表现的行为置之不理、视而不见，甚至用简单的"你不行""就你显能耐"之类的话语给学生泼冷水。相反，如能以"我希望你……""我相信你一定能……"的语气来表露对学生的期望，会使其受到鼓舞，增强其参与体育活动的自信心和动力。教师要多表扬，少批评学生，尤其是对于那些不引人注意的"丑小鸭"，哪怕是一点点闪光点也要加以呵护。体育课堂是学生展示个性和潜能的舞台，因此精心培养学生的表现欲尤为重要。教师对待学生的态度应该是"不求完美，但求参与"。

第四节　高校体育工作对大学生的基本要求

高校体育工作对当代大学生的基本要求是：正确的理解体育的价值；掌握科学健身的理论与方法，具备体育锻炼能力和体育指导能力；培养体育兴趣和习惯；塑

造强健体魄和健全的人格。

一、正确的理解体育的价值

体育运动引入大学校园并形成一种文化现象，是与大学的教育功能紧密相连的。随着现代科学文化的迅速发展，体育在现代社会中的地位和作用越来越被人们重视，体育的作用和影响远远超出了文化和教育的范畴，具有广泛的社会学意义和心理学意义。体育的目的不仅是锻炼身体，而且还在于培养人格。人的全面素质包括思想品德素质、科学文化素质、身体心理素质、审美素质和劳动素质。现代社会需要高素质的人才，而素质教育的非智力因素则需要通过文化来教养。高校体育文化以其独特的作用和魅力存在于校园文化中，在全面实施素质教育，以及培养人才的过程中发挥着不可替代的作用。

（一）培养良好的道德品质，塑造心灵

从事体育锻炼，不仅可以改善学生身体机能，体育还能调节学生的心理，通过各种体育手段和方法，可以锻炼意志品质，催人奋发进取，培养集体观念，加强组织纪律，协调人际关系，消除精神烦恼，给人带来欢愉，使人身心得以和谐、健康。在体育活动中，通过严密的组织和严格的纪律，培养学生遵守纪律的作风；通过互相配合，养成团结互助的优良品质。

（二）促进学生智力发展，提高学习效率

科学研究证明，长期坚持体育锻炼能保证大脑能源物质和氧气的充足供应，使大脑神经细胞得到充分发育。同时，不同性质的运动能为整个大脑神经系统提供各种信息，有利于提高大脑皮层细胞活动的强度、均衡性、灵活性，使整个大脑神经系统的结构、功能得到改善和提高。人的大脑在工作一定时间后会有疲劳感，根据高级神经的负诱导规律，运动中枢神经兴奋，可以使思维记忆中枢得到完全休息，从而很快消除疲劳，提高学习效率。

（三）提高学生的审美意识，陶情冶性

体育是一种健与美统一的活动，体育锻炼能使学生体魄健美，体形匀称，姿态端正，动作矫健，这些既是健康的标志，又是人体美的表现。高校体育能以丰富的内容和独特的形式，培养学生的形体美、动作美、姿态美、仪表美和心灵美，使学生树立正确的审美观，提高感受美、鉴赏美、表达美、创造美的能力。

二、提高体育能力

能力通常是指人在从事某种活动中表现出来的本领。体育能力即指人在从事体育活动中表现出来的本领。掌握体育理论知识、技术与技能是提高体育能力的基本前提。因此，大学体育必须强化体育知识、技术、技能的传授，决不能削弱和取消。因为，学生只有较全面系统地掌握体育的知识、技术、技能，才能形成与发展较为全面的体育能力，如体育的认识能力、体育的锻炼能力、体育的观赏能力等。

（一）人的基本活动能力

走、跑、跳跃、投掷、悬垂、支撑、爬越和涉水等基本活动能力，既是人的相应个性心理特征反映，又是人随意运动技能的具体表现。它直接影响着人的活动效率与顺利完成的程度。基本活动能力强的人，其实际活动效率相应较高，顺利完成活动的程度较好；基本活动能力弱的人，其实际活动效率相应较低，顺利完成活动的程度相应较差；基本活动能力有缺陷的人，其相应实际活动必有障碍或没有效率或根本不能完成。由于诸多因素的影响，我国青少年的基本活动能力呈下降趋势，这与未来世纪的要求形成很大反差，这一现象应该引起全社会的高度重视。

（二）体育的认识能力

对体育的认识水平、认识程度、认识能力是制约大学生体育意识形成的关键要求。大学生能深刻认识体育的功能作用，即体育与国家、体育与时代精神、体育与个人事业、体育与生活与学习的密切关系，就能积极投入体育活动之中。大学生知识全面、扎实，智力优势明显，具备了提高认识能力的可能与条件。大学生应充分认识到这点，认真学习体育科学知识，提高认识能力。

（三）体育运动能力

体育运动能力是体育能力的核心部分，在当代倡导终身体育教育中更显得重要。具有良好体育运动能力的人，一般对体育运动具有良好的情感体验和自信，并掌握运动的方法和技巧，形成了相对稳定的习惯，甚至爱好，这对终身体育参与是十分有益的。如有的大学生在大学期间掌握某项运动技能，并形成了对该项目的运动兴趣，在课余时间又能经常性坚持该项目的练习，那么，这个运动项目可能会成为其终身参与体育所采用的一种锻炼身体方法。因此，培养学生体育的一技之长，发展学生体育能力，是终身体育的需要。

(四) 制定锻炼计划的能力

科学地进行体育锻炼需要有计划，计划是对锻炼内容、时间、方法、运动负荷诸方面的安排。制定锻炼计划的能力体现在对锻炼计划中各项具体内容的合理安排上。从事终身体育锻炼，以求体育锻炼实效，需要大学生具备制定锻炼计划的能力。

(五) 自我检查和自我评价能力

在体育锻炼中，及时、准确地进行自我检查和自我评价，是锻炼者必须掌握的操作技能，也是体育锻炼能力培养中不可忽视的一项非常重要的内容。通过检查和评价，能了解锻炼的效果，激发锻炼的自觉性和积极性，并能提供锻炼者自身体质变化的信息，便于进行自我监督，合理安排体育锻炼的内容、方法、负荷等，从而使以后锻炼获得更好的效果。自我检查能力和自我评价能力是科学体育锻炼应具备的能力。

(六) 体育观赏能力

体育欣赏已为越来越多的人所热爱。据统计，全世界每年参与体育欣赏活动的人数几乎达到世界人口的一半。进行体育欣赏，需要了解掌握较为丰富的体育知识，运动技术、战术，熟悉和懂得比赛规律则和裁判法，又能保持良好的观赏心态，才达到观赏目的，取得良好观赏效果。只有不断提高自己的欣赏水平、欣赏能力，才能充分发挥体育欣赏在改善人类社会生活中的积极作用。

三、培养体育的兴趣和习惯

(一) 体育兴趣是人们积极探究体育活动的认识倾向

人们总是对自己有兴趣的事物进行积极地探究，并常常带有情绪色彩和向往的心情。人们对体育的兴趣往往从多姿多彩的运动竞赛、运动游戏、身体练习和运动场馆设施的关注开始的，通过对体育诸多的具体内容、方法、手段、设施等的关注和向往，人们的认识活动就会逐渐集中地指向与体育有关的事物。

对体育的兴趣，首先是人们在对体育需要的基础上产生和发展的，因为需要的对象即是兴趣的对象。同时，我们还必须明白，在较低级的需要基础上产生的兴趣是暂时的，只有建立在文化和精神需要的基础上的兴趣才是持久的，在需要得到满足后又产生更加浓厚的兴趣。高文化层次的大学生理应将自己对体育兴趣建立在高级需要的基础上。

（二）体育爱好是从事体育活动的倾向

当人们对体育的兴趣进一步发展为从事体育活动的倾向时，就发展成了对体育运动的爱好。爱好总是与活动紧密联系在一起的。有的大学生只对体育有观赏的兴趣，而没有积极从事体育活动的爱好，这样就难以使体育运动真正进入自己的生活，就很难养成体育运动的良好习惯。

（三）体育习惯是从事终身体育活动稳定的行为特征

体育习惯是人们经过长期体育实践巩固下来的从事体育活动的行为特征。体育习惯的养成，有赖于体育意识和兴趣的培养，以及持之以恒的意志努力，并有一个从不自觉到自觉、不习惯到习惯的逐步养成的过程。体育习惯一经养成，体育活动就成为人们日常生活中不可缺少的重要内容。

（四）正确对待体育的兴趣、爱好和习惯

首先，从教育的角度出发对待兴趣。学生有兴趣的要发扬，学生无兴趣、但有价值的，那就应该加以引导。其次，学生参加体育锻炼的兴趣、爱好与习惯，不仅是一般的体育教育过程，而且更要强调这是一个比单纯运动技术传授更为艰巨复杂的教育、培养过程。要使学生形成体育兴趣、爱好、习惯，就必须要实现理论与实践相结合、课内与课外相结合、校内与校外相合，必须通过多途径、多方式进行体育教育，使学生真正认识到培养体育兴趣、爱好、习惯与终身体育和终生健康密切相关，要保持终生健康、终生参与所必需的体育兴趣、爱好、习惯。从终身体育视角来观察学校体育，它给我们的启迪是：培养兴趣、发展爱好、形成习惯，这是人们步入终身体育的关键。因此，培养学生体育兴趣、爱好与习惯是学校体育教育的重要目标，也是对大学生最重要的要求。

体育的兴趣、爱好、习惯是相互联系、相互促进、相辅相成的。实践证明，通过对体育运动的观赏和参与，通过高校有目的、有计划的体育教育，学生对体育的兴趣一旦发展成为对体育爱好之后，就会成为他们认识和从事体育活动的强大动力，极大提高大学生从事体育活动的主动积极性。养成良好的体育习惯，使大学生轻松愉快地体验体育运动的无穷乐趣和促进身心发展的诸多功能，其收益更是久远的。

四、塑造强健的体魄

增强体质，增进健康，努力塑造强健体魄，应视为大学接受体育教育的直接目标或首要任务。它既受高校体育本质功能的制约，又充分反映现代社会对提高人类自身素质的现实需要，自然也是新世纪对合格人才的基本要求。

（一）大学阶段是塑造强健体魄的关键时期

大学生正处在青春后期和青年期，同化作用和异化作用基本平衡，生长发育日趋稳定，生理机能和适应能力发展到较高水平，是性发育成熟、生命活动最旺盛、身心健康加速发展的关键期。在此关键时期，必须十分重视通过科学的身体锻炼过程来促进和完成自身正常生长发育，全面发展身体形态、机能，努力提高身体素质和基本活动能力，增加对疾病的抵抗力和对环境的适应能力，谋求塑造强健的体魄。

（二）认真接受体育教育

高等学校体育教育过程主要是在教师的指导下，大学生积极主动地学习和掌握体育与运动的基本知识、基本技术、基本技能的过程，促进大学生获得参与运动实践的本领和掌握身体锻炼的科学方法，这是一个参与运动、掌握技术、发展智力、增强体力的综合过程。建立正确的体育意识，提高体育的基本能力，培养体育兴趣和习惯，塑造强健体魄，将会在潜移默化的高校体育教育中，通过教师的引导和学生自身的主动陶冶而实现，从而真正体现出体育教育能促使自己受益终身。

五、塑造健全的人格

现代奥林匹克运动创始人顾拜旦阐明："体育运动不仅锻炼一个人的体魄，它同心理的关系与其他生理关系一样，能够影响人的悟性、性格和良心，因而，它是一副社会、道德的改良剂。"体育是将体格、品德、性格加以磨炼并有机地融为一体的教育手段。体育具有全面育人、塑造健全人格的特征。通过体育教育不但强健了大学生体格，而且也健全了大学生人格。通过各种各样的球类活动和运动竞赛，有益于培养学生群体精神、协作精神、拼搏精神以及遵纪守法、尊重他人、文明礼貌、胜不骄、败不馁的品德和乐观、开朗、合群的性格。通过田径、体操等项运动，又可培养学生勇敢果断、坚忍顽强、奋发进取、吃苦耐劳的优秀品质。体育教学内容丰富、途径多样，方式众多，具备了塑造大学生人格的诸多优势条件。大学生应积极投入到丰富多彩的体育活动之中，在体育活动中强健体魄、完善人格。

第二章　体育锻炼对人体健康的影响

第一节　体育锻炼对人体生理健康的影响

公元前 300 年，古希腊伟大的思想家亚里士多德就提出：“生命需要运动”；18 世纪，法国作家伏尔泰曾说过：“生命就是运动”；18 世纪，法国著名医生蒂索曾论述：“运动就其作用来说，几乎可以代替任何药物，但是世界上一切药品并不能代替运动的作用”。

体育锻炼是通过科学的身体活动形式给予人体各器官、系统一种良性刺激，促使身体的形态结构、生理功能等方面发生一系列适应性反应和变化，从而增强体质，增进健康的过程。在增进健康的诸因素中，体育锻炼是重要的积极因素之一。

研究发现：不锻炼的人 30 岁起身体功能就开始下降，到 35 岁身体功能相当于最健康时的 2/3，而经常锻炼的人到四十五岁身体功能还相当稳定，当他 60 岁时，心血管系统的功能大约相当于二三十岁不锻炼的人，这也就是说，经常锻炼的人比不锻炼的人要年轻 20～30 岁。现任国际运动医学联合会主席霍尔曼教授指出：每天坚持跑步 10 分钟，心脏可以年轻 20 岁。体育锻炼对人体生理系统的影响主要包括心肺循环、运动、神经、消化系统。

一、体育锻炼与心肺循环系统

当今，知识分子英年早逝的一个重要病因是心脑血管疾病。作为未来社会科技精英的大学生，在大学期间必须要了解、掌握体育锻炼对心肺系统的良好影响，并能通过科学的体育锻炼增强心肺循环系统的功能。

（一）心肺功能对健康的意义

在人体的各器官系统中，由呼吸系统与心血管系统组成的人体氧运输系统（即心肺系统），对人体的健康及生命活动有十分重要的作用。人体通过心肺循环系统将氧气和营养物质源源不断地输送到人体的各个细胞，同时将其代谢终产物向体外排出，这是人体维持新陈代谢的基础。心肺功能的适应能力是评价健康的重要生理指标之一，是人体运动能力的重要基础。

(二) 体育锻炼对心血管系统的良好影响

1. 坚持锻炼能增加心脏的壁缺、体积，增大心容积

经常锻炼者，由于运动负荷的刺激，使其心肌发达，心肌壁增厚，心腔室加大；训练有素的耐力运动员，其心脏的这种变化更为明显，并称这种心脏为运动员心脏或运动心脏。这种运动性心肌肥大使心脏其有更强的工作能力（见表 2-1）。

表 2-1　经常锻炼与一般人心脏指标比较

分组 心脏指标	心脏重/克	心脏直径/厘米	心容积/毫升	安静时心 率/（次/分）	安静时心 输出量/（升/分）	剧烈运动时心输 出量/（升/分）
一般人	300 左右	11～12	750 左右	75 左右	5.25 左右	21.45 左右
经常锻炼者	400～500	13～15	1000 以上	50～60	5.50 左右	31.20 左右

2. 坚持锻炼能使心肌收缩有力，每搏输出量多，心搏动徐缓

经常锻炼者的心脏心肌壁增厚，收缩有力，腔室增大，心容积增加，每搏输出量增多。这就使其安静时心率比一般人减少 15～25 次/分，心肌获得的休息时间增多，心力储备增加，工作能力增强，所以他们的心脏有更大的潜力来适应运动负荷的需要，完成各种繁重任务。

一名优秀的马拉松运动员跑完 42.195 千米的全程，流经心脏的血液量可达 5 吨，这是一般人所不能达到的。由此看来，人们应养成坚持长跑的习惯，来增强自己心脏的功能。

3. 坚持锻炼可使心血管功能得以改善

动脉血管、静脉血竹和毛细血管组成了血液流通和营养运输的通道。经常参加锻炼可使各种血管壁的弹性增加，减小血流的阻力，提高血流量，有利于血液循环；同时还可以增加毛细血管的数量及横截面积，从而使心血管功能产生如下良好变化：

（1）调动快。为适应运动需要，心血管系统的功能可以迅速调动起来。

（2）恢复快。运动后，心血管系统功能可在较短时间内恢复到运动前的安静水平。

（3）潜力大。进行最大强度运动时，在神经和体液的调节下可以发挥心血管系统的最大功能潜力，充分调动心力储备。

坚持锻炼对心血管系统疾病有良好的预防作用。经常锻炼者，在增强心脏功能的同时，也改善了体内物质的代谢过程，减少了脂类物质在血管内的沉积，增加了纤维蛋白溶解酶的活力，防止血栓形成，保持与增进了血管的弹性，改善了微循环，调节了体内环境的平衡与稳定。另外，在运动过程中，肌肉的收缩会产生一些对血

管有扩张作用的化学物质，从而使血胀降低。

4. 坚持锻炼能改善血液成分

坚持锻炼能提高红细胞和血红蛋白的含量，增加白细胞分类中淋巴细胞的数量。可以增加血浆中缓冲物质的含量，提高血液对运动后产生的酸性物质的缓冲能力。

血液中有数对具有缓冲作用的物质，其中最为重要的是碳酸和重碳酸钠（钾）。当组织代谢产生的酸性物质进入血液后，重碳酸钠（钾）就很快把这些酸性物质中和成弱酸（H_2CO_3），弱酸再转化为 CO_2，由呼吸器官排出。下面以乳酸为例，其简单反应如下：

$$HL + NaHCO_3 \longrightarrow NaL + H_2CO_3$$

（乳酸）（重碳酸钠）（乳酸钠）（碳酸）

$$H_2CO_3 \longrightarrow CO_2 + H_2O$$

（三）体育锻炼对呼吸系统的良好影响

体育锻炼并不能改变肺的大小，但它可以改善呼吸肌的状态和效率，更好地发挥其功能。

1. 增强呼吸肌的力量

经常参加锻炼可使呼吸肌纤维增粗，毛细血管增多，物质代谢增强，力量增大。同时，安静时不常用的辅助肌（腹肌、肩带肌、背肌）都随运动强度的增加而参与到呼吸工作中来，使整个呼吸肌的力量和耐力都得到发展，从而提高呼吸系统的功能。

2. 肺活量增大，肺通气能力提高

由于呼吸肌力量增大，使胸廓扩张能力增强，从而肺活量也就随之增大。

肺通气量（单位时间内呼出或吸入肺内的气体总量），可从平时的 9 升/分增加到运动时的 70～150 升/分。

3. 呼吸频率改变，肺通气效率提高

经常锻炼者安静时每分钟呼吸 8～12 次，甚至 4～6 次，就能满足人体的需要；不锻炼者则需 12～18 次才能满足人体需要。

坚持锻炼者呼吸次数少但吸入的空气多，并且流通空气量更大，可达 150 升/分或更多；而不坚持锻炼者是 120 升/分或更少。

4. 提高人体在特殊状态下的工作能力

人体通过锻炼，呼吸系统在缺氧状态下的功能适应能力会高于一般人，如高空环境、空气稀薄、气压低等特殊环境条件。1960 年，我国登山健儿经过艰苦训练，

在没有氧气补充的条件下，克服重重困难，登上了世界最高峰——珠穆朗玛峰，创造了人类登山史上的奇迹。

5. 对呼吸系统的疾病有预防和治疗作用

经常锻炼可使新陈代谢更加旺盛，心肺功能加强，身体抵抗力提高，呼吸道毛细血管更加密实，呼吸道黏膜的分泌能力、上皮细胞的纤毛活动能力、肺内吞噬细胞的吞噬能力得到加强，从而能及时消灭和清除呼吸道的病毒，起到预防和治疗疾病的作用。

(四) 大学生心肺循环系统功能锻炼指导与注意事项

1. 锻炼内容

(1) 有氧运动。经常参加的锻炼方式有：慢跑、骑自行车、游泳和快步走等。

(2) 无氧运动。对有一定锻炼基础者可以进行一定量的无氧运动，如短距离疾跑等。

2. 锻炼方法

增加心肺循环系统的功能主要是以增强有氧耐力的途径来实现，其具体的锻炼方法是相对的，进行锻炼时最重要的是根据实际情况采用适合自身的具体锻炼方法，并注意其科学地实施，在锻炼效果的不断累积中提高心肺循环系统的功能。

3. 注意事项

(1) 遵循科学锻炼身体的原则。如自我积极原则、个性化原则、循序渐进原则、阶段性原则、持之以恒原则、全面训练原则。

(2) 锻炼时间、环境及运动负荷的科学安排。根据自己体质状况制订适合自身的锻炼计划，这是达到锻炼目的的保证。锻炼时间、运动强度（最大心率%）、锻炼频率（天/星期）、锻炼方式、运动环境的选取上严格按科学方法进行，尤其是锻炼时运动强度的控制是发展有氧耐力的关键，心率应控制在最大心率的60%～80%，运动强度过大或过小都达不到预期效果。

(3) 有氧耐力锻炼一定要持之以恒，有计划进行。无论是锻炼的实施，还是写锻炼日记（锻炼时鼓励自己写锻炼日记，记录锻炼情况，控制心率变化，将有助于了解自己心肺适应水平的提高情况，增加自己坚持锻炼的决心和信心）都要持之以恒，有计划地进行，这样会使较小的锻炼投入获得较好的锻炼效果，并且终身受益。

二、体育锻炼与运动系统

运动系统又称骨骼肌肉系统，是由骨骼、关节和肌肉构成。骨骼的发育一般在

20～25 岁完成，肌肉的发育在 30 岁左右完成，学生年龄段是运动系统发育的一个很重要时期，一定要进行科学的体育锻炼，全面增进运动系统的健康。

（一）体育锻炼对骨骼的良好影响

（1）经常参加体育锻炼可促进骨骼的生长发育，使骨密质增厚，骨变粗，骨面肌肉附着处突起明显，骨小梁的排列根据张力和压力更加整齐、有规律。这是由于骨的新陈代谢加强，骨的血液循环得到改善，从而在形态结构上产生良好变化的结果。

（2）随着形态结构的变化，骨骼的增长，人逐渐长高。同时，骨变得更加粗壮和坚固，在抗折、抗弯、抗板缩和抗扭转方面的性能都有了提高。

骨的两端长着软骨（称为软骨），内面有软骨细胞。运动时，软骨细胞受到挤压的刺激，快速地繁殖、成熟、肥大，再加之运动使血液循环加快，骨细胞获得充分的营养，从而向两端快速增长。下肢骨变长，在身高、体重的增长方面表现尤为显著。因此，身材高矮是由骨骼发育成长决定的，经常参加运动的青少年要比同年龄的人，身高平均高出 4～7 厘米。

此外，锻炼项目的不同，对人体各部分骨的影响也不同。经常从事下肢活动，对下肢骨的影响较大；长期从事上肢活动，对上肢骨的影响就明显。人体在不同时期骨的新陈代谢程度不同，青少年时期较为旺盛，这个时期进行科学的体育锻炼，会促进骨骼协调合理生长。然而，当体育锻炼停止后，骨骼经锻炼所获得的良好变化会慢慢消失，这就要求我们必须持之以恒，切忌三天打鱼，两天晒网式的锻炼。

（二）体育锻炼对关节的良好影响

经常参加科学的体育锻炼，对人体关节的形态结构会产生良好影响，使其机能得到提高。

（1）关节面骨密质增厚，提高人体对运动负荷的承受能力；

（2）关节面软骨增厚，既加大了关节的稳固性，又提高了关节的运动缓冲能力；

（3）关节囊增厚，加固关节；关节囊内层的滑膜层分泌滑液功能提高，减少软骨之间摩擦；

（4）关节滑膜囊与滑膜皱襞的形态、结构产生良好变化，避免关节面过大的撞击和摩擦；

（5）关节周围肌腱和韧带增粗，加强了关节的稳固性，提高了运动能力。

关节稳固性的提高，既可加强对关节的保护，提高其运动能力，又会减小关节活动幅度，影响其运动能力。所以，在进行力量性练习时，要配合一定数员的柔韧性练习，使力量与柔韧素质同时得到相应发展，全面提高关节运动能力，减少伤害

事故。

参加不同的锻炼项目，对关节的作用也不相同，如游泳、乒乓球等运动对上肢关节作用大，足球、跑跳等运动对下肢关节作用大。另外，短时间、较大强度的运动可使关节有些肿胀、疼痛，这是由于关节软骨暂时肿胀、滑液增多及运动负荷对关节的刺激造成的，运动停止后肿胀消失。这种变化在25岁以下年轻人较明显，特别是不经常参加锻炼者更加明显。

(三) 体育锻炼对肌肉的良好影响

经常参加体育锻炼可使肌肉体积明显增大，不同运动项目肌肉增大部位与程度不同，肢体围度的大小反映肌肉体积增大程度。首先，经常参加体育锻炼的人长得结实健壮，肌肉丰满，身材匀称。据统计，运动员的肌肉占体重的40％～50％，而一般人的肌肉占体重的35％～40％，举重运动员能举起的重量是一般人的2～3倍。此外，体育锻炼可以消除多余脂肪，防止肥胖症。另外，经常参加体育锻炼的人，在神经系统的调节下，肌肉的工作能力大大提高，肌肉灵活协调、反应迅速、准确有力、耐久高效。

体育锻炼对肌肉形态结构的影响：

1. 肌肉体积增大

大多数人认为肌肉体积增大的原因是由于肌纤维增粗所致，也有人认为是肌纤维数目增多所致，但都没有足够的实验证明。实践证明，力量性练习如举重等项目，可使肌纤维得到最大程度的增粗。

2. 肌纤维中线粒体数目增多，体积增大

线粒体是肌纤维中的细胞器，它是肌纤维的供能中心，三磷酸腺苷（ATP）主要从线粒体中产生。

在耐力性练习如长跑等运动中，肌纤维的线粒体明显增加，这就为肌肉收缩提供更多能量，以适应耐力运动的需要。

3. 肌肉中脂肪减少

在不经常参加锻炼的情况下，骨骼肌表面和肌纤维之间会有脂肪堆积。肌肉内的脂肪在肌肉收缩时会产生摩擦，消耗能量，同时也降低了肌肉的收缩效率。通过体育锻炼，特别是耐力性项目，可以减少肌肉的脂肪，这既能健美形体又可以提高运动能力。

4. 肌肉内结缔组织增多

体育锻炼尤其是力量性练习，在肌肉反复收缩过程中，使围绕每根肌纤维周围的肌膜和肌束周围的肌束膜变厚。同时，也使肌腔和韧带中细胞因增殖而变得坚实粗大，提高抗拉断能力。

5. 肌肉内的化学成分发生变化

经常参加体育锻炼，可使肌肉中肌糖原、肌球蛋白、肌动蛋白、肌红蛋白和水分等含量增加，使肌肉收缩能力提高，氧储备量增加，力量增大。

6. 肌肉中毛细血管增多

经常参加体育锻炼可以使骨骼肌肉中的毛细血管数量增多，形态功能得到完善，改善骨骼肌的血液供给情况，提高肌肉的工作能力，有利于肌肉持续长时间的大负荷运动。

7. 参加活动的肌纤维数量增加

并不是每块肌肉的纤维在运动时都收缩，只有一部分肌纤维对神经冲动产生反应发生收缩。不收缩纤维称不动纤维。肌纤维不收缩部分是由于神经控制中不使用它们，或是达到运动终极的神经冲动太少太弱。一般人的肌肉只有60％的肌纤维参加收缩活动，经常锻炼可使参加收缩活动的肌纤维提高到90％左右。所以，经常参加锻炼的人肌肉力量较大。

三、体育锻炼与神经系统

（一）神经系统的作用

神经系统包括中枢神经系统和周围神经系统。中枢神经系统是指挥整个机体活动的“司令部”。人体的一切活动，其本质都是神经系统的反射活动，都是经过感知、分析、判断、作出反应这个过程来完成的。巴甫洛夫曾说：“神经系统的活动一方面使有机体各部的活动统一合作，另一方面用以使有机体与外界环境发生关系，使有机体各系统与外界平衡。”神经系统在人体内起主导作用。

（二）体育锻炼对神经系统的良好影响

1. 改善和提高神经系统的反应能力

神经系统的主导部分是只占人体体重2％的大脑，大脑所需要的氧气是由心脏总血流量的20％来供应，比肌肉工作时所需的血流量还要多。当人们进行体育锻炼时，特别是到大自然中去锻炼，可以改善神经系统，尤其是大脑的供血、供氧情况，从而，一方面可以使中枢神经系统及其主导部分大脑皮质的兴奋性增强，抑制加深，抑制兴奋更加集中，改善神经过程的均衡性和灵活性，提高大脑皮质的分析、综合能力，以保证机体对外界不断变化的环境有更强的适应性；另一方面，体育锻炼可

以改善和提高中枢神经系统对身体内部各器官、组织的调节能力，使各器官、组织的活动更加灵活、协调，机体的工作能力得到提高。

2. 有效地消除脑细胞的疲劳，提高学习和工作效率

神经系统是由神经细胞构成，其活动是依靠神经细胞的兴奋、抑制过程不断相互转化相互平衡来实现的。例如，我们看书学习是由有关思维和记忆的大脑皮质细胞，在接受外界刺激（书籍）下引起兴奋来完成的，那么，在一定的强度下，经过一段时间，随着细胞本身的能量消耗和长时间处于兴奋状态而易产生疲劳，如出现头昏脑涨、看书效率降低等现象。出现这种现象，实际上就表明，相应的细胞需要休息，这样才能消除疲劳、恢复功能。

消除疲劳的方法有两种：

（1）静止性（消极）休息。静止性休息主要是通过睡眠，使大脑细胞产生广泛的抑制，从而使已经疲劳的脑细胞恢复功能。

（2）活动性（积极）休息。活动性休息则是通过一定的户外活动，使大脑皮质不同功能的细胞产生兴奋与抑制过程，相互诱导，从而使细胞得到交替休息。

上述两种休息的方法和效果是不尽相同的，后者要优于前者。因为体育锻炼可使血液循环加快，在单位时间内流经脑细胞的血液增多，能量物质的补充加快，另外，户外空气中氧气含量要明显高于室内，因此，脑细胞可通过血液循环获得更多的氧气，加快疲劳的消除，使大脑更清醒、更灵活，学习和工作效率更高。

3. 预防和治疗神经衰弱

神经衰弱一般是由于长期长时间用脑，不注意休息，使大脑皮质兴奋、抑制长时间失衡而引起的神经系统功能下降的一种功能性疾病。体育锻炼可以有效地预防和治疗神经衰弱。

大学生经常参加体育锻炼可以预防神经衰弱。经常参加体育锻炼，可以使大脑皮质的兴奋与抑制经常保持平衡状态，及时消除脑细胞的疲劳。现在国际上广泛开展的健身跑活动，对于一些患有轻度神经性失眠者来说，能起到帮助快速进入睡眠的作用。跑步和其他各种体育锻炼一样，能增强体质、促进健康，使人精神振奋、精力充沛。国内外一些医学专家，经常为身患轻微神经衰弱的病人开“运动处方”，以体育锻炼代替药物，其结果也表明，经过一周的“运动疗法”，有60%～85%的病人疗效显著。

四、体育锻炼与消化系统

消化系统由消化管与消化腺组成。消化系统可把食物转化为身体所需要的营养物质，将它送入淋巴和血液，以供身体生长和维持生命，并将代谢过程中的残渣排

出体外。经常参加体育锻炼，对消化系统的机能有良好影响，可使胃肠的蠕动增强，消化液的分泌增多，从而使消化和吸收的能力提高；也可增加人体对食物的欲望和需要量，有利于增强体质。

体育锻炼对消化系统的影响包括三个方面。

（一）人的身体发育及脑力与体力劳动都需要大量的营养物质

体育锻炼使能量消耗增加，因而会进一步加快新陈代谢的过程，进而促使胃肠消化功能同步加强。在这种情况下，消化系统分泌的消化液增多，消化道的蠕动加强，胃肠的血液循环得到改善，食物的消化和营养物质的吸收进行得更加充分和顺利。

（二）体育锻炼能使呼吸加深

膈肌大幅度上下移动，腹肌大量活动，对胃肠能产生一种特殊的按摩作用，这对增强胃肠的消化功能有良好作用。

（三）经常参加体育锻炼对防治肠胃疾病有良好作用

例如，腹肌过分松弛无力，往往容易导致内脏下垂、消化不良、便秘等，通过体育锻炼加强腹肌力量，可以预防这些疾病。同时，利用体育锻炼增进食欲，提高消化能力，改善肠胃消化功能，治疗消化不良、胃肠神经功能症、溃疡等疾病，也能取得良好效果。

第二节　体育锻炼对人体心理健康的影响

体育锻炼不仅对人的身体健康有良好影响，而且对人的心理健康也产生良好影响。我们应充分利用体育锻炼，特别是通过定期、适度的体育锻炼，来促进心理健康。

对现代人来说，身体健康是做任何一件事的基础和前提。而心理健康对人的作用，似乎还不明确。实际上和身体健康一样，心理健康也是人们工作和学习的前提。如果一个人缺少健康的心理状态，学习、工作将缺乏积极性，生活也会变得枯燥乏味，给自己和他人增添许多麻烦，成为家庭和社会的包袱。

心理学的研究表明，心理的变化会引起生理功能的变化，也就是说，心理不健康必然会影响身体健康。20 世纪初，著名生理学家坎农发现，情绪状态对机体的生理过程有明显的影响。他指出，强烈的情绪变化可使丘脑下部通过植物性神经系统影响内分泌腺激素的分泌，并使心血管系统的活动等发生变化。如果不良情绪长时

间反复频繁出现，就可能产生生理功能紊乱，并最后导致病理变化。与此同时，巴甫洛夫学派提出的高级神经活动学说认为，心理因素之所以能影响人体器官的活动是因为人体的各种器官都受大脑皮质的调节。沃乐夫等在前人研究的基础上通过进一步研究认为，情绪对一些躯体疾病影响很大，对植物性神经系统支配的某一器官和某一系统影响更为明显，如焦虑、恐惧、愤怒和激动等情绪，能够引起心率、心输出量和血压的变化。实践证明，心理健康有益于提高学习成绩和工作效率，提高耐受挫折和克服逆境的能力。

由此可见，保持良好的心理状态，保证心理健康，是人体身心健康的一个基础，是我们生活、工作和学习的重要保证。

一、体育锻炼对心理健康的良好影响

体育锻炼既是身体运动，又是心理活动和社会活动，不仅有利于身体健康，而且对人的心理健康有积极的促进作用。体育锻炼是生活的调节器，能够帮助人们摆脱困惑，提高生活质量。体育锻炼对心理健康产生的影响表现在以下几个方面。

(一) 有助于智力的发展和提高

正常的智力是正确认识世界的前提，是心理健康的基础，是心理健康的第一标准。体育锻炼对人体智力的发展和提高具有促进作用。一方面，经常参加体育运动，可以促进大脑的开发，增强神经系统功能。现代医学研究表明，人的右脑信息容量、记忆容量和形象思维能力都大大超过左脑，体育运动可以使右脑得到充分的锻炼，提高人的记忆力和抽象思维能力；另一方面，体育运动可以使神经系统的兴奋和抑制过程更加集中，对外刺激的反应更加迅速、准确，还可以提高人的视觉、听觉、感觉、神经传导速度、神经传递过程的均衡性和灵活性，促进神经系统功能的增强。科学的体育锻炼，可使锻炼者的注意力、判断力、反应力、思维力、想象力和记忆力得到进一步提高，整体能力进一步加强。体育锻炼又是一种展示人的身体运动能力、追求操纵躯体达到极限水平的重要方式。它显示了灵魂与肉体的永恒冲突，凝聚了人类的竞争、创新、奋发向上的卓越品质。锻炼还可调节人的心情、稳定人的情绪、降低人的疲劳，这些因素对智力发展有积极的促进作用。

(二) 有助于情感与情绪的调节和改善

情感与情绪是人对客观现实态度的体验，也是心理健康标准的一个方面。人们不是生活在真空状态中，而是在一个飞速发展和错综复杂的社会中。随着整个生活节奏的加快，工作压力的加大，社会环境的复杂，神经高度紧张的人们，经常会出现忧郁、紧张等情绪反应。

体育运动不但可以转移不愉快的意识、情绪和行为，使人从烦恼和痛苦中摆脱出来，而且不良情绪可以得到及时的宣泄。人的情绪是对客观事物是否符合自己的需要而产生的体验，符合自己的需要就会产生愉快情绪；反之，就会产生烦恼和忧郁等情绪。在学校，由于学习任务偏重，加上相互间的竞争，以及对就业的担忧，会产生和表现出各种不良的精神状态，如焦虑、担忧、固执、浮躁等。而每一个挫折，就会在大脑里形成一个强刺激，从而引起一个兴奋灶，使人陷入痛苦和懊丧之中，如果能积极参加体育锻炼就可以转移大脑皮质的兴奋中心。也就是说，人在参加体育运动时往往只注意身体的运动，而把烦恼抛在脑后，起到转移注意力的作用，有益于大脑活动的调节。持续、稳定地保持乐观和愉快的心境及自信心，既能使自己的生活充满活力，情感世界美好而丰富，使其依靠自己的勤奋与智慧取得成功，也能使自己从学习、锻炼中获得乐趣，不断激励自己向更高的目标攀登。所以，我们要充分利用体育锻炼的调节器作用，来降低或摆脱一些不愉快的精神状态，使我们的生活多一些欢乐，少一些忧愁。

(三) 有助于坚强意志品质的培养和形成

意志品质是指一个人的果断性、坚韧性、自制能力，以及勇敢顽强和主动独立等品质。意志品质既是在克服困难的过程中表现出来的，有时又是在克服困难的过程中培养起来的。在体育运动中，要不断地克服客观困难（如气候条件、动作的难度或外部障碍等）和主观困难（如胆怯和畏惧的心理、疲劳和运动损伤等），在战胜自我的前提下，越是努力克服主客观方面的困难，就越能培养良好的意志品质。有的人想运动，但是缺乏毅力，不能克服惰性，不能持之以恒，所以难以取得良好的效果。为此，我们要通过体育锻炼来培养自己的坚强意志品质，增强战胜学习和工作中困难的勇气和信心。

(四) 有助于形成和谐的人际关系

体育运动需要在一定的空间和环境中进行，因此，总是与他人发生着交往和联系。当体育运动使他们相聚在运动场上时，彼此通过平等、友好、和谐地练习和比赛，相互之间会产生亲近感，无须用语言，只需一个手势，一个眼神，就可以直接或间接地沟通信息，交流心声，产生一种默契，尤其是集体项目。因此，这个过程有利于每位直接参与者和间接参与者对自己形成一个较为客观的自我认识，通过体育运动结识更多的朋友，使每个人都融入集体中，为自己成为集体中的一员而心情舒畅，精神振奋。所以，我们应在轻松的体育锻炼中使心情变得更加开朗，身体表象更加完美。

（五）有助于减轻疲劳，消除心理障碍

疲劳是一种综合性症状，与人的生理和心理因素有关。在激烈的社会竞争和生活压力超出个人能力时，人可能产生悲观失望的情绪，在生理和心理上就会产生疲劳感，从而导致忧郁、孤独等心理障碍的产生，对事物产生逆反心理。此时，通过自己喜欢的运动项目的锻炼，自身的心理机能、身体素质得到改善，身心达到一种舒适的感受，减轻疲劳，产生积极的成就感，从而增强自信心，摆脱压抑、悲观等消极情绪，消除心理障碍。当今，体育运动已被公认为是一种有效的心理治疗方法。

（六）有助于增强自我意识

一个人拥有自我的意识，就意味着他能客观地认识自己和评价自己。

体育运动大都是集体性、竞争性的，个人能力的高低、修养的好坏、魅力的大小，都会明显地表现出来，使个体对自我有一个比较符合实际的认识。体育运动中竞争的成功可提高自信心和抱负水平，可以获得同伴和集体的认可，从而可以正确地认识自己的社会价值。大学生还可以在体育运动中暴露自己的缺点，发现自己的优点，不断地修正自己的认识和行为，对自己的潜能和长处发扬光大，对自己的缺点和不足改正和克服，这都有利于他们自我意识能力的增强，从而能更好地规划自己的未来。

（七）有助于个体个性的发展

个性是指个人在其生理和心理素质的基础上，在一定社会环境条件下，通过实践锻炼和陶冶，逐步形成的观念、态度、习惯和行为，是一个人相对稳定的心理特征总和，包括性格、能力、气质、兴趣、爱好、经验、行动等。

体育锻炼能培养良好的个性形成。表现在自觉性、果断性、自制力和坚韧性等方面。其特点：能够虚心听取别人的意见和建议，能够坚持真理；遇到困难、挫折、失败的时候，不逃避、不灰心丧气，能积极奋斗，争取胜利；在突遇紧急情况的时候，能够保持清醒的头脑，当机立断作出自己的决定。一个人的个性正是在不断变化的复杂环境中逐渐形成的。

体育锻炼对个体的个性形成具有调整功能和约束作用。体育锻炼是形成正确的自我认识、自我意识、自我发现和自我改造的过程。同时，还能培养个体具有丰富情感的个性。体育的自我意识感、群体约束感和主动积极感，激励着参与者与同伴合作的责任感；以约定俗成的道德规范着自己的行为，执着的追求感驱动着自己竭尽体力、技术和全部能力实现奋斗的目标。

二、大学生心理健康指导与调控

（一）正确对待心理疾病

人的健康受到诸多因素的影响，这些因素可归纳为生理的、心理的、社会的等几个方面。不良心理因素包括紧张、冲突以及各种挫折等，如不能很好地加以缓解与调节，就会导致心理疾病。许多病情对患者并不可怕，可怕的是不能正确对待心理疾病，人为地加重心理负担，所以正确对待心理疾病成为非常重要的问题。

当代大学生应该增强自我保健意识，了解心理卫生知识，而不应该使自己在这方面存在盲点。了解了心理卫生知识，在必要时就可以自我调节，做到生活秩序会调理，健康情绪会保持，人际关系会处理，奋斗目标会确立，有了压力会放松。

（二）科学调控自己的心理健康

心理卫生是提高人的心理素质、增进人的身心健康的学问，与生理卫生一样，是保证人的健康不可缺少的知识。新的医学模式突出了心理卫生在疾病预防和治疗中的重要意义，提出了健康受社会、心理、生物等因素影响的观点。因此，学生的心理问题是成长发育中的困惑，是心理健康的大敌，是降低人的心理健康水平的主要因素。所以，如何维护心理健康，以及出现心理失调时如何恢复心理平衡，对每一个人都是非常重要的。大学生要科学调控自己的心理健康，应尽量做到以下几点。

（1）树立正确的人生观和世界观；

（2）客观评估自己的长处和短处，优势和劣势；

（3）宽以待人，对他人期望不可太高；

（4）学会调节和控制自己的情绪；

（5）正确、科学用脑，培养有规律的生活习惯；

（6）提高对挫折的容忍力；

（7）多找朋友倾诉；

（8）发展兴趣爱好，学会自我娱乐；

（9）积极参加社会活动，主动与人交往；

（10）加强体育锻炼，增进身体健康；

（11）积极进行心理咨询。

心理咨询是一种由受过专门训练的专业人员向来访者提供心理学帮助的过程。来访者就自身存在的各种心理不适或心理障碍，向其有专业技术的心理咨询员进行述说、询问和商讨，在其支持和帮助下，就有关问题进行共同的探讨和研究，找出问题的症结，寻求摆脱困境、解决问题的途径和对策，从而恢复心理平衡，提高对

环境的适应能力，增进身心健康。

第三节　体育锻炼对人体社会健康的影响

体育锻炼不仅有助于提高人们的健康，而且对提高人们的社会适应能力也大有好处。适应本身是一个心理学的名词，即顺应的意思。其本质是人们为了生存而与环境之间发生的调节活动，包括职业角色、家庭角色及婚姻家庭、工作、学习、娱乐中的角色转换与人际关系等的适应。

一、社会适应能力良好的意义

社会适应主要指人在社会生活中的角色适应。社会适应良好是指人的行为能适应复杂的社会环境变化，能为他人所理解，为社会所接受，行为符合社会身份，能与他人保持正常的人际关系。

人们生活在错综复杂变幻万千的社会中，为生计而奔波劳碌，承受来自学习、工作、家庭方方面面的压力，若想在激烈的社会竞争中，占有一席之地，良好的身体素质、过硬的心理素质及良好的社会适应能力是重要而且必要的。如果一个人社会适应能力较差，那么他的身心健康就会受到影响，会持续出现焦虑、压抑、愤怒、狂躁等不良情绪反应，最终可使人体的免疫能力降低，从而导致疾病的发生。

二、体育锻炼对社会适应能力的良好影响

我们知道，人类要想与社会环境相适应，一方面是改造环境，使环境合乎人们的要求；另一方面是改造我们自己，去适应环境的需要。实际上就是要对社会环境中的一切刺激能作出恰当正常的反应。若想很好地适应社会，仅有健康的体魄、过硬的心理是不够的，社会在思想状态、道德风尚、意志品质等方面都对人提出了较高的要求。体育锻炼以其特有的优势，使人的个性得以形成和完善，成为提高人们社会适应能力最为重要而且高效的手段。体育锻炼对大学生社会适应能力提高的良好影响，主要表现在以下几个方面：

（一）有助于学习和理解社会行为规范

体育是一种特殊的社会文化活动。在这一领域中确立了明确而细致的各种行为规范，如运动守则、比赛规则、竞赛规程等，并通过裁判、仲裁、公众舆论、大众传播媒介等进行实施和监督。由于体育的这些规范训练可在体育教师指导下经常反复地进行，这就使大学生在体育活动中学习了行为规范准则，懂得了行为规范的一

般特征，有助于对其他社会规范的理解和学习。

（二）有助于树立正确的价值观念

体育文化之所以存在，其学习意义在于对人的肯定，它是追求人的价值和人的权利的过程。体育承认人体存在的合理性，令人体验现实生活的乐趣、自由和幸福，可培养积极进取的精神和高尚的品行与气质。大学体育教育是培养学生人体和精神全面发展与完善的过程，是培养正确价值观的重要手段。

（三）有助于体验不同的社会角色

一个人要符合社会的要求，取得社会成员的资格，就必须学会接受适当的社会角色，而各种体育运动的场合，则有机会让学生体验不同的角色和“做什么，怎么做”的社会意义，为他们走向社会打下基础。

（四）有助于培养团结协作的精神

体育竞技中的许多团体项目，如篮球、排球、足球等已广泛地得以普及，人们在投身于这些运动强身健体的同时，学会了如何恰当地处理个人与集体的关系，如何融入集体之中，与他人沟通及合作，并在其中强化个人的组织性和纪律性。

（五）有助于情感与情绪的调节

当今社会竞争空前的激烈，各行各业普遍存在的竞争，使怡然自得的世外桃源成了人们心中永远的回忆，置身其中的人们会不自觉地产生忧郁、紧张等情绪的反应。体育运动可以转移不愉快的意识、情绪和行为，使人从烦恼痛苦中摆脱出来，使不良情绪得到及时的宣泄，以稳定的心情承受压力，迎接挑战。

（六）有助于人际关系的改善

人是社会的基础构成单元，人对社会的适应从本质上来讲是自身对他人的适应，能否成功地与人交往、与人沟通是人与社会适应最直观、客观的体现。体育运动使人们相聚在运动场上，进行平等、友好、和谐的练习和比赛，使人们相互之间产生亲切感，尤其是集体竞赛项目，可以使直接参与者及间接参与者结识更多的朋友，将他们之间的关系变得更加和谐、友好。

（七）有助于提高人们的心理素质

体育的显著特点是竞技性强，凡是比赛都要争高低，论输赢，体育运动的过程必然伴有成功的喜悦和失败的失意。在成功与失败之中，人们学会了享受成功，承受失败，学会了胜不骄，败不馁，人们心理承受能力与心理能力在不断的锻炼中得到了显著的加强。

（八）有助于塑造健全的人格

在体育运动中要承受一定的生理负荷，这就要求人们要不怕困难，不怕艰辛，在克服困难的过程中锻炼顽强的意志品质和坚持不懈、吃苦耐劳的优良作风。体育运动多种多样，有的要求快速，有的要求耐久，有的动作复杂惊险，有的动作变化无穷，这就要求人们勇敢地去尝试，果断地作出判断，这是一个侵犯与被侵犯、忍让与被忍让、尊重与被尊重的过程，人们参与其中，学会了彼此尊重，彼此体谅。

总而言之，体育锻炼对一个人社会适应的影响是多方面的，它在提高人的社会适应能力方面起到举足轻重的作用。

三、良好社会适应能力的培养

在校大学生是社会上一个比较特殊的群体，他们所处的年龄段是人生中较为敏感、不太稳定的时期，而社会对于他们来说已近在咫尺，这个时期的大学生表面上看身体的各种功能都已日臻成熟，而实际上他们的内心却非常的脆弱。习惯了校园生活的他们在即将步入社会的时候，往往准备不足，内心中会产生烦躁不安的情绪，严重的会患上社会不适应症，持续出现焦虑、压抑、愤怒、狂躁等不良情绪反应，从而导致疾病发生的可能性进一步提高。这是正常的现象，它来自同学们对自身社会适应能力的担心和未知。大学生的社会适应能力是可以培养和维护的，只要在日常生活中注重以下几个方面，便会逐渐把自己调整到一个较好的社会适应状态。

（一）主动参与社会活动

必须从实际出发，正确认识客观现实，不逃避现实也不做无根据的幻想，从而把自己置于各种事物之中，了解它，掌握它，并进一步改造它。

（二）积极调整，选择对策

对社会现实生活保持良好的接触，不回避现实，主动面对现实生活中的各种挑战。当个人需要与社会现实矛盾时，能充分发挥主观能动性，积极妥善处理环境与自身的关系，创造条件使自己始终处于有利的环境中。从主观上要采取积极的态度，而不是消极的等待；在选择对策上要审时度势，有条件地选择改造环境的条件，无条件地选择改造自身的办法，这样才能既不想入非非，又不自暴自弃，从而找到最佳方案。

（三）采用心理防御措施

不论改造环境还是改变自己都要有一个转变和考虑的过程，在这个过程中，往往会有某种困扰，为解决这种窘境，不妨采用心理防御，来达到解脱的目的。

（四）保持身心健康

人在生活中除了需要营养、体育锻炼、休息等生理方面的满足外，也需要家庭、友谊、支持、理解、尊重，需要通过人际关系获得心理上的满足。在日常学习、工作中，和谐的人际关系是生命的滋补品。为了提高人的生活质量，应该提高和培养处事与处人的能力。

（五）加强体育锻炼

通过体育锻炼可以接触更多的人和事，通过运动与人交往，增强大脑兴奋与抑制的调节功能，改善神经系统，使人忘却烦恼和痛苦，消除孤独感；锻炼可以唤醒人们的精神情绪，使人精神振奋，心情轻松愉快，使人们焕发青春的激情，提高自己的社会适应性。

第四节　体育锻炼对人体道德健康的影响

体育是人类社会文化生活的重要组成部分。随着体育和社会的发展，体育锻炼和道德健康已成为我国体育事业发展中不可或缺的一项内容，是完善我国体育事业的重要方面，在塑造人的理想、强化人的内心信念、规范人的行为、形成健康的生活方式上起着不可替代的作用，它们不仅直接影响到体育事业的健康发展，还会对社会的稳定与进步起着不可忽视的作用。

一、道德健康的概念与内容

（一）道德健康概念

对于健康的概念，世界卫生组织已经提倡把“道德”纳入健康的范畴，健康不再只是简单意义上的身体健康和心理健康，道德健康同样是健康的重要组成部分，是衡量健康与否的标准之一。因此，重视健康的人就需要加强自身的道德修养。

道德健康是指不能因为满足自身的需要而损害他人利益，同时要具备辨别真假、是非、对错、美丑等的意识，能按照社会行为的规范准则来要求自己并支配自己的思想和行为，以此获得心地踏实、心境平和，产生一种价值感和崇高感，并用道德

健康促进整个人的身心健康。

（二）道德健康的内容

道德健康的主要内容包括两个方面：

（1）责任感、良知。良知是在履行应尽的义务过程中形成的道德责任感和自我评价能力。

（2）人道主义行为选择。人道主义特别强调的是对普通人的尊重和关心，直接关注道德健康。国外科学家通过大量调查发现，与人为善有助于身心健康。因为，融洽的社会关系、良好的心理活动可以使体内分泌出一些有益的激素、酶类和乙酰胆碱等，这些物质能把血液的流量及神经细胞的兴奋调节到最佳状态。同时，大脑中也会分泌出一种天然镇静剂，可使人获得内心温暖，从而缓解心中常有的烦恼。助人为乐的行为有助于增强人体免疫系统功能，使神经系统及时沟通骨髓与脾脏，产生抵抗感染的细胞，从而免受多种疾病的侵袭。相反道德不健康会损害身心健康。一个凡事有悖社会道德准则的人，其行为必然导致紧张、恐惧、内疚等种种心态，而这些心理状态就会影响其健康状态。因此，一个人不履行应尽的义务，违背自己的良心，做出一些违背社会公德的事情，必将会陷入道德危机中，从而导致寝食不安，惶惶不可终日。这种精神负担则会在不同程度上引起神经中枢、内分泌系统的功能失调，干扰各种器官组织的正常生理代谢过程，削弱其免疫系统的防御功能，最终导致恶劣的心境重压，诱发各种身心疾病。

当前，我国社会正经历着转型期的深刻变化，社会经济成分、组织形式、就业方式、利益关系和分配方式日益多样化，各种社会矛盾比较突出，不稳定因素逐渐增多。因此，要构建一个法治、民主、诚信、富裕、公平和充满活力的社会主义和谐社会，道德健康应该成为一个重要的话题，引起国人的关注。

二、体育锻炼对道德健康的影响

体育作为人类特有的一种社会活动形式，它既是一种有趣的、有益的、有效的身体活动，又包含了诸多教育因素。为了追求健康，提高生活质量，现代社会生活中人们越来越注重体育锻炼。体育锻炼不仅对身体健康有益，它还对道德健康有着一定的促进作用。体育锻炼对道德健康的影响主要从两个方面进行论述：体育与德育的关系和体育锻炼对道德健康的影响。

（一）体育与德育的关系

体育与德育作为教育的组成部分，对人的培养目标是一致的。体育主要是进行身体锻炼，培养人类的良好身体素质和心理素质，并使其具有正确的道德品质；德育主要是进行思想品德的教育，能够培养人们良好的道德意识、道德情感和道德行为习惯。两者之间既有区别，又相互联系，表现为体育是德育的一种有效手段，德育是体育教育的一项重要内容。

在体育锻炼活动中，严格的技术规范和严密的竞赛规则，要求个人必须在遵守规章制度的前提下才能进行个人行为，由此能够加强个人的遵纪守规品行，从而逐渐形成良好的道德意识。体育锻炼中有很多集体项目，锻炼形式也多以集体活动为主，通过正确处理个人与集体、个人与个人的关系，从而达到人与人之间的协调配合、统一行动，促使道德情感的发展，培养集体责任感、荣誉感，增进良好的道德情感，促进正确道德意识的形成。

(二) 体育锻炼对道德健康的影响

对于经常参加体育锻炼的人来说，体育锻炼不仅仅是一种强身健体的方式，更是一种愉悦身心的活动。体育锻炼的功能大致分为三个方面：教育功能、健身功能、娱乐功能。人一生接受教育的时间，从幼儿园开始，一直到小学、中学、大学，参加工作后还需要接受教育，而现在所提倡的"终身教育"，就是要人们不断学习，不断接受教育，一直到最后的生命终结。因此，教育是一个漫长的过程。

体育是教育的重要组成部分，体育教育的时间也是一个漫长的过程，贯穿人的一生。毛泽东曾在20世纪20年代《体育之研究》一文中精辟论述："体育之效在于'强筋骨''增知识''调感情''强意志'"。新中国成立以后，他又提出"思想好、学习好、身体好"作为培养社会主义事业接班人的目标。现在我们提出的"健康第一""终身体育"的思想，无一不体现出体育对一个人身心和道德协调发展的影响是全方位的。体育锻炼可以培养团队精神、竞争意识、协作能力和克服困难的坚强意志，这些优良品质和良好心理素质的培养和形成是其他学科教育难以替代的。同时，体育锻炼可以让人精力充沛、思维敏捷、情绪良好、奋发向上，可以让人有追求之志、求实之诚、百折不挠的精神，有经得起失败和挫折的心理素质。这些人生态度、社会公德、协作精神、拼搏勇气是全社会共同认可的，是人们适应社会、取得成功的必备的道德品质。

三、体育道德与体育道德教育

(一) 体育道德的概念和作用

1. 体育道德的概念

作为社会生活的一个领域，体育领域也有其独特的道德标准。体育是由多个复

杂的社会群体共同参与的一项社会活动，有着较为广泛的覆盖面，也会产生较大的影响，不仅关系到个人的身体健康，更会关系到国家的荣誉。因此，体育道德是一个涉及面较为广泛的概念。

所谓体育道德就是指在体育领域中，在一定政治、经济、文化的基础上产生的，通过社会舆论、内心信念和传统习惯等手段来评价他人的行为，调整运动员、教练员、体育组织个体与社会的关系的原则和规范的总和。体育伦理学认为，体育道德既包括社会体育公德，也包括体育职业道德。可以将体育道德按照参与人员的不同，划分为运动员道德、教练员道德、裁判员道德、体育教师及体育科研人员道德和体育观众道德等。在观念形态上，它表现为体育道德原则和与之相适应的一整套规范、规则、公约等，这对人们的体育行为起着指导和约束作用。

2. 体育道德的社会作用

（1）体育道德的调节作用。整个社会是一个有机整体，道德调节作用的发挥是与政治、法律等方面相互作用的。体育道德是保证体育实践活动健康有序发展的重要手段之一。随着体育的不断发展，体育道德也随之不断完善，它的调节作用也不断增强。体育道德通过社会舆论、风俗习惯、榜样激励和体育道德教育等方法和手段，将体育道德准则和规范转化为参加体育活动的人群内心的信念和情感，帮助参与体育活动的群体建立起一个道德尺度和价值观念，从而树立正确的体育道德评价标准，进而自觉地按照体育道德原则和规范去行动，自觉地调整参加体育活动的个体之间、个人与集体、集体与社会之间的关系，构建合理的体育活动方式。

（2）体育道德的影响作用。道德是一种特殊的社会意识、行为规范，是人类实践精神的产物，是人类把握世界、完善自身发展的社会活动。它是人类社会生活的产物，同时又反映和改造着人类的社会生活，体育道德也不例外。体育道德的影响作用主要体现在体育实践活动中，同时对社会的经济、文化等都产生着巨大的影响。体育是一种复杂的社会文化现象，它以身体与脑力活动为手段，以达到增强体质、培养道德和意志品质为目的，促进人体的全面发展，是一种有计划、有目的、有意识的社会活动。体育具有教育、健身、休闲娱乐的功能，体育活动对公民道德教育有着重要的作用。体育道德的影响作用不仅范围大，而且能够取得较理想的效果，其所提倡的体育道德的内容也能够被人们所接受。但是，如果体育道德教育不到位，就可能产生负面、消极的影响。

（3）体育道德的评价作用。体育道德的评价作用主要是通过体育道德对不道德的体育行为进行批评或指责，来告诉人们什么是正确的、符合体育道德的行为，什么是应当摒弃的、不道德的行为，以促进人们树立正确的体育道德评价标准，从而按照正确的体育道德的原则和规范去行动，自觉地调整体育活动中的各种关系。

（二）体育道德教育的作用

1. 提高体育道德觉悟

体育道德教育能使体育道德原则和体育道德规范转化成为个体道德意识，是形成个人体育道德品质的重要环节。良好的体育道德意识有利于帮助个体在体育实践活动中树立正确的人生观和价值观。体育道德品质是体育道德原则和体育道德规范的再现，是在个人思想和行动中所表现出来的比较稳定的特征和倾向。在社会实践中，要有组织、有计划地帮助个体自觉地接受体育道德教育，加强自身修养，逐步形成良好的体育道德品质。

2. 塑造新时代体育人才

体育在人的现代化进程中，扮演着十分重要的角色。体育事业的发展和进步，都要求新时期的体育工作者应当是全面发展的人才。但是，高尚的体育道德不可能自发形成，即使体育道德品质的形成有着良好的外在条件，也需要体育道德教育的促进。只有进行完善、持久的体育道德教育，才能对旧有的体育道德观念和习俗在批判的基础上继承，并摒弃社会中仍旧存在的一些落后的体育道德观念，这样才能使新的适应社会发展的体育道德深入人心，培养出社会所需要的体育人才。

3. 改善体育道德风尚

体育道德风尚是由各个社会成员在体育实践活动中的道德品质构成的，每个社会成员的体育道德品质状况，与整个社会的道德品质状况有着密切的联系。体育精神就是赋予体育以生命活力，是一种体育精神文化形态，它具有价值导向，包含凝聚群体、陶冶精神、规范行为、建构心理、辐射社会等方面的功能，还具有不可替代的激励作用、感召魅力和驱动力量，所以世界各民族都十分重视优良体育精神的培育。因此，要充分发挥体育道德教育的作用，除了要求运动员要具备较高水平的竞技能力外，对运动员进行思想政治、道德水平的教育也显得非常必要。

4. 调节体育活动中的各种矛盾

在社会生活和体育实践等各个领域中，充斥着诸多矛盾。体育道德教育通过示范、激励、教育等方式对这些矛盾进行调节。它以自身所特有的原则、规范和范畴为尺度，来评价人们的行为，使人们知荣辱、辨善恶、明是非，进而影响人们在体育实践活动中的行为和交往，达到调节个人与社会整体关系的目的。体育道德教育的调节范围主要是体育事业内部的矛盾，它不具有强制性，也不是万能的。要发挥它的重要作用，还必须借助政治、法律、经济等手段，共同调节。体育道德教育应强调为全体谋利益，注重社会需求，着重解决沉沦颓废的社会状态和社会危机。通过体育道德教育，使个体在体育实践过程中学会自我控制和尊重他人权利。

四、大学生体育道德教育

目前，体育道德在体育的发展过程中具有很重要的作用，但是体育道德失范等问题也一直困扰着人们，同时也影响着体育的发展。因此，体育道德教育对于体育道德的发展具有较好的支持作用，同时，体育道德教育也是体育道德活动的一种主要形式，是促使体育道德社会化，产生更大影响的重要手段。大学生作为我国体育事业的重要参与者，对我国体育事业的发展起着较为重要的作用。大学生的体育道德素质水平对我国体育道德的发展产生着重要的影响，也影响到未来精神文明和物质文明的建设。因此，加强大学生体育道德的培养，使他们具有良好的意志品质和勇敢、顽强的精神，是现代体育教育的重要组成部分。大学生体育道德教育的内容如下：

（一）爱国主义教育

大学生的体育道德教育，首先要加强爱国主义教育，要激发大学生的爱国情感，激励民族意识。爱国主义是对祖国的忠诚和热爱，爱国主义是多年来巩固起来的对自己祖国的一种最深厚的感情，因此，加强体育道德教育必须围绕爱国主义这一核心。一个运动员的竞技水平、精神风貌常常代表一个国家的民族精神，运动员在赛场上的胜利，无疑代表了一个国家的胜利。而一名大学生的体育道德素质就是一个民族道德素质的重要体现。在新时期进行爱国主义教育就是让大学生和体育工作者始终不会做出有违道德品质的事情，在改革开放的路上不迷失方向，永远记住祖国的利益高于一切，为国争光。对大学生进行爱国主义教育是非常必要的，只有加强爱国主义教育，才能将体育道德转化为良好的体育运动风范，从而取得优异的成绩。

（二）集体主义教育

集体主义教育对大学生来说，不仅是在体育界，在其他方面也有着较重要的地位。要想更好地体现集体主义精神，更好地进行大学生的集体主义教育、体育道德教育，就应把集体的利益、目标作为自己的行为规范和准则。在体育训练和比赛中，一名运动员的成功不仅需要个人的刻苦锻炼，而且还需要全队人员乃至各方面的团结协作。例如，中国国家乒乓球队，他们在这方面是有着光荣传统的。众所周知，几十年来国家乒乓球队征战四方，先后涌现出诸多世界名将，为祖国赢得了很多的荣誉，但他们的背后有一群默默无闻的“陪练队员”，还有无数为他们默默奉献的人们。这些人们没有鲜花，没有掌声，没有高额的奖金，为了模仿其他国家运动员的不同打法，甚至不能有自己的技术风格，但他们仍怀着对国家的热爱，对事业的忠诚兢兢业业地工作，为祖国体育事业的发展腾飞作出了自己的贡献。因此，集体主义教育是体育道德教育的重要内容之一。对于大学生而言，小到一个班级、一个学校，大到一个社会，都是一个集体。而作为这个集体中的一员，大学生肩负着振兴祖国、建设家园的责任，集体主义教育就显得尤为重要。

(三) 体育法规法纪学习

体育崇尚的是公平、公正、平等、合理的竞争，没有公平就没有真实，“不以不正当手段取胜”，是奥林匹克运动的神圣誓言。大学生只有通过对相应的体育法律法规和竞赛规则的认真学习，才能够做到公平公正，也才能真正做到扬国威、振民心，才能真正促进体育事业的进步发展。从我国目前体育法律的要求来看，社会体育、学校体育、竞技体育都有对公民进行体育道德教育的任务。从国家体育基本法对体育任务的规定来看，也应该大力强调体育道德的教育功能。

(四) 现代意识教育

现代意识具体包括竞争意识、平等意识、创新意识、风险意识、法治意识、开放意识，而这些正是当代大学生所必须要具备的。竞争意识是体育改革的指导思想，是体育发展的动力，是体育本身固有的属性，是新时期体育道德的一个重要内涵。体育比赛必须在平等的条件下，堂堂正正地比，才能够真正地体现体育的内在精神。运动员要服从裁判，裁判员要公正裁判。在目前体育法律法规制度尚未健全的形势下，应加强对大学生的平等意识教育，让他们认识到采用不正当的手段谋取胜利是不光彩的，是可耻的，是违背体育道德的行为，这样才能够更大程度上遏制体育道德失范的发生，也才能有效地推进体育公平公正地进行。

(五) 礼仪教育

体育比赛往往有成千上万的观众，运动员的言行、举止、衣着、仪表等行为规范对观众都有很大影响，尤其是一些冠军运动员，更是有一大批的崇拜者，他们的公众形象是有着很大的榜样作用的，因此，加强礼仪教育对于运动员来说十分重要。同样，对于大学生来说，作为一名运动员，参赛道德很重要，而作为一名观众，观赛道德也很重要。因为运动员在场上参加比赛，需要一个良好的氛围。加强礼仪教育对于观众的道德也有很大的帮助，应避免一切不道德行为的发生，比如足球流氓等。要做到“三尊重”，即尊重对方、尊重裁判、尊重观众，裁判也要尊重运动员、观众也要尊重运动员和裁判员。运动员如能做到文明礼貌尊重他人，就有利于赛出风格，赛出水平，有利于增强体育的凝聚力。

五、体育道德失范

（一）体育道德失范的内涵

所谓道德失范，是指在社会生活中，作为存在意义、生活规范的道德价值和伦理原则体系的缺失，或者缺少有效性，不能对社会生活和人们的个人生活发挥正常的调节引导作用，从而表现为社会生活和个人生活的失控、失序和混乱。

体育道德失范是指，在体育活动中作为存在的意义、体育规范的道德价值及其规范要求缺失或者缺少有效性，从而不能对体育活动发挥正常的调节作用。体育道德失范行为表现为体育运动在一定程度上丧失了道德规范的约束力，即参与者面对规范而又不能遵从的行为。

（二）体育道德失范的分类

体育道德失范包含了两层含义：一是体育道德规范体系其自身出现的失范行为；二是体育参与者的道德失范的行为，如暴力、作弊、贿赂、滥用药物等。依据体育道德的分类以及体育道德失范所包含的内容，体育道德失范主要分为以下几类：

1. 运动员中存在的体育道德失范行为

运动员中的体育道德失范主要表现为运动员的真实身份和参赛资格不符的“异化现象”，如虚报年龄、以大充小、冒名顶替、弄虚作假等；对竞争对手或裁判员进行贿赂；在赛场上赌球，打假球，恶意假摔等；在比赛中辱骂比赛对手或裁判员，甚至大打出手；为提高成绩而服用兴奋剂；为谋求私利而罢赛罢练；等等。

2. 教练员中存在的体育道德失范行为

对于很多教练员来说，金牌就意味着巨额的奖金和官职的提升。因此，很多情况下，教练员其实是裁判员和运动员产生体育道德失范行为的始作俑者。有些教练员欺骗运动员，甚至在训练时辱骂和殴打运动员，窃取运动员的工资及奖金，或者默许及鼓动运动员使用兴奋剂之类的违禁药品。作为教练员，应该是教育者，也应该是运动员的引导者，但是很多教练员没有起到教育者的作用，反而将一些不道德的行为运用到体育比赛中，破坏体育的正常运行。

3. 裁判员中存在的体育道德失范行为

随着我国足球假球事件浮出水面，再次将裁判员的体育道德失范问题推向了风口浪尖。有的裁判员在执行裁判工作时没有做到认真、严肃、准确、公正，而是徇私舞弊，收受贿赂，带起了一股不正之风，在球类比赛中时有吹黑哨，在主观评分的比赛项目中故意打人情分、关系分，使得很多比赛失去了公平公正性。我国现行的裁判制度是计划经济的产物。裁判以业余和兼职的居多，主要由运动员和一部分与体育界关系密切的人转化而来，人数少，规模小，没有组织体系，裁判执法靠临时抽调。参与比赛时，裁判群体常以行帮形式出现，自我约束力原本不强的执法队伍，如果再受到场外经济利诱、人情干扰和行政干预，便很容易出现损害公平竞争的事件。因此，加强裁判员体系的管理、运行监督体制有很大的必要性。

4. 体育官员中存在的体育道德失范行为

现行体育体制下，有些体育官员为了政绩，为了奖牌，使用或唆使他人使用一些不道德手段在比赛中取得胜利，由此引起上级部门对体育局工作的重视，从而获得财政拨款，使得自己的仕途平坦，却完全忽视了体育道德的存在。有效遏制官员的体育道德失范，对于我国体育事业的健康发展有着莫大的帮助。

5. 体育观众中存在体育道德失范行为

在体育赛场上，经常发生由于狭隘的地方意识而引起的赛场骚乱，例如，在足球比赛中，部分球迷因为自己喜欢的球队输球或是赢球而作出一些违反体育道德的事情。在世界范围内，球迷闹事的事情经常发生，这就体现了体育道德素质较低的问题。作为一名观众，应该文明观赛事，理智应对输赢，不能因为自己的个人喜好而口出恶言或是作出一些不文明的、破坏性的举动。

第三章　高校体育健康管理的发展趋势

第一节　高校体育健康管理的全民化发展趋势

一、全民健身运动的科学内涵及其特征

中国特色的社会主义事业正以前所未有的规模和速度向前发展，引领我们准确把握群众体育事业发展的内在规律以及在社会发展中的地位和作用，引领我们准确把握全民健身运动的方向、机制、结构和效益问题。大力发展全民健身运动是全面建设小康社会的内在要求，是贯彻落实科学发展观、构建社会主义和谐社会的重要内容，是为了满足不同民族、不同阶层、不同区域广大人民群众日益增长的体育健身需要，新形势下把握全民健身运动发展的科学内涵及其特征具有重要的现实意义。

（一）全民健身运动发展的科学内涵

体育是属于满足社会及人的需要且为其他一切手段所不能完全替代的重要生活方式之一。人类因体育使自身需求空间不断充实与丰满，体育则因人类需求而获得其发展的理由。

1995 年 6 月 20 日，国务院颁布的《全民健身计划纲要》是一个与实现社会主义现代化建设目标相配套、强健中华民族体魄的跨世纪发展战略规划。经过五年的不懈努力，于 2000 年基本形成具有中国特色的社会主义全民健身体系的基本框架，标志着提高国民身体素质的群众体育活动进入快速发展时期。随后，国家体育总局根据未来我国经济建设和社会发展的远景目标，制定了《全民健身计划纲要》第二期工程（2001—2010 年）规划，确立经过 10 年的努力，实现全民健身事业与国民经济和社会事业协调发展、全面提高国民素质、基本建成具有中国特色的全民健身事业和面向大众的体育服务体系的奋斗目标。2002 年，中共中央国务院《关于进一步加强和改进新时期体育工作的意见》明确提出，大力推进全民健身计划、增强人民体质，是体育工作的根本任务，体育工作一定要把提高全民族的身体素质摆在突出位置。党的十六大把全民健身体系纳入未来 20 年全面建设小康社会的目标，这是自党的十二大使用“小康”概念以来，党的重要文献首次将全民健身纳入小康社会

建设目标，是继中共中央文件之后，党中央又一次从实现新世纪我国经济、社会发展的战略目标和实现中华民族的伟大复兴的高度肯定了体育在经济社会中的地位和作用。党的十六届六中全会做出了《关于构建社会主义和谐社会若干重大问题的决定》，明确提出了构建社会主义和谐社会的重大战略任务，加强城乡社区体育设施建设，广泛开展全民健身活动。党的十七大为适应我国改革开放进入关键时期的客观要求，提出深入贯彻落实科学发展观，坚持以实现人的全面发展为目标，把实现好、维护好、发展好最广大人民的根本利益作为党和国家一切工作的出发点和落脚点，从实现好、维护好、发展好最广大人民的根本利益出发，谋发展、促发展，做到发展为了人民，发展依靠人民，发展成果由人民共享，蕴涵着国家保障群众体育发展的务实态度和创新精神，表明了国家的意志与行动。大力发展全民健身运动，提高全社会的健康水准，丰富人们的业余文化生活，享受社会经济发展、社会进步、生活水平提高所带来的实惠，使之成为高举中国特色社会主义伟大旗帜、为夺取全面建设小康社会新胜利而奋斗的目标，这是建设中国特色体育文化的核心价值体系、增强社会主义意识形态的吸引力和凝聚力的具体体现。

社会主义制度要求体育是广大人民群众的体育，它最根本、最集中体现在一切为了人民的体质与健康，最大限度地满足人民对体育的需求，从而使人民生活得更加幸福美满。中国又是一个多民族的国家，应该为建立平等、团结、互助、和谐的民族关系，满足民族群众日益增长的体育健身需要，进而提高少数民族群众体质健康水平，并最终实现兴边康体、富强和谐、民主文明的少数民族地区建设提供有益借鉴。全民健身运动就是以满足各民族群众日益增长的体育健身需求为目标，以形式多样、内容丰富的体育活动为载体，以身体活动为基本形式，以身体完善为主要目标的体育活动过程中有关人的精神生活的体育文化。它根植于中国特色的社会实践，反映和体现中国社会主义政治和经济的基本特征。发展全民健身运动离不开中国特色的社会主义实践，建设全民健身运动，就是发展有中国特色的社会主义体育事业。

大力推进全民健身事业发展已成为我国体育事业发展中最鲜明的主题，全民健身运动作为一个具有时代特征和意义的革新行动，不仅突出体现在发展群众体育事业方面，而且业已成为能够不断为全体国民提供和改善体育健身需求、使全体国民的健康素质得到明显提高的重要方面。特别是2009年《全民健身条例》的颁布实施和“全民健身日”的设立，更是在法律层面上加强了群众体育法制制度的基础建设。它是一个杠杆，是一个推动力，推进全民健身运动长效化、机制化、制度化，由此说明了社会主义社会要以最快的速度发展经济，以最大限度地满足人民群众不断增长的物质、文化需求。从发展生产力而言，动员人民群众参加体育活动是一种可以换回最大效益的投资；从人的需要而言，开展全民健身运动与社会主义最终要让人

民过上幸福、文明、科学、健康生活的目的是一致的，作为社会主人的人民，应该而且可以享受到体育运动赋予他们的一切：从社会发展而言，就应包括科技、教育、文化、卫生、体育等社会事业的发展，也包括社会就业、社会保障、社会公平、社会和谐等。因此，今日的全民健身已经不仅仅是一项群众体育发展规划，而是成为一种理念、一个方向、一项事业，成为一种统筹群众体育各个要素、各个方面按一定方向发挥作用的运行标志，成为一种协调群众体育发展过程的机理、推动群众体育事业发展的运行机制。满足广大人民群众的体育健身需求已经成为当今群众体育的一个突出主题或标志性特征，大力推进全民健身运动的发展是夺取全面建设小康社会新胜利的重要内容。

（二）全民健身运动发展的特征

1. 健身活动的主体性

健身活动的主体性是人作为活动主体的质的规定性，是在与客体相互作用中得到发展的人的自觉能动和创造的特性。全民健身的哲理实现了人类学史上探究人的主体性的思想成果的辩证综合，这种综合的前提在于把强身健体和实现人的发展概念引入到体育实践中，使人的物质属性和精神属性在主体活动的两个方面，即实践和认识的有机联系中统一起来。只有肯定人作为全民健身运动实践和认识主体的身份，才能真正理解人同其他活动的客体的关系的本质规定性。为此，全民健身运动所表现出来的体育锻炼、娱乐休闲、户外运动、健身健美的主体性行为和手段，一方面使人达到强身健体、愉悦身心、陶冶情操、交互合作的效果，增强了传递、沟通和交流的能力，推动着社会的生产方式和生活方式的变革；另一方面拓展了认识空间，拓展了自身的主体性。当人的主体意识觉醒后，人就会越发追求独立的主体性，在追求中人的主体性就越显张力，在驾驭各种社会关系时就越能体现一种融合的优势。健全的精神寓于健康的身体，体育活动既作用于人的身体，也作用于人的精神；既作用于社会，也作用于全民健身运动在社会文化中的独特地位。

2. 健身活动的需要性

马克思指出：人的需要是人的本性，需要是人类存在和发展的必要前提，是社会生产和社会交往的起点。全民健身运动是以不断满足人们身体与精神的享受和发展为目的的社会活动，全民健身以特有的强健体魄、休闲娱乐、社会交往与参与、公平竞争等多维功能越来越成为人们喜爱和广泛参与的闲暇活动方式之一，成为推动和谐社会建设和发展的调节器和安全阀。中国小康社会发展体育的目的是实现体育与社会、经济、文化、教育、生态协调发展，满足全民日益增长的多样化体育需求，使每一位公民都有参与体育、享受体育和发展体育的权利。现阶段，我国对体育健身运动的需要是国家、社会和个人三维功效统一体的共同趋势。全民健身运动既满足个人的需要，也满足社会的需要，更是国家的需要。明确需求对象的构成与特征，可以使我们从一个更高的高度和更宽的视角去探究体育健身活动服务供给的本质和对象。

3. 健身活动的广泛性

在现代社会发展中，没有任何一种文化形态可以在民众的参与程度上能与全民健身运动相比，它集合了各个人种和民族，涵盖了所有的阶层和人群，包容了不同地域环境的年龄和性别，吸纳了各种职业和学历人士。无论在城市还是乡村，无论是社区还是单位，凡是有人群的地方，就有体育健身运动。国家鼓励公民参加群众体育活动，人们对体育活动参与内容尽管可以不同，参与的程度也可以有所差别，但人们必须参与其中，具有强烈的亲历实践的特征。通过亲身体验或间接参与来按需所取，既有政府组织的，也有社会团体、单位组织的；既有严格规范的，也有一般随意的。在参与组织中，既有政府体育行政机构，也有严格意义的体育社会团体；既有组织严密的社会体育指导中心和指导站，也有自发分散的群众体育锻炼小组。体育活动已经成为人们的一种生活方式。

4. 健身活动的多样性

全民健身运动的产生与人的产生、社会发展是同一过程的不同方面，健身活动的背后是人们健身活动中表现出来的活动方式，即活动模式或活动样式是通过不同的载体获得的，是通过特定的社会关系和社会要求实现的。从过程来看，全民健身不是别的，正是人们积极活动经验的保存、发展和传递。从结果来看，全民健身将分化出包容性强的活动内容，满足人的个性化体育需求。历史上人们掌握一种体育文化的过程，主要是学习和继承特定的活动方式，获得从事各种必要活动的基本能力。伴随社会生活的日益丰富多彩，人们的生活价值观、生活方式、思维方式和经济收入等差异将导致社会文化的多元化，这种社会文化的多元化又将诱发健身运动的多样性，人们已经不再满足于大一统的群众体育活动。

首先，全民健身运动将政府、体育行政部门、单位、企业、个人举办的体育活动越来越多地填充到人民群众的文化生活当中，社区活动、单位锻炼、辅导站、俱乐部、活动站点锻炼等也成为人们越来越多的选择，各种传统的、民族民间的、现代的体育活动内容日益丰富。

其次，在实物型体育消费持续增长的同时，参与型体育消费将成为体育消费的主流，观赏型体育消费的群体会日益壮大。

再次，体育与文化、教育、旅游、娱乐、卫生、国防、外交等社会活动发生广泛而深刻的互动，已经很难将体育与这些活动截然区分开来。同时，由于人们物质

文化需求的多样性和满足人们物质文化需求产品的多功能性的客观现实，使得人们将不再仅仅满足于单一的体育产品和服务，而是将体育需求融入更多的其他需求之中，构成一种复合、多样并要求社会提供能够满足这种复合、多样需求的多重功能的产品和服务。

5. 健身活动的民族性

健身活动的民族性是全民健身运动另一特征的表现。人类从特定的地域中产生出来，自然地形成人种和族别，类聚于一定时空条件下的民族就创造出一定的民族文化，并蕴涵着丰富多彩的体育形式和内容，这种体育形式和内容强烈地影响和引导人们共同意识和文化的需要，使得人们自觉地强化了社会集体意识，增强了社会群体以及群体与群体之间的凝聚力。正是在这种力的作用下，使广大民族群众在态度与行为存在差异的情况下，集聚于一定的文化运动轨迹，整合为带有普遍趋同的文化现象和文化运动的势态，从而使少数民族体育健身文化从乡间、山寨、草原、沙漠走上了历史舞台。一些中断了多年的项目得以恢复，一些濒临失传的项目重放光彩。博大精深的民族体育之门开启了，绘成一幅色彩浓郁的民族风情图，少数民族健身体育文化所体现出的精神、意志和品格融入全民健身运动大潮中，向世人展示了少数民族异彩纷呈的各具特色的历史、宗教、文化和民俗。

6. 健身活动的时代性

全民健身运动作为体育文化的有机组成部分，有着不以人们意志为转移的必然规律，它在人类社会形态形成中的超生物肢体的健全完善和超生物经验的传递交流中产生，其发展更是一个长期积累、选择、变异、冲突、交融、定性的过程，而它的价值在于人的全面、自由、和谐的发展，是个体人格和社会人格的和谐统一，在互涵和对照中不停地育化生息。一方面，全民健身事业是一项公益性的社会事业，其在社会主义市场经济体制下发展，各级政府、社会、人民群众承担各自相应的职责，将形成全民健身政府主导、部门推进、社会参与、市场运作的宏观体制，发挥工会、共青团、妇联和科技、教育、文化、卫生、旅游等社会团体及职能部门作用，形成社会举办、兴办全民健身运动的活动机制，以此发挥政府主体作用的同时，走社会化的道路，形成国家、社会、个人共同举办的格局。另一方面，进入小康社会后，广大人民群众将更加关注身体健康，用健康的身体来享受美好的生活，以强身健体、休闲、娱乐为主要目的的体育活动越来越受到广大人民群众的欢迎，老少同台、夫妻共赛、家庭体育、社区体育以及假日体育、绿色体育、文化生活广场已经步入我们的日常生活中。花钱买健康、健康储蓄将是一种必然的社会发展势态，随之兴起的健身娱乐市场将会逐渐成为社会主义市场经济的重要组成部分，全民健身运动的科学化、社会化、法制化程度进一步提高，城乡社区体育的自治功能将会进一步加强，体育将会与文化、旅游等社会文化活动融合，全民健身活动的时代性得到进一步提升与彰显。

二、全民健身运动发展的价值趋向

以什么人作为价值主体，决定了以什么人的利益为出发点和价值评价标准。党的一切工作的根本出发点和落脚点，都是为了最广大人民群众的根本利益，是不是把人民的根本利益维护好、实现好，是检验执政水平和执政绩效的标准。随着全面建设小康社会目标的逐步实现，人民的生活将会更加殷实富足，人民群众对精神生活的需求将会更加强烈和迫切。群众利益无小事，身体健康是群众最大的利益。建设好群众身边的体育场地，健全群众身边的体育组织，搞好群众身边的活动；青少年体育以学校为重点，农村体育以乡镇为重点，城市体育以社区为重点，军队以连队为重点的全民健身运动中的“三环节，四重点”，是坚持人民群众为主体，以人民群众为目的，以人民群众为基点，深怀爱民之心，恪守为民之责，善谋富民之策，多办利民之事。它凸显的是背靠历史、脚踏现实、面向未来的价值趋向，其核心是使全民健身运动真正代表了先进生产力的发展要求，使全民健身运动的内涵真正体现了先进文化的前进思想，使全民健身运动真正面向大众、代表了最广大人民群众的根本利益。

2007年10月，党的十七大在把握经济社会发展趋势和规律，坚持中国特色社会主义经济建设、政治建设、文化建设、社会建设的基本目标和基本政策构成的基本纲领基础上，为“夺取全面建设小康社会新胜利”对我国发展提出了新的要求，揭示了中国社会主义的发展规律，反映了时代发展的新要求和各族人民的新期待。如果说建设一个惠及十几亿人口的更高水平的小康社会是我国21世纪前20年的发展目标，那么，科学发展观、构建社会主义和谐社会等重大战略思想的提出把以改善民生为重点的社会建设摆在更加重要的位置，使中国特色社会主义事业的总体布局由经济建设、政治建设、文化建设三位一体扩展为包括社会建设在内的四位一体，逐步消除我国全民健身运动发展过程中区域差别、城乡差别、民族差别等不和谐的因素，使群众体育从一般性、辅助性的软任务提升为改善民生的全社会共同工作，努力构建与小康社会相适应的面向全体国民，构建亲民、便民、利民的多元化全民健身服务体系，能够适应不同区域、不同阶层、不同民族的不同要求，实现全民健身运动与全民健身服务体系的演进与对接，使广大人民群众通过这一当代文化体育健身实践，将身体活动内容改造为适应社会所需要的表征物，积淀在社会主体的心理化结构中，并转化成全面建设小康社会进程中所需要的思想道德素质、科学文化素质、健康素质和体育价值观，使全民健身运动成为一种广泛存在、广泛利用的社会资源，成为一种人人健康、家庭健康、社会健康的有效手段，成为一种社会生产，

具备了经济和社会可持续发展的最基本要素，最终成为国家、民族、社会发展的内在驱动力，这将是全民健身运动科学内涵不断扩展和充盈的价值趋向。

全民健身运动是中国特色群众体育事业的具体体现，必须高度重视全民健身运动在经济社会发展中的重要地位和作用，把满足人民群众日益增长的健身文化需求、保障公民的基本文化权益、促进人的全面发展作为群众体育事业建设的根本目的和一切工作的出发点和落脚点，积极推进全民健身战略创新机制，培育新的健身文化业态，解放和发展健身文化生产力，抢占健身文化发展的制高点，着力在影响和制约全民健身运动科学发展的深层次矛盾和问题上实现重点突破。

第二节　高校体育健康管理的终身化发展趋势

一、终身体育概述

终身体育是20世纪90年代以来体育的改革和发展中提出的一个新概念。终身体育理论最早是由法国著名教育家保罗·朗格朗提出的，他认为："教育不应像传统观念那样，把人生分为两半，前半生受教育，后半生用于劳动，应该是每个人从生到死的持续过程。"20世纪70年代他又在《终身体育导论》中提道："如果将学校体育的作用看成是无足轻重的事，不重视体育，那么学生进入成年阶段后，体育活动就不存在了。如果把体育只看成学校这一段的事，那么体育在教育中就成了'插曲'。"

终身体育，是指一个人终身进行身体锻炼和接受体育教育。终身体育的含义包括两个方面的内容：一是指人从生命开始至生命结束中学习与参加身体锻炼，使终身有明确的目的性，使体育成为一生生活中始终不可缺少的重要内容；二是在终身体育思想的指导下，以体育的体系化、整体化为目标，为人在不同时期、不同生活领域中提供参加体育活动机会的实践过程。

终身体育作为体育教学的指导思想，与国际终身教育思潮密切相关。在国外，早在20世纪60年代，"终身教育"一说经由朗格朗首次提出后，体育作为教育的组成部分随终身教育顺势分娩自不待言。在我国20世纪80年代，"终身体育"伴随中国改革和发展正式诞生，随时空延伸而拓展。国际21世纪教育委员会在1996年联合国教科文组织成立50周年之时，提出了一份题为《教育——财富蕴藏其中》的报告，其中一个重要观点就是：21世纪的教育应该把终身教育放在社会的中心位置之上。

终身体育这一思想的提出，得到了世界上许多国家体育学者的赞同，并逐渐成为一种新的体育思想。终身体育作为一种完整的、现代体育思想，其理论依据如下。

（一）人体自身发展需要体育锻炼伴随终身

人体自身的发展，是有规律可循的。人的一生一般要经历三个发展时期，即生长发育期、成熟期和衰退期。由于体育锻炼具有增进健康、增强体质的作用，对人的各个不同时期的身体健康都具有积极影响，所以，体育锻炼要根据各个不同时期人体发展的特点，提出相应的要求。生长发育时期的要求，是促进身体的正常生长发育；成熟期的要求，是保持旺盛的精力与充沛的体力；衰退期的要求，是延缓衰退、延长工作年限、延年益寿。

不同的发展阶段锻炼的要求不同，锻炼的内容与方法也相应有所不同。也就是说，人的一生都应当伴随着体育锻炼，不同的时期，有不同的目标和要求、不同的内容与方法。锻炼身体不可能“一次完成”，更不能一劳永逸。

（二）终身体育是现代社会发展的需要

现代生产方式和生活方式的变化，给人们的健康状况带来了不利的影响。由于体力活动减少，工作、生活的节奏加快，精神过度紧张，生活改善，摄取的热量过多等一系列的变化，造成了高血压、心脏病、肥胖症、神经官能症等现代文明病的产生，严重威胁着人们的健康和生命。人们为了改善自己的健康状况，健康意识普遍增强，使体育锻炼成为人们提高生活质量、防治文明病和现代生活不可缺少的内容之一。

二、学校体育和终身体育的关系

《全民健身计划纲要》提出：要对学生进行终身体育的教育，培养学生体育锻炼的意识、技能与习惯。学校体育要为学生终身体育奠定基础，这是学校体育改革的重要目标之一。学校体育的具体任务之一就是培养学生终身的体育运动意识、兴趣和能力。

（一）学校体育增强学生体质，培养学生体育能力，为终身体育奠定体能基础

学校体育以培养能力为主，让学生学会锻炼身体的方法，并且能将所学技能用于生活。从心理学角度来看，青少年阶段是个性形成的关键时期，自我意识强烈，但缺乏生活、社会经验，遇事易受外部刺激而影响心理上的平衡，不能控制自己的情绪和心态变化。“健全的精神寓于健康的身体”，身体健康是心理健康的前提。通过学校体育教学的多种渠道和体育锻炼，可培养青少年学生具有坚毅、沉着、百折不挠的性格，促进身心健康发展，有效地预防身心疾病的发生，增强体质和提高健

康水平。

（二）学校体育培养学生的健身意识，为终身体育奠定思想基础

现代学校体育已经不仅仅是单纯传授体育知识、技术、技能的狭隘观念，发展学生的体育能力已成为学校体育的重要目标。要把传授体育知识、技术、技能与发展学生自身的能力结合起来，如在素质练习时，学生做俯卧撑比赛，对做的次数最多的学生予以表扬；如果发现这些学生手臂的肌肉比较发达，就让他们展示人体肌肉美，这时很多学生都会流露出羡慕的眼光，激发学生平时去锻炼的动机。又如在体育课的技术部分，教师采用舞蹈的方式进行放松，这时会发现有的学生身体协调性很好，跳舞的姿势很优美，教师就可进行表扬，并让这些学生表演给大家看，使学生充分享受姿态美。教师要使学生在体育锻炼、运动、竞赛、对抗中发掘自己的潜力，体现自己的力量，寻找体育的美感，引发对体育的兴趣，产生体育意识，从而自觉、积极地进一步学习、掌握体育基础知识、技术、技能及科学锻炼身体的理论和方法。

（三）学校体育教学与终身体育的衔接问题

学校体育要转变观念，解放思想，加强终身体育的教育。青少年时期是生长发育的关键时期，而体格的强壮和身心的健康与青少年时期的体育锻炼密不可分。一个人的青少年时期主要在学校度过，学生时代是人生的一个承前启后的中间环节，学校教育价值具有终身效益特征。体育教学承担着提高人才素质的使命，其本身的性质决定了它能提高人的身体素质和体育素养。

体育教学目标应当反映体育教学效益的长期性、延续性，为学生的终身体育奠定基础。体育教学是实现学校体育目标任务的基本途径，其教学的基本组织形式是体育课，因此，在教材内容上形成仅仅执行大纲规定、就体育课论体育课的较为呆板的形式。要改变这一形式，就要求体育教师必须全面贯彻新的教育观，即将体育教育、健康教育、娱乐教育、生活教育和竞技教育贯彻到学校体育教学中去，让学生真正认识参加体育锻炼的意义和作用，使得他们在学生阶段学到终身受益的体育项目和相应的理论知识，以科学锻炼身体的方法来指导终身体育，其重要意义和实用价值是不言而喻的。

正确处理现行学校体育教材与终身体育教育教材的关系，贯彻终身体育教育思想，发展新时期的教材体系，并不意味着一概否定以前的教材体系。通过几代教育者的努力，我国学校体育教材体系已有了很大的发展，但终身体育教育对体育教材提出了新的要求。因此，必须保留、继承、改进和完善现行教材中对学生终身体育有益的项目和内容，并引进新的教材内容，这样才能推动学校体育教学改革的不断发展。

让学生养成终身体育锻炼习惯，教材的选用是一个重要的问题。对此应充分考虑学生的成长阶段，根据特点来进行体育的教材建设。只有使学生投身所喜好的运动项目，才能使终身体育成为可能。所以，在选编教材时，要多发展非竞技的、有较强娱乐性及观赏性的、广大同学喜欢的项目和内容，避免千篇一律、项目繁多、没有重点。同时，可以让学生进行自主选择所要学习的内容，真正使学生在体育课上“学会一两种体育健身方法”，并得到延续。由于所学项目由学生自由选择，因此学生在课上或课后往往表现出积极热烈地获得知识、技术的渴望，学习自觉主动。这样不仅使学生较好地掌握了所学知识、技能，而且也锻炼了身体，发展了个性，促进了身心的全面发展。

学校体育应重视体育理论的传授。学校体育教育是极为短暂的，而走出校门以至工作、退休后的生活道路则是漫长遥远的。在学校体育教育中，注意身体练习的同时加强理论的传授，可以使学生了解和掌握体育的基本理论知识，懂得生命在于运动、健康在于锻炼，明白为什么要锻炼身体和怎样锻炼身体，克服盲目性，变消极为积极主动，懂得健康就是财富、健康就是幸福、健康和事业的辩证关系，懂得怎样遵循人体生理的基本规律，根据年龄、性别、体质、体育锻炼基础等具体情况，选择适宜的运动项目，合理地安排好运动量，以求得最佳效果。另外，使学生了解和掌握一定的我国传统养生术，如体育保健活动，既有利于青少年学生防病、强身健体，又能陶冶性情，涵养道德，开发学生的智力和学习潜能。

终身体育不仅仅是指学生在校期间的体育教育活动，而是要着重解决学生在校期间的体育教育能否使其终身受益的问题。学校体育必须转变观念，以终身体育为改革的教育主线，以使学生终身受益为出发点，强化学生体育素养的形成，使学校体育具有“快乐体育”和“健身体育”的特点。要强调从“终身”的视角来看待学生体质的增强，在考虑未来多种目标的前提下追求近期与远期效益的最佳组合，从而使学校体育教育的价值真正超出学生时代的限制，具有深远意义。

三、终身体育的意义

（一）为学校体育教育改革提出新的思路，注入新的活力

长期以来，我国学校体育教育受应试教育思想的影响，偏重技术、技能的教学，为考试而教学，使得教学出现了教师应当教的与学生应当学的内容之间无有机联系的矛盾，从而使大批的学生随着学业的结束，体育也随之而结束了。毕业分配到工作单位之后，不参加身体锻炼活动，或者不能适应变化了的环境而参加新内容的体育活动。

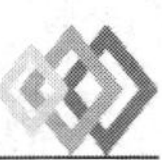

终身体育思想的提出，为学校体育改革提出了新的思想和方向，那就是学校体育应该为终身体育奠定必要的基础，应注重培养学生对体育的爱好、兴趣，养成锻炼的习惯，对学生自觉、自愿参加和组织体育活动的能力提出更高的要求。另外，要注重学生掌握系统的体育基本理论知识和科学的身体锻炼方法以及检查评定方法，形成终身体育的意识、思想和能力、习惯。从这个意义上讲，学校体育是终身体育的基础。

（二）事业有成、生活美满的基础

体育锻炼能促进人的智力发展，提高大脑的供氧能力，使人保持旺盛的精力；同时，通过锻炼促进人体的正常生长发育，增强体能，推迟衰老，保持心理平衡和健康，使人的一生能健康、愉快、幸福地生活和工作。因此，一生坚持身体锻炼是事业有成、生活美满的基础。从体育心理学、社会学的角度看，在身体锻炼活动中不仅可以调节感情，增加生活中的情趣，有助于形成健全的心理状态，而且在各年龄阶段，在不同人群中参加体育活动，能够扩大人的社交圈，有助于增加多种知识，增强人的社会交往能力。

第三节 高校体育健康管理的现代化发展趋势

实践证明，体育不仅可以强身健体，并且对个人品质的培养有着独特的功能。虽然体育的这些功能普遍受到人们的认同，但是在现实中，体育教育思想如何才能有效实施却是一个难以解决的问题。

学校体育承载着增强学生体质、增进学生健康、开发学生智力、完善学生人格、培养兴趣、养成习惯的总体目标。在现代社会生活方式产生巨大变迁的环境下，学校体育如何培养出更具有适应能力并能传承学校体育传统目标的人才，是目前亟待解决的问题。

一、现代社会生活方式的内涵及特点

《中国大百科全书〈社会学卷〉》对生活方式的定义是：“不同的个人、群体或社会全体成员在一定的社会条件制约和价值观指导下，所形成的满足自身生活需要的全部活动形式与行为特征的体系。”这是比较严整的科学表述。

现代生活方式的要素包括人的行为习惯、生活时间和生活节奏等。生活方式的主要内容受不同社会的经济发展水平和物质生产的发达程度的制约。现代人类社会生活中的大量事实充分表明，经济越发达的国家，人们参与体育运动就越普遍。经济发达的国家和社会可以提供更多的公共体育基础设施和从事体育运动所必要的物质条件，对发展体育事业可以给予较多的经济支持。越是经济发达国家和社会的社会成员，就越有更多的闲暇时间可以用来进行体育运动和其他娱乐休闲活动。这些社会基础条件的变化为人们从事体育锻炼和体育运动提供了物质支持和时间上的保证，为人类社会开展较大规模的体育活动、蓬勃发展体育运动提供了现实的客观可能性，为体育运动成为现代社会人们生活方式中的重要内容奠定了坚实的社会物质基础。

二、现代生活方式对体育运动提出的要求

(一) 现代生活方式的基本特征

现代生活方式在继承吸收一般的传统生活方式基本特征的基础上，受到社会经济、政治、文化生活发展的影响，形成了一系列新的具有时代特点的特征。我国现代生活方式是我国现代社会的产物，我国社会主义市场体制的建立，民主、法治制度的健全，科学技术的迅速发展，中西方文化的碰撞融合，都在现代生活方式中留下印记。综合起来，与传统生活方式相比，现代生活方式有以下的一些特征。

1. 时代性

现代生活方式在一定的时代背景下受到生产方式、政治制度、文化价值观念、外来文化冲击等制约影响，从而打上时代的烙印。同时，它是领导生活的新潮流，指引生活的前进和发展方向，是社会生活主体活动的目标和时尚的追求，是社会发展的一种内驱力所在。

2. 多元化

现代生活方式是人类社会生活主体的一种自觉的追求和认同，而现代社会丰富的物质产品、精神产品和消费服务，是人们自主选择体现个性特征的生活方式的基础。同时，现代社会提倡人性化，尊重人的个性发展，也为个性的生活方式提供了社会条件。信息时代的到来增加了国内外、中西方文化的交流，也对现代生活方式的多样化提供了条件。因此，现代生活方式向多元化的主体开放，向多样化的要求开放，它摒弃了封闭的、半封闭的、保守的生活形态和生活观点。

3. 消费性

在现代社会，人们的生活水平普遍提高，物质生活基本能够得到满足。人们愿意花更多的时间和金钱用于休闲生活，进一步追求由物质生活消费向精神消费方面扩展。同时，这种生产或生活的消费在内容和方式上也向高层次、高水平、高质量的方向发展。

(二) 现代生活方式增进人们的体育运动需求

1. 现代生活方式下隐藏的“疾病”

现代科学技术和社会经济的快速发展，对人类社会的生产、生存和生活产生了诸多积极的作用，但是也有一些不利影响。以汽车为代表的现代化交通工具的广泛普及，使人们的步行减少；家务劳动的社会化、自动化程度越来越高，也大大地减少了人们日常的体力劳动。人们在享受物质生活的同时，却往往忽视了优越的生活给人的身心健康和社会的全面发展产生的负面影响。社会的变迁使人们的脑力劳动比例越来越大，而且分工越来越细，竞争越来越激烈，人们的工作压力越来越大。这种紧张的工作、激烈的竞争和快速的生活节奏所带来的紧张、焦虑和压力重负的情况，极易导致人身心疲劳，甚至是郁闷与痛苦，也会导致人与人之间的交往减少，即所谓的“城市病”和“文明病”。而适当的体育运动正是预防和治疗这些现代“城市病”和“文明病”的有效手段。

在这样的情势下，体育活动就自然而然地走进现代人的生活之中，成为现代人们生活方式的重要内容。

2. 转变观念，树立“健康第一”思想

社会的进步与发展促使人的思想观念发生转变，而人的思想观念一旦形成，又会反过来促进和影响人的行为和生活方式的变化。在现代社会中，体育已逐渐被人们认识为生存与发展的一个重要部分，体育投入视为人力资本投资的一个重要组成部分，一切都源于“健康第一”观念的逐渐形成。

体育活动是改善人的健康状况的一种积极有效的手段，是提高人的身体素质的重要途径。于是，花钱买健康与花钱接受社会教育、专业技能培训等对人来说都是同样需要的。这种人的投资心理的理性化，使人们的目光放得更远了，把体育运动作为一种重要的人力资本投资受到人们的重视。除此之外，人们还认识到体育不仅能增强体质、提高人的健康水平，而且还可以促进智力发展，消除疲劳、提高学习和工作的效率。这些对体育的新认识，促使人们尤其是广大青少年学生摒弃了那种体育锻炼会耽误时间、妨碍学习和工作的陈旧观念。体育是现代人们生活、生存与发展的一个重要部分的新观念正日益被人们所接受。

3. 高品质的生活追求

人们对现代生活质量的高要求、对精神消费的高追求，增加了体育运动的需要。体育运动不仅提高了社会生活群体与个人的生活情趣，其特有的健身性、娱乐性、趣味性、表演性都能使人们在参与的过程中得到精神性的享受，能够满足人们自我实现的需要。

(三) 体育运动对现代生活方式的改善

1. 缓解疲劳，丰富生活

人们基本上是以松散结构的群体参加体育运动，但他们的志趣和追求目标大体是一致的，因而在心灵沟通上无障碍。人们通过体育运动很容易建立起人与人之间的依赖性和信任感、相互了解和相互尊重。在这种环境中，成员之间能畅所欲言，加上运动调节，可以缓解疲劳，丰富情感生活，完善其心理品质的发展。

2. 提高生活节奏的适应性

体育运动有利于人们调整、顺应新的生活节奏。有资料证明，经常参加体育运动的年轻人对生活节奏的改变具有较强的适应能力。这是因为在体育运动中人们所掌握的多种运动技能和快速活动的方式，有利于他们在完成各种生产、生活动作时做到准确、协调、敏捷，避免多余动作出现。参加体育运动可以增强人体各个系统的功能，尤其是神经系统和心血管系统，更可以提高人体对快节奏生活的应变能力和耐受能力；同时，也可以帮助人们克服对快节奏生活的抵触、恐惧、厌烦和焦虑等心理障碍，抑制身心紧张。

3. 拓展生活空间

在现实生活中，每个人都有一个属于自己的生活空间。生活空间是我们生活方式不可忽视的一个要素，也是我们生活质量提高的重要前提，适度的生活空间有利于人们的身体健康。户外运动让人们充分与大自然接触，缓解了现代社会人们生活空间逐步缩小所带来的压抑情绪。

(四) 促进体育运动改善现代生活方式的有效途径

(1) 充分发挥媒体的舆论宣传与鼓动作用，加强体育的重要性教育，促进正确体育观念的形成。良好的生活方式是健康人体与延年益寿的保证，不良的生活方式会导致各种疾病，严重的甚至会危害全社会并引发一系列的社会问题。要改变不良的生活方式和行为习惯，倡导与养成文明、健康、科学的生活方式、保障身心健康，必须充分发挥各种媒体的舆论作用，加强体育对增进身心健康和提高生命生活质量作用的宣传教育，使广大人民懂得“生命在于运动”“体育投资是生产性投资”“花钱买健康”的科学道理，培养人们对体育的兴趣，树立正确的体育观念，逐渐使体育成为人们日常生活的重要组成部分。此外，还应发挥舆论媒体的功能，加强体育锻炼的科学指导，传授体育锻炼的方法以及体育保健、医务监督等多方面的科学知识，为人民大众科学的体育生活方式的形成打下坚实的认识基础。

(2) 充分发挥政府管理职能的作用，加大政策、法规、组织与经济方面支持的

力度，促进社会体育产业的发展，发动广大人民群众积极参与体育锻炼，促进人的科学体育生活方式的形成。这不仅是体育部门、体育工作者、体育主管部门和人民群众自身的责任，也是政府管理部门的职责。对此，各级政府一定要重视这项工作，制定相应的政策法规，并在管理和经济上予以倾力扶持。在体育生活环境的营造方面，各级政府应当采取积极有效的措施，要求这些管理部门充分发挥职能部门的作用，在体育管理部门和地方行政机构之间建立有效的协调机制，切实充分发挥社区组织的职能作用，加强社区体育场地设施的建设，组建各种有益健康的体育组织与协会，并在经济上予以大力支持。因此，我们要大力呼吁政府加大对群众性体育产业的投入，改善群众体育的场地器材设施，开发和扶持体育消费市场，从而推动体育消费，促进体育事业的发展。

（3）健全机构，充分发挥大中小学校丰富的体育资源，为社区体育的发展提供良好的体育支撑。随着城镇化建设进程的推进，社区组织将成为人们聚集的主要阵地，为了让体育走进人们的生活，更好地为社会服务，应该从发展社区体育抓起。大中专院校是社会体育运动场所、器材最集中的地方，它们不仅可以提供大量的体育锻炼的器材和场所，还可以提供优良的培训与组织的服务。为此，建议各社区的组织领导机构要与周边的学校紧密配合，本着就近、互利、双赢的原则，组织社区居民开展各种形式的体育健身活动，为社区居民提供经济便捷的服务。

第四节　高校体育健康管理的信息化发展趋势

一、体育健康管理需与信息科学联姻

生物科学的奇幻奥秘似乎总是蕴藏在一间间实验室中，此刻，它将踏出这扇门与信息科学联姻。让我们揭开它们的神秘面纱，拓展更为广泛而深入的研究道路。

美国基因研究专家埃里克·兰德在于波士顿举行的“生物信息世界”会议上说，计算机科学家与生命科学家合作至关重要，基因学的发展依赖于生物信息技术的进步。而我们所说的体育健康管理，主要涉及运动人体科学领域的研究。目前，担任美国麻省理工学院伍德海德研究中心负责人的兰德在大会演讲中指出，在过去的20～30年中，生物学已从一种以实验室为基础的科学转向以信息为基础的科学。这个领域有非常多的机会，有非常大的需要。据估计，这一领域所需要的研究人员数量将是目前已有人数的50倍。兰德认为，培养这种人才就像破译人类基因组一样需要企业政府和大学紧密合作。

运动人体科学是人体生命科学研究的重要方向，它是研究运动人体的机能与康复，评价等方面理论知识，直接应用于竞技体育与国民健身领域。2008年奥运会过

后，中国体育史上将迎来后奥运时代，国民对个体体质健康水平关注度将更加提高，人们的认识水平将更注重细节。因此，个性化的健康管理迫切需要先进高效信息技术的支撑。

（一）体育健康管理科学

人体生命科学是21世纪的一个热门话题，长期以来，它的研究存在两个缺点：一是重视微观研究，忽视宏观研究；二是重视静态研究，忽视动态研究。总之，虽然它被人们炒得沸沸扬扬，但实际上它的研究仍处于初级阶段。因为人的认识规律是从微观到宏观、从局部到整体、从个别到一般的。当人们既能用分子生物学、生物化学等这些局部的生命理论，又能用整体的生命理论去解释生命现象时，生命科学就上升到高层次。高层次的科学研究“见微知著”，能从简单的现象中悟出深层次的规律性，这种规律是放之四海而皆准的。但是，现代的大多数研究者仅能认识微观的、静态的人体生命现象，而宏观的、动态的人体生命科学的研究比较落后，他们不知道微观是由宏观来控制的，因此，应该大力提倡宏观研究。

生命在于运动，这是不争的事实，人体生命科学应该把运动作为研究的主题。因此，运动人体科学是目前人体科学研究的重要的领域。而体育健康管理又是作为运动人体科学应用于人群体质健康的实践方式，是一系列科学理论转化为实践的一个集中体现。

健康管理是指一种对个人或人群的健康危险因素进行全面管理的过程。其宗旨是调动个人及集体的积极性，有效地利用有限的资源来达到最大的健康效果。作为一种服务，健康管理的模式一般包括以下3个部分。

1. 个人健康信息管理

以软件及互联网的形式收集和管理将用于健康及疾病危险性评价、跟踪、健康行为指导的个人健康信息。

（1）安全的网络化信息管理。

（2）标准的信息管理格式。

（3）友好、互动的客户端管理界面。

（4）永久的个人电子病历及健康管理账户。

2. 个人健康与慢性病危险性评价

当完成个人健康信息收集后，通过疾病危险性评价模型分析计算，得出按病种的疾病危险性评价报告。健康管理者及个人能够清楚地了解个人患慢性病的危险性。

3. 个人健康计划及改善的指导

一旦明确了个人患慢性病的危险性及疾病危险因素分布，健康管理服务即可通过个人健康改善的行动计划及指南对不同危险因素实施个人化的健康指导。由于每个人具有不同危险因素组合，因此会针对个人自身危险因素筛选出个人健康管理处方，使每个人都能更有效地针对自己的危险因素采取相应的措施。

此外，健康管理还可汇总、评价群体健康信息，做出人群健康管理资讯报告，为企事业单位提供人群健康需求的参考信息。

（二）信息科学领域

计算机将带来人类生活模式的革命性变化。

科学家断言，目前已经发展到第五代的电子计算机，今后还要向“三度”挺进——高度（高性能）、广度（普及）和深度（智能化）。21 世纪的计算机存储器和处理器将集中在一个芯片内，使信息的采集、传输、存储、处理等功能集成在一起。以光子技术为支撑的三维全息存储将成为新世纪最主要的存储技术。超级计算机将被普遍使用，量子效应集成电路制造术的突破将使量子计算机逐步进入实用阶段，计算机的使用会越来越简单。大约在 25 年后，拥有等价的神经元数目的超级计算机，可以和人脑具有的神经元数目相近，那时计算机硬件复杂度有可能达到人脑的复杂度。计算机可能具有思维能力和看、听、说能力，能和人以自然语言的方式自由交谈，甚至能领会人的眼神、手势和感情，这是计算机科学家正在努力的方向。把集成电路芯片直接植入人脑，使人脑直接和电脑沟通，也有可能实现。

1. 未来高科技集中于五大领域

马福德首先向清华学子介绍了未来高科技发展的主要方向。马福德认为，21 世纪的科技革命的重点，是微处理技术、计算机辅助设计与计算机辅助生产、光纤网络与通信、基因与生物农业以及激光和全息技术五大领域。具体到通信技术的发展而言，世界电信产业已经进入了建设高性能网络的新阶段。高性能网络将传统的电路交换转变为分组交换，实现话音、数据、多媒体的融合，大幅降低网络成本，并创造出更多有价值的业务，为运营商和企业客户全面拓展赢利空间。

马福德认为，中国的信息化建设正面临良好的机遇。经过十余年的快速发展，中国已经成为全世界最大的电信市场。中国在过去十多年间投资建设的电信基础设施，大都运用了国际上领先的解决方案。中国在利用电信新技术方面，已经走在世界的前列。

信息的十大特征如下：

（1）可量度。信息可采用某种度量单位进行度量，并进行信息编码，如现代计算机使用的二进制。

（2）可识别。信息可采取直观识别、比较识别和间接识别等多种方式来把握。

（3）可转换。信息可以从一种形态转换为另一种形态，如自然信息可转换为语言、文字和图像等形态，也可转换为电磁波信号或计算机代码。

（4）可存储。信息可以存储，大脑就是一个天然信息存储器。人类发明的文字、摄影、录音、录像以及计算机存储器等都可以进行信息存储。

（5）可处理。人脑就是最佳的信息处理器。人脑的思维功能可以进行决策、设计、研究、写作、改进、发明、创造等多种信息处理活动。计算机也具有信息处理功能。

（6）可传递。信息的传递是与物质和能量的传递同时进行的。语言、表情、动作、报刊、书籍、广播、电视、电话等是人类常用的信息传递方式。

（7）可再生。信息经过处理后，可以用其他方式再生成信息。输入计算机的各种数据文字等信息，可用显示、打印、绘图等方式再生成信息。

（8）可压缩。信息可以进行压缩，可以用不同的信息量来描述同一事物。人们常常用尽可能少的信息量描述一件事物主要特征。

（9）可利用。信息具有一定的实效性和可利用性。

（10）可共享。信息具有扩散性，因此可共享。

2. 信息技术的发展趋势

（1）高速、大容量。速度越来越高、容量越来越大，无论是通信还是计算机发展都是如此。

（2）综合化。包括业务综合以及网络综合。

（3）数字化。①便于大规模生产。过去生产一台模拟设备需要花很多时间，模拟电路每一个单独部分都需要进行单独设计单独调测。而数字设备是单元式的，设计非常简单，便于大规模生产，可大大降低成本。②有利于综合。每一个模拟电路其电路物理特性区别都非常大，而数字电路由一进制电路组成，非常便于综合，要达到一个复杂的性能用模拟方式往往综合不起来。现在数字化发展非常迅速，各种说法也很多，如数字化世界、数字化地球等。而搞数字化最主要的优点就是便于大规模生产和便于综合这两大方面。

（4）个人化。个人化即可移动性和全球性。一个人在世界任何一个地方都可以拥有同样的通信手段，可以利用同样的信息资源和信息加工处理的手段。

信息技术未来的发展趋势正巧迎合了健康管理的应用领域的诸多特征，二者的联姻具有齿轮般的吻合的巨大特征，融合后必将相辅相成、灵活自如地运用于健康、体育领域，成为一道靓丽的风景。

二、体育教学工作计划的信息化管理

（一）计划格式的规范化

学校体育教学工作计划，包括学年教学工作计划、学期教学进度计划（进度

表）、单元教学计划、课时计划（教案）等。对于这些教学计划的制订，首先要根据有关教学文件和管理制度，以及办学指导思想与教学目标来制定统一的计划格式，如将页面、字体、字号的大小等统一规格，使其格式统一、规范，为运用计算机辅助教学管理做好准备。对课时计划（教案），为考虑到每个教师的教学方法与风格的不同，对其格式可不做统一要求。

（二）计划管理的规范化

计划管理的规范化，首先要求教学计划管理部门对教学计划的管理制定出统一的操作规范和标准要求，然后根据教学计划的管理办法，使所有教学计划的制订者——教师，有一个统一的依据标准和操作规程。这样，教师就可根据教务管理部门制定的各种计划式样，直接把各种教学计划内容输入计算机，并通过校园网使教学计划文件有限共享；或者通过电子邮件，将教学计划发送到教师所在单位的教务管理部门的电子信箱；或者通过移动介质把教学计划输入到有关电脑，使教学管理人员可以及时、详细地检查、审阅各项体育教学计划，从而使管理工作更加便捷、有效。

三、体育教学组织实施的信息化管理

（一）学校教学资源配置的计算机辅助管理

通过计算机与网络的辅助管理，能使学校体育教学中的多项管理工作得到改进和完善，其中包括以下方面。

（1）改进和完善体育教学的各项基础工作，如对师资、场地、器材等教学资源进行合理配置。

（2）能严格按照教学大纲和教学计划组织教学，并能通过网络与通信进行临场抽查。

（3）能科学地安排体育课的运动负荷，准确地评估教学效果。此外，教师还可以通过计算机 WIN 系统的 Office 系列办公软件或其他专业软件，完成许多平常工作量比较大的统计工作，为管理决策及科研提供大量而有效的分析资料和相关数据。

（二）体育课选项分班的辅助管理

为了让学生能够结合自身的兴趣和爱好，在有限的体育课堂中学得更充实，在大学和高中的学校体育教学中，往往是采用选项分班上课的模式进行教学。而在规模比较大的学校，要做好学生的体育课选项分班工作，工作量与工作难度都是非常大的，但采用计算机管理，特别是运用计算机的相关软件来组织和安排体育课的选项分班，这项工作就会变得有序和高效，这也与新的学校体育纲要中“要求各类各级学校采用计算机辅助教学管理”相一致。

新体育纲要指出，学生要在教师的指导下进行选课。然而由于目前各类学校的人力和财力有限，学校的教学资源还达不到实际的要求，因此必须整合学校的教学资源，如对教师数量、教学时间、开课项目，以及学生人数、场地、器材等进行有效的整合，然后在网上公布开课项目的条件，让教师和学生充分了解学校的教学资源，再由学生根据这些条件，结合自己的兴趣和爱好，在网上有目的地选择体育课项目。这样做既充分利用了学校的教学资源，又能使学生有更大的选项余地。

（三）学生体育课与《国家学生体质健康标准》（下文简称《标准》）测试成绩的辅助管理

增强学生的体质与保证学生的健康是学校体育工作的重要内容。学校体育工作的成果，最根本的是体现在学生体质的增强上。除此以外，要培养学生养成锻炼身体的习惯，树立终身体育的新观念。因此，加强对学生体质与健康的管理，这对改进学校体育工作，提高学生健康水平有着重要意义。国家体育总局与教育部在《标准》中规定，学校要每年定期对学生做全面的身体素质及机能的测定，并为每一个在校学生建立健康档案。在以往的学生健康水平检测中，都是通过人工对各种测试数据进行统计，并将测定结果逐个登记在每一个学生的健康卡片上，做档保存，其工作量之大可想而知。而利用计算机的相关软件进行管理，许多工作就变得简单而有效。例如，利用计算机建立学生体质健康的电子档案，对各种表格进行处理，使得健康档案易于保存，检索方便快捷；利用计算机可及时地对总的检测数据或某项数据进行分析评价，找出学生存在的不足，并针对学生的实际提出具体改进的实施建议。有自己网站的学校还可以把相关的健康资料或体育成绩发送到 Internet 上，能让学生家长通过网络及时了解自己孩子的情况，并协助学校做好学生的体质与健康工作。

采用计算机辅助管理学生体育课与《标准》测试成绩，关键是要设计好符合本校实际的计算机软件。因为体育课成绩与《标准》测试成绩的格式是不同的，所以在设计或改进体育成绩管理软件时，要重点考虑网络功能，以便能充分利用网络的优势，使软件的功能更加完善。

四、体育教学质量评估的信息化管理

（一）体育工作计划材料的保存管理

学校的体育工作在每个学年、学期都有相应的计划和方案，以及工作过程的小

结、总结之类的文件，这些计划与方案都准确地记录着教师的辛勤劳动。这些文件一般都是通过电脑进行制作的，因此应该在电脑中建立相应的文件库，妥善地保存好这些文件，以便日后随时调用。

（二）体育教学工作的辅助管理

对体育教学工作的检查评估，是教育行政管理部门和教学工作者的一项常规工作，也是不断提高体育教学质量的一个重要环节。利用计算机及相关软件，能减少人为情感评定因素的影响，使检查评估更具客观性和规范化。体育教学质量的检查与评估，主要包括对教师教学能力、教学水平和教学效果的评定，以及场地、器材的使用效率和效果评定等。在体育教学工作的检查评估中，我们首先要制定实施规则和操作程序，然后把每一次的检测数据及时、准确地输录到计算机中保存，当学期或学年结束要进行评定时，调出有关资料和数据，结合相关的规则标准给出客观而准确的评定结果。另外，对反馈信息的整理、汇总分析及加工处理，也都可通过计算机的相关软件进行及时、准确、全面、有效的修改，从而不断地改进体育教学，提高教学管理水平。

（三）体育教学工作档案的辅助管理

对体育工作档案的管理也是体育管理工作的一项重要内容。要做好体育工作档案资料的积累、整理、统计和分析工作，发挥其信息储存和反馈作用，计算机具有强大的优势。在体育工作档案管理中，我们可以采用相关的计算机辅助管理软件，及时地对数据进行自动分类处理，快速、准确地提供常用的数理统计分析指标、成绩排序汇总、各种统计报表等资料。对于上级教育部门和体育部门发布的各种法令、条例、决定、指示等文件，以及本校有关体育工作的规则、制度、决定、教学计划、大纲、教学进度表、教学日历、业余训练计划、日记、各项工作总结、教师的单元和课时计划、学生体质健康卡片等，我们都可以通过计算机把它们分类存放在磁盘或刻录在光盘上制作成电子档案，这样的体育工作档案管理会更显其有序性和高效性，查阅也会更加方便快捷。

（四）体育情报资料的辅助管理

体育情报的积累和储存是建立学校体育资料信息库的一个重要环节，也体现着一个学校的体育科研水平与能力。随着国际互联网的发展和普及，每天都会有大量新的体育信息在网上发布，因此及时对相关信息和资料进行收集、整理、储存和利用，有助于改进学校体育工作，提高体育科研水平。另外，通过有关电子设备，如扫描仪、数码相机等，把有关的图文体育情报资料输入到计算机，再经过分类处理后把各种情报资料存放在不同的目录下，可方便日后查阅和调用，同时也丰富了体育情报资料库。

五、课外体育锻炼的信息化管理

（一）群众性体育活动的辅助管理

学校的群众性体育活动包括早操、课间操、班级体育锻炼。早操和课间操的管理包括出操人数和做操质量两个指标，我们可以把每次出操的人数、做操质量的检查打分输入计算机，给每一个班级制作综合曲线示意图，每隔一定时期就进行评比，依此来督促管理各个班级的出操。班级课外体育锻炼是体育课的延续和补充，体育教研室可以通过校园网里的个人网页或共享文件夹，把制定好的全校班级课外体育锻炼时间表，安排的活动的内容，以及出借体育器材和体育锻炼的辅导等情况，及时向各个班级和班主任传达、发布，使班级体育锻炼很好的开展。《国家体育锻炼标准》是我国群众体育制度中的一项基本制度，对于鼓励和推动少年儿童积极参加体育锻炼，增强体质，提高运动技术水平和培养优良的道德品质具有良好的作用。对于此项的大量原始数据，我们可以通过计算机自动进行各项（平均数、标准差、标准误、变异系数）指标和数据的统计分析，对总成绩进行合格率、优秀率的统计等，为管理决策及科研提供大量的分析资料和相关统计数据。

（二）课余运动队训练及运动竞赛的辅助管理

计算机在运动训练管理中可以发挥很大的作用。以往中小学课余运动队教练员训练时，多凭借自己的经验和直觉出发，感性的东西过多，不注意总结、提炼。利用计算机，教练员就可以把队员日常训练的素质测试成绩，各种生理、心理测试指标及时做出科学的统计分析，帮助教练员更好地安排训练内容，也使得运动训练管理科学化。在运动竞赛中，尤其在大型的综合运动会中使用计算机辅助管理，会使组织比赛更加合理、有序、快捷。利用计算机我们就可以很好地制定编排比赛的秩序册，归纳统计管理各项数据，及时发布每项赛事成绩，不仅大大节省了人力，而且还提高了管理效能，使管理更加科学化、自动化。

第四章　高校体育健康管理之体质健康管理

大学生体质健康理论是实现健康保障的基础，为更好促进大学生体质健康的保障，本章从体质与健康的内涵分析、大学生体质健康的意识理论与影响因素等方面展开论述，以深刻剖析相关理论。

第一节　大学生体质健康的科学认识

一、体质概述

（一）体质的含义

体质即人体的质量，是人体在先天遗传和后天获得的基础上所表现出来的形态结构、生理功能、心理发展、身体素质、运动能力等方面综合的、相对稳定的特征。体质包括人体的身体形态、生理机能、环境适应和心理状态等内容的发展水平。

体质是人的生命活动、劳动工作能力、运动能力的物质基础。1982 年 8 月，我国体育科学学会体质研究会划定的体质范畴，主要包括如下 5 个方面：

（1）身体形态和结构的发育发达水平。即体格、体型、身体姿态、营养状况和身体组成成分。

（2）生理功能水平。即机体的新陈代谢水平和各器官、系统的效能。例如，脉搏、血压、肺活量等反映心肺功能水平的指标。

（3）身体素质和运动能力发展水平。即速度、力量、耐力、灵敏、柔韧等身体素质和走、跑、跳、投、攀登、爬越等身体基本活动能力。

（4）心理发育发展水平。即人体感知能力、智力、个性、意志等。

（5）适应能力。即对环境条件的适应能力、应急能力和对疾病的抵抗能力。

（二）体质的内涵

人类社会的不同历史阶段有不同的生产特点，由此对人的体质提出了不同的要求。在原始社会，生产力水平极低，以手工作坊和小农个体生产作为生产方式，劳动力仍是社会需要的重要财富。在现代工业化时代，由体力、技术和精神相结合的劳动环境下，使人的体质承受着更加繁重的负担，对人的体质提出了更高的要求。人的体质是社会最为基础的物质因素。一个民族国民体质的强弱与国家经济、科学、技术、文化、教育、体育的发展有着密切的关系。科学的运动健身原理与方法是增强体质与健康促进的重要组成部分，当社会的政治、经济、自然条件等因素发生变化时，它对人的体质起着十分敏感的影响。生产和科技的发展取决于人对社会做出贡献的大小，人的素质不单纯以知识结构为标志，它是知识、道德、体质的结合体。从某种意义上讲，人的第一存在价值应是健全的并能适应社会生产劳动的体质。

人体体质受先天遗传和后天获得两个方面的影响，在其生长发育的过程中所形成的与自然和社会环境相适应的人体形态结构、生理功能和心理因素等相对稳定的固有特征。这一定义表明：①强调了人体体质的形成是基于先天遗传和后天获得的两个基本层面；②反映了关于机体内外环境相统一的整体观念，说明人体体质在后天生长发育过程中是与外界环境相适应而形成的；③充分体现出体质的固有特性或特征表现出来的机能、代谢以及对外界刺激反应等方面的个体差异性和阶段性。先天禀赋是人体体质形成的重要因素，但人体体质的发展与强弱在很大程度上又取决于后天获得因素的影响。为此，体质的内涵主要表面在以下几个方面：

（1）体质是一个统一的、相互密切协调的有机整体，是人体各种能力的综合体现。它是人们生活、学习和工作的物质基础，也是社会和经济发展的一种重要潜能。

（2）体质在承认先天遗传因素作用的同时，更加强调后天获得因素塑造的重要性。在不同种族、地域，以及不同性别、年龄的人群和个体中，人体体质的发展既有规律性，又有特殊性。

（3）强调人的身体素质和运动能力是生长发育与生理功能的主要外在表现，但又强调了科学合理锻炼对促进生长发育和生理功能的积极能动效应。

（4）随着社会进步和科技的发展以及人们认识水平的提高，体质的概念及范畴会产生日臻完善的新见解。任何一个时期的体质概念，往往只是对当时现实的概括，不是人们认识的终结，更不是真理的穷尽。因此，体质的内涵也是发展的。

（5）体质研究是一个复杂的系统工程。就体质的研究过程来看，是无穷尽的；就其研究领域而言，各学科间纵横交错，相互联系非常紧密。所以，对体质实行跨学科、跨专业、跨部门、跨区域的综合研究非常必要。当然，这并不排斥在某些课题上进行单一学科和局部范围内的深入研究，在实际工作中这种研究还是大量的，但应注意与其他科学的联系，应用、借鉴其他研究领域的成果及知识，避免体质研究工作的片面性。

（三）体质的理想状态

体质的理想状态即理想体质。理想体质是人体体质的功能在不同状态中所表现出来的较高层次和较高水平。理想体质是在遗传的基础上，经过后天不断努力获得的过程中所达到的人体良好的体质状态。在《全民健身科普知识读本》中也全面概括了体质的范畴，即体质包括体格、体型、体姿、营养状况、体成分等身体形态发育水平，表现新陈代谢状况和器官系统效能的生理功能水平，表现身体素质及运动能力水平的速度、力量、耐力、灵敏、协调、走、跑、跳、投和攀越等技能，表现心理发育水平的智力、情感、行为、感知觉、个性和性格意志等，对自然环境、社会环境和各种生活紧张事件的适应能力，对疾病和其他有碍健康的不良刺激源的抵抗力。

理想体质的标志表现为：

（1）身体健康，主要脏器无疾病。

（2）身体形态发育良好，体格健壮，体形匀称。

（3）呼吸系统、心血管系统和运动系统具有良好的生理机能。

（4）有较强的运动能力和劳动工作能力。

（5）心理发育健全，情绪乐观，意志坚定，有较强的抗干扰、抗刺激的能力。

（6）对自然和社会环境有较强的适应能力。

二、健康概述

（一）健康的定义

《现代汉语词典》（第5版）对健康的定义是："（人体）发育良好，机理正常，有健全的心理和社会适应能力。"

《辞海》（1999年版）说："健康是人体各系统发育良好、功能正常、体质健壮、精力充沛并具有良好劳动效能的状态。通常用人体测量、体格检查和各种生理指标来衡量。"

世界卫生组织（World Health Organization，以下简称WHO）在1948年成立时就明确提出了健康的含义："健康不仅是免予疾病和虚弱，而且是保持身体上、精神上和社会适应方面的完美状态。"WHO还提出了生理、心理、社会适应力三者都具备才是健康的三维理论。

WHO在20世纪70年代中末期和80年代末期不断将健康概念完善，并且重新定义。特别是在20世纪90年代，WHO提出了健康还应该包括道德健康。也就是说，一个完全健康的人，必须躯体健康、心理健康、社会适应能力良好和道德健康四个方面都健全。

（二）健康的内涵

健康包括生理学上的健康、心理学上的健康和社会学上的健康。

1. 基于生理学的健康

生理学上的健康，也就是人体各个器官和各肢体的健康。大学生的体质已发育到了较高水平，身高已基本停止增长；体型、姿态和生理特征已有明显的差异；机体各系统、各器官的机能已发育成熟，性的成熟和对异性的追求有所增加；体重适当，身体均匀，站立时头、肩、臀位置协调；眼睛明亮，反应敏锐，眼睑不发炎；牙齿清洁、无空洞、无病感，齿龈颜色正常，无出血症状；肌肉结实、皮肤有弹性，头发有光泽，各器官未发现疾病。这就是生理上的健康。

2. 基于心理学的健康

世界卫生组织成立时就在宪章中指出："一个健康的人要有充沛的精力，能从容地适应日常工作和生活，不会感到疲劳和紧张。"所以人们还要积极乐观，敢于承担责任，工作岗位能上能下，能官能民，心胸开阔，精神饱满，情绪稳定，善于工作，也善于休息。有较强的自我控制能力，有排除干扰的能力和较强的应变能力，反应速度快，并有高度的适应自然环境、社会环境、工作环境的能力等。

心理健康的标准是：

（1）智力正常。智力是衡量心理健康最重要的标准，是正常生活、学习和工作的基本条件，是一个人与周围环境达到心理平衡的基本保证。什么情况才称为智力发展正常或不正常呢？国内外所有的心理学家通常都是用智力商数（简称智商，IQ）来测量智力发展的高低。智商在90～110范围内，为智力正常；智商低于70，则为智力低下。智力低下又按其程度分为白痴（重度）、痴愚（中度）和愚鲁（轻度）。

（2）有完整的人格。心理健康的人，胸襟开阔、胸怀坦荡、言行一致、表里如一、热爱生活、善于生活。不但能调节好自己的行为，克服来自各方面的困难，而且能很好地战胜自己的疲倦、抑郁、沮丧等消极情绪，能忍受各种大小的打击而保持自己清醒的头脑和完整的人格，达到心理的平衡。

（3）能尊重自己、尊重别人。尊重自己就是要有较强的自尊心，遇事有自知之明和良好的自我意识。值得注意的是有些缺乏自尊心的人，往往会忧郁颓废，抱着破罐破摔的心态，无上进心，这种人群也将不会被别人尊敬。青年人不但要有较强的自尊心，而且还要尊重别人，对人要讲究文明礼貌，能将心比心，谦虚谨慎，多看别人的优点和长处，宽宏大量包容他人的不足和缺点，要将得理不饶人的心态改变为得理也饶人；认识自己的不足，三人行必有我师，互相学习，共同提高。尊重别人，并非盲从，而要善于独立思考；宽容并不等于无原则的迁就，要是非分明，

这才是正确的态度。

(4) 有良好的人际关系。人生在世，必须学会和各种各样的人交往，形成良好的人际关系。在学生时代首先要保持与宿舍几位同学的和谐关系，进而扩大到全班、全年级的同学。在社会上的工作环境中，要同班同组之间、部门和部门之间，上下级之间保持和睦相处，工作才会干劲倍增，受到同事们的尊敬和领导的肯定。

(5) 要有相应的年龄心理特征。不同的年龄阶段各有相适应的年龄特点。青年人要有活泼好动的特点，不要有老气横秋、未老先衰的心态，这才是健康的表现。

(6) 有高尚和明确的追求目标。一个人应有理想、有信心、坚忍不拔。要树立正确的世界观、人生观，树雄心、立壮志，勤奋好学，自强不息。

(7) 情绪要稳定。情绪稳定的人遇事能冷静思考，谨慎处理。牢记忍得一时之气，免得百日之忧。在顺境中要克服不可一世、骄傲自大、盛气凌人、自以为是、忘乎所以的表现，要看到自己工作中的不足；当工作或学习遇到困难时，不要抑郁沮丧，消极悲观，要看到光明和自身的优点，要相信黑暗之后必有黎明的曙光和天无绝人之路的哲理。

3. 基于社会学的健康

我国是一个人口众多的国家，每一个人处在社会群体中，都要接触家庭中的父母兄弟姐妹，周围的同事、朋友，在工作岗位上都要与上司和下属打交道，这就需要有很好的人际关系。古代《增广贤文》中有不少有关人际关系的哲理仍值得现代社会的人们借鉴。当前，在强调物质文明的同时，更重要的还要强调精神文明建设。这些又与心理健康有很大的内在联系。

(1) 家庭生活的健康。家庭是构成社会和国家的基本单位，家庭成员的心理状态，对子女有着潜移默化的作用。为此，家庭应夫妻感情融洽、互相帮助、互相爱护、互相理解、互相尊重，敬重长辈、关心子女、和睦相处，这样才有利于家庭成员的心理和生理健康。

(2) 学校生活的健康。学校是每一个人都必须经历的集体生活，也是人生中极为重要的阶段。一个人能否取得良好的成绩，能否对社会做出贡献，学校教育是关键中的关键，也是重中之重。如果在学校人际关系不好，会导致学生精神的焦虑、紧张、抑郁、孤独、自卑，甚至还会诱发各种神经症、精神病，甚至会产生厌世情绪，严重影响学生的身心健康。为此，在学校群体中要互相帮助、互相宽容、互相理解、互相尊重，多看他人长处，才能使大家关系融洽，有利于建立一个和谐的班集体。

(3) 工作单位环境的健康。一个人的大部分时间，都在工作单位或劳动场所活动，所以工作环境的好坏，对人们的生理健康和心理健康起决定性的作用。工作环境的好坏可从两方面来理解，其一是把工作环境尽可能做到美化、绿化、净化，尽量使光线充足、场地颜色和谐、空气流通、温度适中，正所谓花园化的城市，花园化的校区，花园化的厂区、企业，这样有利于人们的身心健康。反之，如果在一个垃圾成堆、蚊蝇扑面、臭气冲天的环境中工作，人们不可能有愉快的身心，对身心健康是十分不利的。其二，要处理好人际关系，包括同科室的同事，工作岗位的上司和下属，都要互相支持、互相关心、互相理解、互相尊重，有了这种心态，才能使大家在安全、团结、融洽、友好和谐的环境下工作，工作效率高，人们身心健康，一个单位的凝聚力就容易形成。

（三）健康的类型

1. 四维健康观

过去，人们总认为无病痛即健康。殊不知，即使没有任何躯体上的疾病，生活中的烦恼和抑郁等不良状态也会影响人们的健康。那么，什么是健康呢？

随着自然科学和医学的发展，以及社会的文明进步，世界卫生组织在1989年对健康的概念又进行了重新定义，提出健康应包括躯体健康、心理健康、社会适应能力健康和道德健康，这就是所谓的四维健康观念。这种观念将人们对健康的认识提高到一个崭新的高度，并为世界各国学者广泛接受。

下面简要介绍一下四维健康观的具体内涵：

（1）躯体健康。一般指人体生理的健康，即人体躯体的形态、结构和功能正常，并具有生活自理能力。

（2）心理健康。是指能正确认识自己和周围的环境和事物，表现为人格完整、自我感觉良好、情绪稳定、积极向上和有较好的自控能力。

（3）社会适应能力健康。是指一个人的心理活动和行为能适应复杂的环境变化，并被他人理解和接受。

（4）道德健康。是指能明辨是非，能按照社会规范准则来约束自己的言行，愿意为社会做贡献。

2. 健康的要素

美利坚大学的国家健康中心提出了一个与健康四维观类似的健康定义，即健康是人对环境适应后所达到的一种生命质量，个体只有在身体、情绪、智力、精神和社会各方面达到完美状态才称得上真正的健康，这种健康观又称健康五要素。

（1）身体健康。不仅包括无病，而且还包括体能。体能是一种能满足生活需要和有足够能量完成各种活动的能力。具备这种能力，就可以预防疾病，提高生活质量。

（2）情绪健康。情绪涉及我们对自己和他人的感受。情绪健康的主要标志是情绪的稳定性，所谓稳定是指个体应对日常生活中人际关系和环境压力的能力。当然，生活中偶尔有些情绪波动均属正常，关键是生活的大部分时间要保持情绪稳定。

(3) 智力健康。是指在长期的学习和生活中，大脑始终保持活跃状态。

(4) 精神健康。是指理解生活基本目的的能力，以及关心和尊重所有生命的能力。对于不同宗教、文化和国家的人来说，精神健康的内容也有所不同。

(5) 社会健康。是指个体与他人及社会环境相互作用形成的和谐的人际关系和社会角色的能力。此能力将使人们在人际交往中充满自信和安全感，进而减少烦恼，保持心情愉快。

值得注意的是，健康的五个要素相互联系，相互影响，例如，身体不健康会导致情绪不健康，心理不健康会导致身体、情绪和智力的不健康。因此，只有每一个健康要素平衡地发展，人们才能真正健康，才能幸福地生活。

3. 我国学者对健康的理解

根据世界卫生组织（WHO）对健康的新定义，我国学者认为一个人的健康具体来说应包括生理、心理、生殖、道德、社会适应5个方面的健康。

(1) 生理健康。生理健康就是人体生理上的健康状态。过去把生理健康定义为："能精力旺盛地、敏捷地、不感觉过分疲劳地从事日常活动，保持乐观、蓬勃向上及具有应激能力。"但是，目前有人认为，应将生理健康分成人体健康和健康行为两个概念来理解。

人体健康是指循环系统、呼吸系统、机体的各个器官、关节活动和肌力都达到最低正常水平，这样就有助于减少退行性疾病发生的危险性。健康行为是指健康达到一定水平，并与敏捷性、速度、肌肉的耐受性和收缩力有关，能使机体更好地从事职业与娱乐方面的生理活动。

(2) 心理健康。心理健康的人应能保持平静的情绪，敏锐的智能，适于社会环境的行为和愉快的气质。

我们认为，人的心理健康包括以下7个方面：智力正常、情绪健康、意志健全、行为协调、人际关系良好、应激反应适度及心理特点符合年龄特征。

了解与掌握心理健康的定义对于增强与维护人们的健康有很大的意义。人们掌握了健康标准，以此为依据对照自己，可进行心理健康的自我诊断。现代人心理健康的标准如下：具有充分的适应力；能充分地了解自己，并对自己的能力做出适度的评价；生活的目标切合实际；不脱离现实环境；能保持人格的完整与和谐；善于从经验中学习；能保持良好的人际关系；能适度地发泄情绪和控制情绪；在不违背集体利益的前提下，能有限度地发挥个性；在不违背社会规范的前提下，能恰当地满足个人的基本需求。

(3) 生殖健康。生殖健康是指个体在与生殖有关的一切活动中，在生理、心理和社会适应诸方面处于良好的健康状态。为了保持生殖健康，既需要建立正确的性观念和性行为，避免未婚先孕、人工流产，做好性病与艾滋病的防治等工作外，还要接受避孕节育、不孕不育、妇产、夫妻性生活、男性科疾患等方面的性保健知识指导。生殖健康的内容主要有以下几点：人们能够有满意而安全的性生活；有生育能力；可以自由而负责地决定生育时间和生育数目；夫妇有权知道和获取他们所选定的安全、有效、负担得起和可接受的计划生育方法；有权获得生殖健康服务；妇女能够安全地妊娠并生育健康的婴儿。

由此可知，男女平等是生殖健康概念的基础，妇女权利是生殖健康的核心，强调服务对象的需求、参与、选择和责任是生殖健康的特点。同时，这些内容都必须是受到法律保护的。

（4）道德健康。所谓道德健康，是指能够按照社会规范的准则和要求来支配自身的行为，把个人行为置于社会规范之内。

把道德健康纳入健康的大范畴，是有其道理及科学根据的。巴西医学家马丁斯经过 10 年的研究发现，屡犯贪污受贿罪的人，易患癌症、脑出血、心脏病、神经过敏等病症而折寿。而良好的心理状态，能促进人体内分泌更多有益的激素、酶类和乙酰胆碱等，这些物质能把血液的流量、神经细胞的兴奋调节到最佳状态，从而增强机体的抗病力，促进人们健康长寿。作为国家未来的建设者，具备良好的道德素质是青年学生的立身之本。

（5）良好社会适应。社会适应指的是个人为与环境取得和谐的关系而产生的心理和行为的变化。它是个体与各种环境因素连续且不断改变的相互作用过程。每个人一生都会不断面临新的情境，每一发展阶段也都有特定的要求，比如人格发展、对父母的依赖、个体心理上的独立、职业选择、人际关系、婚姻、家庭、退休、死亡等。社会适应是一个人发展的毕生过程。

社会适应良好是指个体的行为能适应复杂的社会环境变化，能为他人所理解，为社会所接受，行为符合社会身份，形成与保持和谐的人际关系。只有学会选择适合自身的价值观和人生态度，并有效建立起促进个人发展的精神背景和自我引导机制，才能够按社会运行法则，处理好个人与社会条件之间的关系。

在知识经济时代，不但人们获取知识的方式和途径在悄然发生变化，而且随着生活节奏的加快，人际关系变得更加复杂，在日趋激烈的社会竞争中，伴随各种不同价值取向而产生的迷惘、困惑、抑郁、孤独与失望情绪，都是对现代人的巨大考验。因此，能较好地适应社会对个体的全面健康显得尤为重要。

（四）衡量人体健康的标准

近年来，为了便于普及健康知识，世界卫生组织提出了衡量人体健康的 10 条标准。大家对照这些标准，即可大致了解自己的健康状况。

（1）精力充沛，能从容应付日常生活和工作；

（2）处事乐观，态度积极，乐于承担责任；

（3）善于休息，睡眠质量好；

（4）应变能力强，能适应各种环境的各种变化；

（5）对一般感冒等传染性疾病具有一定的抵抗力；

（6）体型匀称，体重适当，身体各部分比例协调；

（7）眼睛明亮，思维反应敏捷；

（8）牙齿清洁，无损伤，无病痛，齿龈无出血；

（9）头发有光泽，无头屑；

（10）走路轻松，肌肉、皮肤富有弹性。

以上十条标准，前 4 条属于心理健康的内容，后 6 条属于生理学方面的内容。据报道，按上述 10 条健康标准评价，只有 15%的人达到健康要求，另外 15%的人有疾病，而大部分人都介于健康和疾病之间的亚健康状态。

（五）健康状态

健康状态有理想健康与亚健康之分。

1. 理想健康

人人渴望健康、追求健康已经成为时代发展的必然趋势。WHO 倡导的多元健康观已经将健康的内涵大大拓展，突破了传统健康模式和医学范畴。健康是基本人权，也是人类体现其社会价值最重要的标志。所以，学者们为进一步强化健康的本质和彻底改变传统健康评估体系，提出了一个促进健康评估体系，提出了一个促进健康的终极目标——理想健康（Optimal Health）或健全健康（Robust Health）。

理想健康是指个体致力于维持健康状态，并充分发挥自己最大潜力，以达到“身心合一”的整体完美。理想健康提出的目的就是强调人们要想获得健康的终极目标，除了要摆脱疾病的威胁以外，还要积极地改善自身的社会、心理、教育、运动、和营养状态，使其真正获得生理、心理和社会三维健康，并享有完美的生活。所以，理想健康包含许多层面内容，与其说丰富了健康的本质，不如说强调了获得健康的途径。

2. 亚健康

亚健康是指机体并没有发生器质性的改变，但呈现出机体活力降低，适应性呈不同程度减退的一种生理状态，即机体结构退化和机体各系统生理功能减退的低质与心理失衡状态所导致的介于健康与疾病之间的一种状态。1994 年，美国疾病控制中心将亚健康状态命名为慢性疲劳综合征，其症状的表面形式多种多样，但主要表现为生理性和心理性两个方面。生理性症状为：困倦易睡、浑身无力、面容憔悴、胸闷气短、四肢麻木、面部浮肿、虚汗、功能减退、心律不齐等；心理性症状为：

注意力不集中、记忆力下降、烦躁不安、萎靡不振、多梦易惊、紧张恐惧等。

众多研究表明，亚健康状态主要由四大要素构成：①排除疾病原因的疲劳和虚弱状态；②在健康与疾病之间的中间状态或疾病前状态；③在生理、心理和社会适应能力上欠缺完美的状态；④个体表现出与年龄不相称的组织结构和生理功能的衰退状态。处于亚健康状态的人尽管没有明显的器官、组织和功能上的病症和缺陷，但常常自我感觉不适、疲劳乏力、反应迟钝、活力降低、适应力下降，并经常处在失眠、抑郁、焦虑、烦躁、无聊和无助的状态中。因此，亚健康状态使人徘徊在健康与疾病的边缘，生理功能处于低下的状态，而不良情绪使机体处于一种持久和过度的应激状态中，如不加以预防和改善，长此以往将会导致肌体整体功能的改变，使人体进入疾病状态。

三、亚健康概述

亚健康这一概念是 20 世纪 80 年代由苏联学者布赫曼教授初次提出的，他认为人体处了健康与疾病两种状态外，还有一种介于健康和疾病之间的边缘状态，之后，这一结论被世界各国的专家学者的实验研究所证实，并将这样的状态称为灰色状态、病前状态、半健康状态、中介状态等，之后又被世界卫生组织（WHO）称为第三状态，健康与疾病分别被称为第一状态和第二状态。到了我国，学者们将这一状态称为“亚健康状态”。

随着社会经济的高速发展与进步，人们的生活节奏也逐渐加快，在这个竞争日益激烈的社会中，人们的身心健康受到各种因素的影响，越来越多的文明病也相继出现，再加上人们的生活方式和行为习惯的不良影响，在世界各国和各地区中，处于亚健康状态的人越来越多。

（一）亚健康的概念及表现

1. 亚健康的概念

前面已说过，世界卫生组织（WHO）对于亚健康的定义：亚健康是一种处于健康与疾病两种状态之间的边缘状态，是指在内外环境的不良影响下，个体在躯体、心理以及社会适应方面均发生了一些异常变化，且未达到理想圆满的状态，但又还未出现明显的临床症状。亚健康状态是个体大病或者慢性疾病来临之前的征兆，是身体所发出的警报。因此，对于亚健康状态，人们也应该加深对其重要性的认识。

亚健康概念包含前后衔接的 3 个发展阶段：

（1）轻度身心失调。主要表现为身心疲倦、失眠多梦、食欲不振、情绪不稳等，这些症状一般比较容易调节恢复。

（2）潜临床状态。此时的状态表明个体身体中潜伏着某些疾病发展的高危倾向，呈现出某些疾病发展的高度可能。身体活力、反应能力、适应能力减退，理化检查指标处于临界状态，主要表现为高血脂、高血压和免疫功能偏低，常伴有慢性咽炎、反复感冒、精力不足等症状。

（3）前临床状态。此时身体已经有了病变，但症状不是很明显。健康和疾病之间的转变不是一蹴而就的，人体由健康状态到疾病状态是一个长期变化的慢性过程，亚健康状态就是这一过程的中间阶段，如果能及时地进行调理和控制，这些症状可以慢慢消失，直至完全恢复到健康状态，否则就可能转变成器质性病变。

2. 亚健康的表现

国内有学者认为，亚健康状态主要表现为自主神经功能紊乱和机体各器官功能性障碍，出现精神、胃肠道、心血管、肌肉等四大方面的病变，其症状可能单一出现，也可能合并或交替出现。由于人们的年龄、身体素质、适应能力、免疫力、生活环境以及遗传因素等方面的不同，亚健康的表现形式也不同，主要有以下10个方面的表现：

（1）总是觉得身心疲惫，体力不足，且运动后体力难以恢复；

（2）体质虚弱，免疫功能低下，易患感冒、咽喉不适、口腔黏膜溃疡等；

（3）胃肠机能紊乱，食欲不振；

（4）关节痛、肌痛、头痛、淋巴结肿痛、胸闷、心悸、气短；

（5）失眠或嗜睡；

（6）头脑不清醒、健忘、记忆力减退；

（7）精神不振，情绪低落，对事物缺乏兴趣，郁郁寡欢，常常感到孤独无助；

（8）烦躁，情绪不稳定，紧张、易怒、焦虑等；

（9）对环境适应能力和反应能力减退，人际关系不协调，家庭关系不和谐；

（10）眼睛易疲劳，视力模糊。

（二）亚健康的分类

亚健康内涵丰富，外延广泛。诸多学者对亚健康的分类和各类亚健康的主要表现提出了自己的看法，综合学者们的研究成果，亚健康可分为：躯体亚健康状态、心理亚健康状态、人际交往亚健康状态、道德亚健康状态和慢性疲劳综合征。

1. 躯体亚健康状态

躯体亚健康状态主要表现为全身疲劳。在没有疾病的条件下，身体体质下降，免疫力降低，反复患轻度的慢性疾病。例如，常常感到疲劳乏力，肌肉酸痛，容易犯困，眼睛易疲劳，低烧发热、无缘无故的头痛，经常头晕目眩，耳鸣颈肩痛等症状。除此之外，还常常伴有感冒、出汗、便秘、晕车、胸闷等症状。

2. 心理亚健康状态

心理亚健康状态主要表现为焦躁不安、心悸恐慌。心悸和恐慌是一种发自内心的不安情绪，这种情绪若长期无法得到调节和排解，将会使个体产生严重的心理障碍，患者总是处于烦躁易怒、失眠多梦、精神不振、手足无措、无所适从，严重的还有可能诱发心脏病及癌症等。现代人陷入亚心理健康状态有 7 大信号：①焦虑感——烦恼不堪，焦躁不安；②罪恶感——自我冲突，有一种无能、无用感；③疲倦感——精疲力竭、颓废不振、厌倦、无聊；④烦乱感——感觉失序、一团糟；⑤无聊感——空虚，不知该做什么；⑥无助感——孤立无援，人际关系如履薄冰；⑦无用感——缺乏自信，自卑羞怯。

3. 人际交往亚健康状态

随着社会生产力的不断发展，人们的生活节奏日益加快，社会竞争也日益激烈，人们在与他人及社会的交往中，也逐渐表现出各种各样的问题，使得其人际交往处于亚健康状态，主要表现为个体对学习、生活和工作等环境的适应能力减弱，与他人的交往频率降低，加大了人与人之间的心理距离，协调处理人际关系的能力也越来越弱，使得人际关系缺乏稳定性。例如，在生活中，对他人和他事表现为态度冷漠、事不关己，同时在社会交往过程中，常感到孤独无助、自卑羞怯、空虚落寞等。

4. 道德亚健康状态

道德亚健康状态主要表现为个体世界观、人生观和价值观存在非常明显的害人害己的偏失。另外，也有学者对道德亚健康的表现归纳为：持续三个月以上的行为偏差、失范与越轨等，这些道德问题使得个体内心深处产生一种不安、沮丧、自责和自卑等心理状态。

5. 慢性疲劳综合征

慢性疲劳综合征是亚健康状态最主要的表现形式之一，主要表现为时常感觉到疲劳，睡眠不足，同时还伴有低热发烧、头痛、咽喉痛、关节痛和肌肉痛等症状，而且还会出现注意力难以集中、记忆力减退、心情抑郁等非特异性表现，一般可持续半年甚至更久。

（三）亚健康的危害

亚健康对现代社会人类的生活质量造成各种各样的影响，主要归纳为以下 5 个方面：

（1）亚健康状态是人类一些慢性非传染性疾病的前期征兆，如果不及时进行调控，亚健康状态会逐渐发展为一些恶性疾病，如心脑血管疾病、糖尿病和癌症等。

（2）亚健康还会对人们的学习、生活和工作等产生消极的影响，在某些时候，甚至还会威胁人们的生命安全，尤其是对于一些从事特殊职业的人来说，更是极大的隐患，如运动员、驾驶员和高空作业人员等。

（3）亚健康能够扰乱人体的生物钟，影响睡眠质量，引起身心疲劳，降低免疫力，从而影响个体的身体健康。

（4）亚健康中的心理亚健康状态还会发展成为严重的心理与精神疾病，严重时还有可能造成自杀或者他杀等伤害事故，严重影响社会的稳定性。

（5）亚健康还能够发展成慢性疲劳综合征，对个体的健康与寿命产生消极影响，严重时还会造成早病、早衰或早逝等。

基于上述论述，我们应该加大对亚健康的关注和预防力度，根据亚健康产生的原因和危害，加强对自身的保护，从根源上消除亚健康带来的影响。

四、健康的影响因素与维护法则

（一）影响健康的因素

1. 内因

（1）遗传因素。

遗传是生物的共同属性，是影响个体生长发育与健康状况的重要因素，其对人类各种疾病的产生与传播具有决定性的影响。个体的一些外在和内在特征都受到父母遗传的影响，包括身高、体型、眼球颜色、血型、肤色、个性气质等方面，除此之外，还有个人体质健康状况，这些都是生物遗传的结果。决定生物遗传的物质是基因，在某种特殊环境的刺激下，基因会发生突变，也就可能导致某种疾病或者畸形，并且还会遗传给下一代。遗传性疾病即是父母生殖细胞中所携带的致病基因传给了下一代，导致子女患上遗传性疾病，同样的这些携带遗传病基因的子女还会将这样的遗传性疾病传给下一代，最终代代相传，这样的遗传性疾病在医学上被称为遗传病。遗传病既有先天性的，也有后天性的，遗传性疾病是影响个体疾病与健康的非常重要的具有决定性的内在因素。截至目前，我国已发现大约4000多种遗传病，如先天愚型、多指（趾）、先天性聋哑、蚕豆病、色盲、血友病等，这些遗传病完全由遗传因素决定发病，并且出生一定时间后才发病，有时要经过几年、十几年甚至几十年后才能出现明显症状。目前，除了遗传病之外，其他病症如糖尿病、冠心病、高血压等疾病也具有遗传的倾向。遗传病基因一般是由于近亲婚配、环境变异等造成的，因此，人们应该充分重视近亲婚姻的危害，避免或杜绝一切有可能导致基因突变的环境或因素，减少和预防遗传病基因的产生。

（2）心理因素。

一个人的心理因素对其身体健康具有非常重要的影响，其主要是通过情绪、情感反应来影响神经系统，从而影响人体各个组织器官各项功能的发挥，最终对人体健康产生重要的影响。古人就对这一影响进行了总结，在《黄帝内经》中就对情绪与身体反应之间的联系进行了全面的阐述，即“喜伤心”“怒伤肝”“思伤脾”“忧伤肺”“恐伤肾”，也就是说，个体的每一种情绪都会对身体的组织器官造成影响，甚至还会造成器官功能严重受损。

当人的心理受到某种刺激而产生情绪波动时，机体便会对这些刺激产生相应的生理反应，有时候，人的情绪反应既可以治病，也可以致病。悲观消极的心理因素，如焦虑、紧张、恐惧、忧伤、愤怒等，这些会对人体的健康产生消极的影响，引起机体内分泌失调、免疫力下降、各身体组织器官功能紊乱，导致心跳加速、血压升高、月经失调、失眠多梦等，并使机体产生诸多疾病，例如，心血管病、高血压、肿瘤等，甚至还会导致疾病的加重。根据相关调查研究发现，我国的食道癌和宫颈癌都与人的心理情绪有着非常密切的关系。与此相对应的是，积极健康的心理因素能够有效保持并增进人的身体健康。人的心理情绪能够客观反映人适应环境的状态，积极向上、乐观豁达的心理状态能够反映人对社会生活环境的适应情况比较良好，同时还会保证人体各项组织器官能够发挥协调稳定的功能，有效促进机体免疫力的增强，不仅如此，良好的心理状态有时还能够发挥一些药物难以发挥的治疗效果，从而促进个体生活质量的提高。基于此，在日常生活中，我们要经常保持积极健康的心理状态，积极运用心理疗法来促进自身的健康。

2. 外因

（1）膳食营养。

膳食营养对机体的健康也具有非常重要的影响，营养不仅能够维持机体的健康，还会促进伤病后身体的康复，合理的膳食营养有利于促进机体应激能力的提高，加速机体的康复。充足且均衡的营养能够为身体各项生命活动提供最基本的保障，包括足够的热量、蛋白质、矿物质、维生素和各种微量元素，以维持机体功能的正常发挥。良好的营养状况不仅有利于机体更好地发育，同时还能不断增强免疫力，预防疾病的发生，促进身体健康。营养状况主要包括营养的摄入量和食物结构，营养的摄入量能够反映人体所摄入的食物能否维持人体正常的生命活动。营养结构是指人体所摄入食食物中各类营养素的比例是否符合人体的要求。营养失调会对人体健康产生不利影响，营养不足或结构不合理会降低人体的免疫力，引发各类疾病的发生，从而不利于健康，例如，缺乏维生素A，可导致眼干燥症的发生；缺钙，则会引发佝偻病的发生；而缺铁，则会引起贫血等。另外，营养过多或营养失衡也不利于人体健康，如热量摄入过多、脂肪和胆固醇摄入过高，则会引起肥胖、高血压和糖尿病等。

（2）行为与生活方式。

行为与生活方式对健康的影响是指因为人们自身不良的行为和生活方式给他人甚至整个社会产生的直接或者间接的影响。行为是指人们在某种内部生理与心理刺激和外部环境刺激的作用下所产生的外在表现。尽管人类的行为表现具有复杂性和多样性，但其基本规律始终是一样的，其目的主要是为了在复杂多变的社会环境中更好地生存与生活所作出的一系列反应。人的社会性行为是个体为了适应周围环境的表现，是一种社会化过程。行为与个体的健康息息相关，是影响健康非常重要的因素，良好的行为能够促进机体健康，而不良的行为则会对健康造成损伤，如吸烟、酗酒、吸毒等。生活方式是指人们在文化继承、家庭遗产、个性特征等多种因素的基础上，在社会环境与经济条件的相互作用下所形成的一种特定的生活意识和行为习惯，是一种固定的行为模式，主要包括生活习惯、饮食习惯、作息习惯等。人们的生活习惯也是影响健康非常重要的因素。

良好的行为与生活方式能够维护并促进机体的健康，而不良的行为与生活方式则能够引起机体诸多疾病的产生，如：不合理饮食、作息不规律、吸烟、吸毒、酗酒、缺乏锻炼、赌博、滥用药物等，其中对健康影响最深的是吸烟、吸毒、酗酒和滥用药物，这些不良生活习惯容易引发艾滋病、恶性肿瘤、心血管疾病和脑血管疾病等疾病的发生。通过大量研究表明，不良的行为与生活方式已经成为危害人类健康的主要危险因素。因此，在现代社会中，人们迫切需要改变不良的行为与生活方式，维持健康的行为与生活方式，作息规律、适当地进行体育锻炼、平衡膳食、远离赌博和毒品，不抽烟、不喝酒，定期检查，保持乐观向上是心态等。

（3）体育运动。

俗话说得好，生命在于运动。随着社会的发展，人们的生活方式也发生了翻天覆地的变化，生活节奏越来越紧张，社会竞争日益激烈，整天忙碌与学习、工作、社会交往和家庭生活中，再加上各种现代化交通工具的产生，为人们的出行和生活带来了诸多方便，越来越多的人忽略了运动对于维持和促进健康的重要性，如今，缺乏运动已成为威胁人类健康的重要因素。科学的体育运动对人类的健康具有非常重要的价值，体育运动能够增强人们的体质，改善人们的生活方式，提高人们的生活质量，缓解人们的心理压力，促进人们的身心健康，培养人类的价值理念。体育运动对整个人类的生产与发展具有不可估量的作用。

（4）生活环境。

环境是人类赖以生存与发展的重要基础，是指一切围绕着人类并对其生活产生直接或间接影响的自然因素与社会因素的总和，因此，此处的生活环境主要包括自然环境和社会环境。人类的生活环境对其健康具有非常密切的影响，人类的各项生理活动与心理活动都必须不断适应这些环境的变化，否则其健康就会受到影响。

自然环境又称为物质环境、地球环境。是人类和一切生物赖以生存和发展的物质基础。自然环境是指围绕人类空间的并影响人类身心活动的客观物质世界，主要包括：阳光、空气、水分、土壤、植物、动物、房屋建筑以及其他各类物理化学与生物因素，这些因素与人类的生存与发展密切相关，是人类健康生活与发展的根本条件。然而，随着社会经济的迅猛发展，人类的各项生产活动对自然环境产生重要破坏，如空气污染、水资源污染与短缺、土壤污染、植被破坏等，这些变化都会破坏人体内外环境正常的平衡，直接或间接地对人类身体健康和生活质量产生影响。清新、优美的自然环境能给人带来舒适愉悦的精神感受和安全卫生的物质环境，并促进人类健康长寿。而条件恶劣的自然环境不仅会给人类的身体带来一定程度的损害，同时也会给人们心理带来不利的影响。人类在生产活动过程中，排放大量的废气、废水、废渣，产生的噪声、粉尘和烟雾等，都会严重破坏自然环境，而这些污染和破坏还会贻害人类的子孙后代。例如，如今我过北京普遍出现的大面积雾霾问题，对人类的呼吸系统造成一定程度的影响，造成呼吸系统疾病的发生日益增多，一些生活在化工厂附近的人民，由于化学物质的不合法排放，导致胎儿畸形或者智力低下等。在一些人口密集、交通拥堵的大方，由于噪声较大，人们的听力受损，各身体组织器官功能紊乱，其学习效率和工作效率严重受到影响。上述种种事例均说明自然环境对人类健康具有非常重要的影响。

社会环境又称为非物质环境，它主要包括社会制度、经济条件、人口状况、文化教育水平、风俗习惯因素。这些社会因素也会在较大程度上影响人类的健康。积极健康的社会因素能够促使人们心胸开朗、积极向上、乐观豁达，并由衷地热爱生活，从而有效促进其身心健康发展，其生活质量也能相应地提高。而消极恶劣的社会环境则会给个体的身心带来极大的创伤，不利于其身心的健康发展。例如，稳定和睦的家庭关系能够促进家庭成员的健康，而不和睦或者离异的家庭则会给家庭成员带来严重的身心伤害。孤寂贫穷、缺乏关怀的社会环境则会严重限制个体的身心发育，无法有效发掘其发展的潜力。如社会动乱不安、灾祸不断、环境的恶劣变化、不良的人际关系，都很容易损害人的身心健康，甚至使其因此形成怪癖恶行，厌恶社会，并走上违法犯罪的道路。这些社会因素不仅会给个体的思想和行为带来不良影响，同时还会给整个人群和社会带来不利的影响。因此，社会环境因素也能够在很大程度上影响人的健康。

（二）维护健康的法则

由于影响健康的因素多种多样，既有内在的因素，也有外在的因素，既有即时的因素，也有潜在的因素。因此，对健康的维护也是一个复杂的过程。对健康的维护主要取决于个人，本部分针对影响健康的因素提出相关的维护法则，以为人们在社会实

践中对健康的维护和促进提供参考。

1. 合理调节饮食

食物是维护并促进人体健康的重要因素，只有合理的饮食才能更大程度地发挥其对健康的促进作用。随着科学家对人体健康和食物关系研究的加深，人们越来越认识到平衡健康对健康的重要性，此部分关于通过调节膳食结构增进健康的方法主要有以下几点：

（1）平时应该多吃新鲜的蔬菜和水果，蔬菜和水果中含有丰富的维生素，且很容易被人体吸收，所以，在平时的饮食结构中，蔬菜和水果应占最大比例。

（2）排在第二类的应是碳水化合物，也就是稻米、面食、土豆等。

（3）在日常饮食中也应该注重对蛋白质的摄入，但是要适量，每天摄入少量即可，不宜太多。

（4）需要格外注意的是，尽量避免过于油性的食物，严格控制牛油和食用油的摄入量，尽量避免摄入油炸食物，同时还要尽量避免摄入过多的糖分，如果糖和碳酸性饮料等。

（5）避免在情绪激动、如生气、愤怒、恐惧和忧心时进餐，因为此时的身体状态不佳，处于紧张的备战状态，也就无法充分吸收食物中的营养，进餐时，应保持良好平静的心境，尽量避免养成一紧张或伤心时就进餐的习惯，这样会让身体变得越来越胖。

因此，在日常生活中，对于不良的饮食习惯，应及时调整，因为如果饮食过量，则会加重身体的负担，引起肥胖、肠胃功能紊乱以及高血压等疾病。而且沉溺于饮食还会耽误一些紧急且重要的工作，给自己的生活带来不利的影响。

2. 科学的生活方式

科学的生活方式是一种预防慢性疾病非常好的方法，例如，在日常生活中，注意清洁卫生、作息规律、多进行体育运动、合理均衡膳食、不抽烟不喝酒，保持积极乐观的心态、避免过劳等。保持科学的生活方式对人体健康的促进具有极大的作用，一方面有利于机体更好地发挥各项生理机能，另一方面也有利于有效提高学习和工作效率，并有利于生活质量的提高。对于大学生而言，科学的生活方式则更加重要，因此，大学生要自觉形成良好的生活方式。

（1）养成良好的睡眠习惯。

睡眠是人大脑和身体进行休息、调整和恢复的重要时间，充足的睡眠有助于人们进行正常的日常生活与学习，良好的睡眠习惯是大学生健康成长的重要保障，因为当人体处于熟睡状态时，全身肌肉放松，神经反射活动较弱，新陈代谢速度减慢，此时身体的内分泌系统会成倍释放生长素，而青少年的生长发育除了受到遗传、营养很体育锻炼等因素的影响之外，还受到生长素的影响。生长素是一种由下丘脑分泌的能够促进肌肉、骨骼和器官生长发育的激素，它的分泌与睡眠密切相关，当人体处于非睡眠状态时，生长素的分泌就会减少。因此，如果大学生长期得不到充足的睡眠，就会对大脑的创造性思维能力产生影响，影响学习效率，就会出现烦躁易怒、忧郁疲倦、注意力减退、食欲不振、体重减轻、生长发育变慢，同时还会导致失眠多梦等。因此，要想大学生思维活跃、反应敏捷、生长发育健康，就要保证充足的睡眠，养成良好的睡眠习惯。

（2）养成良好的运动习惯。

养成良好的运动习惯是一种非常有利于促进健康的方法，大学生应该充分认识到体育锻炼的重要性，不要认为自己还年轻，身体很好，而忽视体育锻炼。根据相关科学研究证明，适当的体育锻炼首先能够有利于智力的发展，因为体育锻炼能够较好地促进人体大脑两个半球的生长发育，消除大脑的疲劳，有效提高大脑的工作效率。其次，体育锻炼能够使大学生充分体验到激烈竞争、顽强拼搏、克服困难后所带来的愉悦感、兴奋感和成就感，也能促使大学生体验到合作的快乐，使大学生的心理得到满足，提高其心理素质的发展和社会适应能力，并能使其切实感受到体育锻炼对身体各项机能发挥的促进作用。最后，体育锻炼能够促进身体的生长发育、增加体重、促进身高生长，提高呼吸系统、神经系统、血液循环系统等功能的增强，最终促进大学生身心健康的发展。与此同时，体育锻炼还能够有效缓解大学生的学习压力，缓解其紧张情绪，促进学习效率的提高。

基于体育锻炼的上述作用，养成良好的运动习惯就显得十分必要，因此，在日常生活中，大学生要养成自觉运动的好习惯，要有计划、有目的地进行各项体育锻炼，且要持之以恒。不仅如此，大学生在参加体育运动的过程中，要注重适量原则，要根据自己的身体素质状况、场地器材和气候条件等实际情况，选择适合自己的体育项目，要以不影响自己一天的生活和学习为宜，在自己能够承受的范围内进行合理运动。

（3）养成良好的卫生习惯。

学校是大学生生活学习的重要场所，一个学校的环境卫生是否符合卫生要求，直接关系到大学生的身心发展和身体健康。因此，每个大学生都要养成良好、文明的卫生习惯，要保持校园、教室、宿舍的卫生环境。

①勤洗手，尤其是进食前后，便后洗手。洗手时，要用洗手液或肥皂，用手搓出泡沫。小心地用双手相互擦手心、手背、指甲内外和四周、指尖、虎口位置，最少揉搓 10 秒钟再进行冲洗。每日用冷水洗脸，用温热水洗脚。

②经常洗澡。根据季节、活动量大小或出汗情况及时洗澡。一般情况下，春、秋每隔 3～7 天洗一次澡，夏季每天洗澡，冬季每周或每两周洗一次澡。

③勤换衣、勤洗衣被、勤晾晒。个人着装始终应保持整洁，尤其是鞋袜必须每

天进行换洗，这样可以防治脚气。

④不染发，不留长指甲和胡须，并做到勤剪指甲、勤理发、勤剪鼻毛。

⑤个人生活用品专用，如脸盆、脚盆、毛巾、牙刷等物。不和他人共用、混用，避免疾病的传播。个人用品使用后应及时洗净、晾干、不过夜，并放置在干净、无尘、无污染的环境之中。

⑥养成每日大便的习惯。便后及睡前清洗阴部及肛门，这对预防便秘及肛门、生殖器官疾病大有益处。

⑦每天起床后，要喝一杯温水，可加几滴蜂蜜。

⑧注意公共卫生。做到不随地吐痰、不乱扔废纸、果皮，不随地大小便，不在公共场所喧闹，不面对人打喷嚏、咳嗽、挖鼻、掏耳等。

⑨生活规律。严格遵守学校作息时间，合理安排学习、工作、业余活动。保持充足的睡眠，每天保证 8 小时睡眠时间。

⑩主动学习卫生知识。接受广播、电视、报刊以及电脑网络等传播的卫生科学知识，不断提高自我保健能力。

⑪积极主动按时接种有关疾病的预防疫苗，以有效地预防相应的传染病。

（4）不吸烟，适当饮酒。

吸烟曾被世界卫生组织称为“20 世纪的瘟疫”，同时，吸烟也被认为是 21 世纪人类面临的两大公害之一，吸烟不仅损害自己的身体，同时也会对他人和社会造成不良影响，被动吸烟的危害也不比主动吸烟的危害少。根据大量调查研究，吸烟对人体的危害主要在于诱发多种癌症、心脑血管疾病、呼吸道和消化道疾病等，是人间三大“杀手”之一，是造成癌症，心脏病和脑血管病三大病症的主要原因。能够降低人体的免疫力，甚至是造成早亡、病残的最大病因之一，其对人体的危害是一个缓慢的过程，需要经过长时间才会显现出来。香烟中含有大量有毒物质，主要包括一氧化碳、氢氰酸、氨与焦油，香烟中含有尼古丁、多环芳香羟、苯并芘及β-萘胺等，其中危害最大的是尼古丁、焦油等，尼古丁主要损害人的神经系统和血液循环系统，使人在生理和心理上形成依赖，刺激人体大脑，释放能够使人产生快感的化学物质，从而使人上瘾，而焦油能够对人的呼吸系统造成严重的影响，是诱发喉癌、口腔癌、食道癌、胃癌，特别是肺癌的主要元凶，微尘也会对呼吸道产生损害，能够引发咽喉炎、咳嗽、支气管炎和声音沙哑等疾病的发生。因此，大学生要尽量不吸烟，远离吸烟人群，避免其对自身的损害。

酒的化学成分主要是乙醇，也称为酒精，同时也含有微量的杂醇和酯类物质。就酒对人体既有益处，也有坏处，适量饮酒可以使人心情舒畅，保持活力，而适量的葡萄酒还具有抗衰老、助消化、美容养颜的效果，同时还会对预防心血管疾病有积极作用。但是，过量饮酒不仅会损害人的身体，同时还容易使人麻痹，从而产生失去理智的行为，有时甚至造成十分严重的后果。长期过量饮酒可导致心功能衰竭，主要表现为使心脏失去正常的弹性而增大，导致心脏变形，对心肌造成不可逆的损害。同时，饮酒还会麻痹人的神经系统，在酒精的作用下，导致人中枢神经系统的功能失调，使人在酒后产生兴奋感。除此之外，过度饮酒还对肝脏、胃、骨骼等组织器官产生极为不利的影响。因此，在日常生活中，一定要做到适量饮酒，切莫贪杯。

3. 良好的心理素质

（1）能够正确认识和评价自己。不妄自尊大，不妄自菲薄。不过于低估自己，也不过于高估自己，对自己充满信心，自信而不自负。

（2）提高控制在自己情绪的能力。重视七情（喜、怒、忧、思、悲、恐、惊）的调控。

（3）建立良好的人际关系。善于与他人沟通和交流，保持和谐的人际关系，创造和谐愉快的氛围。

（4）对现实环境具有良好的适应能力。面对生活的失败与挫折能够勇敢面对、勇于承担。

（5）怀有一颗感恩的心。学会尊重他人，帮助他人和爱别人，同时对他人的帮助时时怀有感激之心。

（6）保持一颗宽容善良的心。有容乃大，无欲则刚，做到心胸宽阔，以德报怨。宽容并不是一味地忍让，也不是无限制的迁就，宽容更多体现的是一种爱的情怀。

三、大学生体质健康的标准执行

大学生体质健康评价的一个重要依据就是《国家学生体质健康标准》（下文简称《标准》），对《标准》执行的具体意义、内容以及出现的偏差进行分析，有助于大学生体质健康保障措施的改进和优化。

第二节　大学生体质健康管理理论模型

一、大学生健康意识和健康行为的定义

健康意识是指个体的一种心理或内在状态，集中体现了对自己的健康状况的关心程度，其构成主要包括：健康意图（Health Intention）、健康动机（Health Motivation）、健康警觉（Health Alertness）、健康责任（Health Responsibility）、健康参与（Health Involvement）和健康知识（Health Knowledge）。

大学生健康意识的操作定义是：在校大学生在未来 6 个月内，对自己的生理、

心理、社会适应能力的认识、评价与体验以及与之相应的，为自身健康状态和保健预防而做出的各种主观努力。

健康行为是指个体为了预防疾病、保持及促进自身健康所采取的各种行为，主要包括改变健康危险行为（如吸烟和酗酒）、积极促进健康体质行为（如经常锻炼身体）、预防性疾病行为（如参加体检和因病就医）和自我保健行为（如坚持有益健康的饮食营养和生活起居）等。

大学生健康行为的操作定义是：在校大学生在未来 6 个月内，为了提高健康意识，促进和保持自己的身心健康而做出的各种主观努力及其相应的、对各种体育锻炼行动和活动的积极参与。

二、大学生健康意识和健康行为研究的心理学基础

大学生健康意识和健康行为研究的心理学理论基础是行为改变理论。

行为意识和行为改变一向是社会心理学研究的重要概念，20 世纪的 70 和 80 年代，在美国的心理学界曾出现了一股迥异于传统的行为主义理论的新理论热潮——这就是所谓的行为改变理论（Behavioural Change Theories）。最初，行为改变理论的产生和盛行是由于人们越来越希望运用心理学的某些方法和理论来解决在医疗康复领域所出现的各种行为问题和治疗障碍。一般的行为主义理论只是重在对行为本身的描述，把行为从孕育其产生的社会环境剥离出来，而行为改变理论则侧重探讨和解释潜伏在个人行为模式改变背后的原因，强调环境，个人和行为等特征是决定行为的主要因素。所以，该理论一经问世就表现出强大的，潜在的实际应用能力。进入 21 世纪以来，行为改变理论更是拓展到健康保健、教育及刑事犯罪等领域，由于其应用研究均涉及重要的社会功能和行为决策，进而导致了对许多社会心理学传统理论的重大更新。

健康行为和健康保健领域亦是行为改变理论应用最为广泛的一个领域，也是健康意识和健康行为研究坚实的理论基础。所以，人们也常常把行为改变理论称之为健康行为理论。在有关促进健康的生活方式发展方面，与传统的健康理论相比，健康行为理论被普遍认为，可以从人的心灵深处对健康动机、健康意识和与健康相关的行为做出有效而又有说服力的解释，同时提供一种深入独到的观察方法，以激励个人开发和保持一种健康的生活方式和生活习惯。近些年来，以心理学为主导的健康行为理论模型更进一步地发展到对健康行为的预测、解释和改变。这些理论模型通常被划分为两类：分别被称之为社会认知模型（Social Cognition Models）及阶段模型（Stage Models）。

（1）社会认知模型是指这样一组相似的理论，其中每一个理论都包含二个特定的认知和情感因素（信念和态度），并将其作为最接近的行为决定因素。这类模型并

不否认行为也受到其他一些因素的影响（例如，社会结构、文化和个性因素），但这些学者假定，这些非接近因素的效用在相当大的程度上或完全受到诸如信念和态度这些最接近因素的影响调节。不同的是，这些最接近因素被假定为通过提供有关信息而加以改变。因此，社会认知模型常被用来作为健康行为干预的理论，这一类理论模型主要包括：健康信念模型、保护动机理论、社会认知理论、理性行为理论和计划行为理论。

（2）阶段模型则使用与社会认知模型相似的概念，但以一种不同的方式来组织概念。从根本上讲，它们在结构上与社会认知模型完全不同。按照这一研究方法，行为改变是通过一个非连续的、在定性上且是明显不同的阶段顺序而进行。不同的因素被假定为在不同阶段均是同样重要的。因此，处在不同阶段的人都被假定，需要不同的干预，以鼓励或协助他们迁移到行为序列中的下一个阶段。当前使用阶段假设的健康行为模型主要包括：跨理论模型、预防适应过程模型和健康行为目标模型等。

进入 21 世纪以来，行为改变理论最新的研究方向则是进一步与其他以个体为中心的社会心理学理论进行整合，譬如，有研究发现，前景理论就是一种有助于我们理解积极或消极的健康行为结果的信息框架。根据前景理论原理所做出的一种预测是，增益信息能更为有效地增强保健预防（如，防晒霜的使用）和调理治疗行为（如，药物应用）；而损耗信息则能更为有效地促进病毒检测（如，HIV 检验）。

当然，行为改变理论自诞生以来，就从未得到普遍接受。来自各方面的批评主要包括，在理论上过分强调个人行为和看重个人和与健康有关的信念，即在相当的程度上普遍忽略了环境因素对行为的影响。此外，由于一些理论的制定是以理解行为作为主要指导方针，而其他均被设计为是行为干预的框架结构，这与行为改变理论的基本目的是不相符的。上述批评既分析了这一理论的长处和短处，也表明行为改变理论在今后还有进一步完善的空间。

回顾行为改变理论近半个世纪的发展史，尽管今天已经有很多的健康行为模型，但新的模型还在源源不断地被开发和设计出来。这是一个研究领域的概念丰富和理论发展的象征，但也意味着越来越难以将研究成果积聚成一个连贯的知识体系。如一些富于远见的学者所指出，健康行为理论将得益于更清晰的概念定义、更规范的测量标准化以及更多的会聚效度和区分效度测试，同时，研究者需将更多的注意力集中在较少的模型开发和较多的实证研究上。

三、行为改变理论中的四大健康干预模型

（一）健康信念模型

健康信念模型（Health Belief Model，HBM）在健康行为理论的所有模型中是

历史最悠久的。早在20世纪的50年代，就由美国社会心理学家Hochbaum、Rosenstock和Kegels提出，主要是用来解释为什么越来越多的人不愿意接受联邦政府提出的免疫计划。到了70年代中期，临床心理学家Becker等又进一步发展和完善了HBM模型，他们认为，健康行为来自心理、社会因素的共同影响，它的核心部分是一套关于健康意识和健康的个人信念，这些信念调节着人们对疾病威胁的感知，从而影响他们执行健康行为的可能性。

1. 健康信念模型的主要结构和应用

健康信念模型的结构被分为：背景、感知和行动三大部分。如图4-1所示的模型中的背景（Background）部分主要包括人口统计学的一些因素，如教育、年龄、性别、种族和民族等。感知（Perception）部分，主要包括知觉期望和知觉威胁这样两部分。知觉期望（Perceived Expectation）又包括知觉到的行动利益和知觉到的行动障碍。而知觉威胁（perceived threat）则包括一个人对于自己健康状况所感知到的易感性和严重性。所谓易感性（Perceived Susceptibility）指的是一个人对自己的健康处于高风险状态的主观感受，如“我可能得病了”。所谓严重性（Perceived Severity）指的是一个人因自己所感染疾病的严重后果或根本得不到所需要的治疗而产生的各种感觉，包括对医疗和临床方面的后果及其可能的社会反应的后果的评估，如“染病的后果可能很严重”。行动部分主要包括行动线索（Cues to Action），如媒体、个人影响和他人建议等。

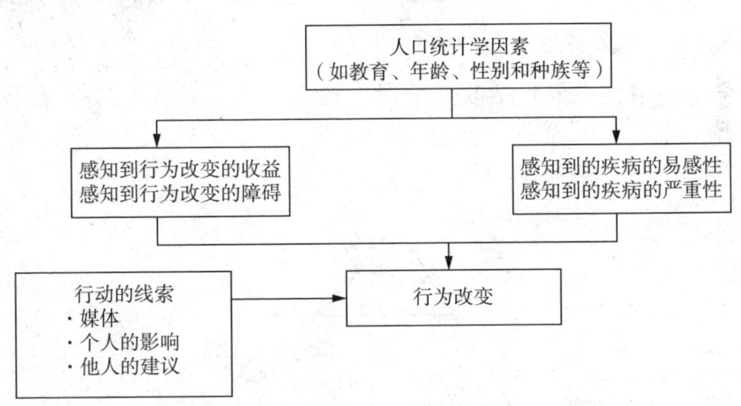

图4-1　健康信念模型的结构概念图

健康信念模型（如图4-1所示）在今天已被广泛用于探索各种各样人群的健康行为。例如，研究人员应用健康信念模型来研究并试图解释和预测个人参与流感的预防注射项目，泰伊－萨克斯病（Tay-Sachs）带菌者的筛选，高血压患者的筛选、戒烟、安全带使用，锻炼、营养和乳房自检等。近年来，随着艾滋病及其感染的出现和不断扩散，HBM也被用来更好地理解和防御高风险的性行为。

曾有些批评者认为，根据严格的理论定义，HBM 并不是一个真正的理论。的确，它不同于 Fishbein 和 Ajzen 的理性行为理论和计划行为理论，从未有过那种严格的量化。然而，根据 Janz 和 Becke 所做的研究显示，该模型的大多数概念均得到大量的实证研究支持。

2. 健康信念模型的局限性

（1）大多数基于健康信念模型的研究至今只涵盖了经过选择的有关 HBM 的部分内容，所以，并没有在整体上对模型的有效性进行测试。

（2）作为一种心理模型，HBM 没有考虑到其他方面的因素，诸如环境或经济因素等，这些因素也可能会影响健康行为。

（3）该模型也没有顾及社会规范的影响和同辈对人们有关其健康行为决策的影响（特别是涉及青少年对 NIV/AIDS 的态度问题）。

（二）跨理论模型

跨理论模型（Transtheoretical Model，TTM）是由美国著名临床心理学家 Prochaska 和 DiClemente 在 1983 年创立的，这是一个有关行为改变的整合模型（Integrative Model），如同它的命名，其关键的构想和概念则多来自对其他理论的整合。该模型详尽地描述了人们是如何修正自己的问题行为以获得积极的行为。此外，跨理论模型侧重于个人决策，也是一个意在改变个人意识和行为的模型。

1. 跨理论模型的主要结构和应用

跨理论模型的结构主要包括改变阶段，改变过程，决策权衡和自我效能四大部分，如图 4-2 所示。

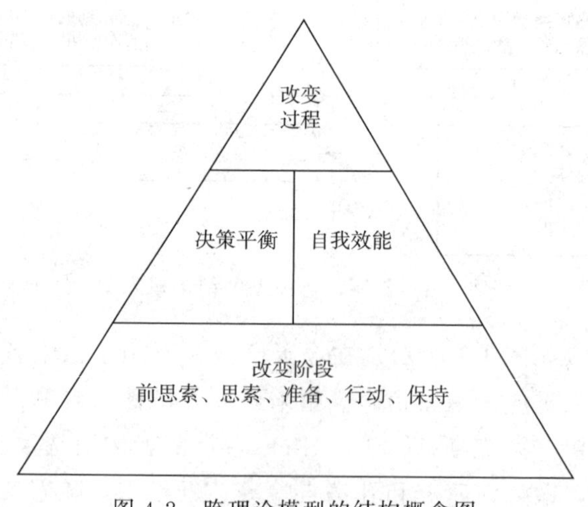

图 4-2　跨理论模型的结构概念图

其中，代表了一个时间维度的改变过程（Processes of Change）是其核心的组织构想，居于结构的最高层次，具体来说，是由十个概念来组成的。其中，前五个概念是从经验上归纳出来的，主要有：

（1）增强意识（Consciousness Raising）：通过有关健康行为的信息教育和个人反馈不断加强认识。

（2）兴奋放松（Dramatic Relief）：当他们听到，人是可以转变到健康的行为，但常常因其自己以往的不健康行为，所以既感到恐惧和焦虑，又感到鼓舞和希望。

（3）自我再评价（Self Reevaluation）：他们认识到，健康行为是自己希望实现的一个重要目标。

（4）环境再评价（Environmental Reevaluation）：他们认识到，自己的不健康行为是如何影响他人的，以及怎样才能获得更积极的改变效果。

（5）社会解放（Social Liberation）：他们认识到，社会更赞同支持健康行为。

后五个概念则是从行为上来归纳出来的，主要有：

（1）自我解放（Self Liberation）：相信自己有能力做出改变和实现承诺，并再次在信念上做出承诺。

（2）互助关系（Helping Relationship）：找到支持自己改变的那些人。

（3）反调节（Counter Conditioning）：用健康的行动和思维方式替代不健康的方式和行动。

（4）强化管理（Reinforcement Management）：不断增强来自积极行为的奖励和减少来自消极行为的奖励。

（5）刺激控制（Stimulus Control）：运用提醒和暗示来鼓励健康行为以此替代对不健康行为的支持。

居于跨理论结构中间层次的构想，决策权衡（Decisional Balance）在跨理论模型中主要反映了个人对改变所带来的利弊的权衡，其最后的选择是：人们日益认识到，改变所获得的益处远超过相应的弊病。至于自我效能（Self-efficacy）的构想在跨理论模型中则代表了这样一种自我状态，人们有信心去应付和抵御高风险下的各种环境，并坚持自己所作出的改变，再不会重返不健康的旧习。这一构想实际是来自于班杜拉的自我效能理论。

作为跨理论模型最基础部分的改变阶段，实际意味着随着时间推移所发生的一种过程的改变。所以，行为上的改变在这里往往被解释为是一种事件（an event），例如，戒烟、酗酒、暴饮暴食等，而改变的整个阶段实际囊括下面五个程度不同的进展：

（1）前思索阶段（Precontemplation）。在这一阶段，人们不打算为可预见的未来采取行动，通常是以未来的6个月为计量单位。处在这一阶段的人们很可能是因为对有关自己的行为后果信息匮乏或缺乏远见，也可能是他们已经多次试图改变，但因其能力不足而变得情绪低下。

（2）思索阶段（Contemplation）。在这一阶段，人们计划在未来的6个月内做出改变。人们已意识到改变带来的种种益处，但亦深刻地意识到随之而来的各种弊病。在改变的成本和利益之间的平衡将会产生重大的矛盾心理，并使人长久地困于这一阶段。我们常常把这一现象描述为慢性思索（chronic contemplation）或行为延宕（behavioral procrastination）。

（3）准备阶段（Preparation）。在这一阶段，人们打算在不久的将来就采取行动，通常是以下一个月为计量单位。他们在过去的一年已经执行了某些有代表意义的行动，并有了详尽的行动计划，譬如，参加健康教育课程，向健康顾问咨询，和自己的家庭医生交流，购买一些有关指导自我改变的书籍等。

（4）行动阶段（Action）。在这一阶段，人们在6个月内已对自己的生活方式做了具体、明显地修正。由于行动是可以被观察到的，行为改变一般就被认为是等同于行动。值得注意的是，行动阶段也是提高警戒，防止复发的阶段。

（5）保持阶段（Maintenance）。根据跨理论模型，在这一阶段，人们正在努力地防止以往恶习的复发，但是他们并没有频频地应用改变过程，如同行动中的人们所做的那样。复发对他们的诱惑越少，他们坚持改变的信心就增加得越多。

后来，有些学者认为，上述5个阶段并不能代表一个人出现行为的全部过程，并试图在跨理论模型的基础上增加了复发和超越这样2个阶段，以期形成一个完整的阶段改变模型。其中，大多数人都经历过复发（Relapse）阶段，又开始了一个新的循环。对于复发的人们，这也是一个真正的风险，它将使人们即刻体验到一种失败感，严重地挫伤当事人的自信心（Self-Confidence）。事实上，有复发要比没有复发好，尽管复发是令人沮丧的，但大多数人还是会成功地戒掉给自己带来终身损害的不良习惯。至于最后的超越（Transcendence）阶段，实质就是对自己新的生命的超越。在这一阶段，不仅人们的旧习不再是生活中必不可少的一部分，而且，若要返回原来的生活，似乎也是反常和怪异的。当人们已经完成自己的改变过程，就知道已经超越了过去的行为，真的成为一个全新的“人”，因为，从此再不需要维持以前的旧习。最后，如果人们能长久地坚持下去，就将达到这样一种境界，和自己的情感融为一体，从一个全新视角来理解自己的行为。

总之，跨理论模型作为综合性、一体化的行为改变模型，是在广泛借鉴多种理论并不断进行优化和完善的基础上形成的，其理论架构，包括结构效度、内部一致性和再测信度等经过不断地检验和实验验证，目前已趋于更加完善和合理，逐渐形成了跨理论模型特有的三角形稳定结构。

跨理论模型的应用极为广泛，适用于目前社会上出现的各种问题行为，包括戒烟、

锻炼、低脂肪饮食、氡气测试（Radon Testing），酗酒、控制体重、对艾滋病毒的保护、组织变革、防止皮肤癌的防晒霜使用、药物滥用、医疗承诺、乳房X线检查和压力管理等，并针对其关键构想开发出一系列简短、可靠、有效的应用性测量。在今天的西方健康行为理论领域，跨理论模型和我们后面将要阐述的计划行为理论，双峰并起，大有替代其他理论模型，占据主导实证研究之势。

2. 跨理论模型的局限性

跨理论模型的局限性主要体现在这样几个方面：①对于行为变化不同阶段划分的支持性证据太少且不一致；②对有关行为改变过程和改变阶段之关系的证据混淆不清；③跨理论模型是描述性的，而不是解释性的；④跨理论模型并没有考虑到调节变量的重要作用，如个体差异、社会影响等。

（三）预防接受过程模型

预防接受过程模型（Precaution Adoption Process Model，PAPM）也是一种行为改变的阶段理论模型，由美国临床心理学家N. D. Weinstein在1988年首次提出。他认为，传统的行为理论仅仅适用于那些为威胁所涉及的人们，并没有考虑到人们在不同的阶段对行为的适应。所以，他所描述的适应过程或戒除一种行为应是作为不同的认知阶段中的一种逻辑顺序。在每一阶段中，所需要的各种类型的信息和干预则是促进人们接受和采取不同的行动的主要动力。因此，这一阶段理论的最大益处是其信息能够适应各种地区人群的不同需要。1992年，Weinstein和Sandman又对PAPM做了进一步的完善和改进，预测人们在改变自己的行为的过程中可能要经历从完全无知到正常行动这样7个不同阶段：

阶段1："没有察觉到所出现的问题"；

阶段2："已察觉到，这一问题将对他人构成危害"；

阶段3："已察觉到，这一问题将对自身构成危害"；

阶段4："已做出要行动的决定"；

阶段5："已接受行为改变"；

阶段6："启动行为"；

阶段7："保持行为"。

1. 预防接受过程模型的功能和应用

该理论认为，由于不同的阶段在质量上明显不同，处于不同阶段的人们被认为是显示了不同的行为模式。所以，PAPM重在强调，人们在不同的阶段会顾及该阶段不同的信息操控，而评估个人状态也较为简单，从而使该模型非常适合应用于个体以及群体的设置。尤其是，当人们的行为改变处于一种困难的境地，遇到相当大的变革阻力时，PAPM 则成为一种极为有用的干预模型，在这样的环境下，每一阶段的不同信息都将发挥很好的效用。另外，PAPM 还是一个提供认知行为变化的动态框架，强调人们对风险问题感知的重要作用。在这一点上，和健康信念模型重在强调的知觉威胁是相通的。今天，PAPM 已被应用于有关健康的各种行为。譬如，它被用于直肠癌筛检，研究在家畜类传染病的肉类消费量，对腿部溃疡患者坚持健康生活方式的支持及协助哮喘孩子的家长戒烟等。总之，预防接受过程模型与跨理论模型都是阶段模型的典范，但是，PAPM 似乎更为重视人们是如何处理风险和与风险相关的沟通。

2. 预防适应过程模型的局限性

首先，它并没有对相关的健康行为做过大量的测试，作为一种实证研究证据，这必然有其相当的局限性，它被限制在几种不多的行为之内。其次，该模型并不能便捷地应用于一些需要逐步发展的行为，譬如，锻炼和减肥。最后，当该模型与一个以全部人口为目标的标准干预相比较时，以阶段为基础的干预在充分利用资源方面则显得不是那么经济。

(四) 社会认知理论模型

社会认知理论模型（Model of Social Cognitive Theory，SCT），如图 4-3 所示。最初来源于 Miller 和 Bollard 所提出的，基于精神分析的社会学习和模仿，在 20 世纪的 70 年代由 Bandura 逐步拓展为代表人类健康行为改变临床研究的行为干预理论模型。社会认知理论模型对人类行为的定义为：个人因素、行为和环境之间的三元，动态的交相互动，见图 4-3。根据交互决定论（Reciprocal Determinism），一个人的行为只能为以上三种因素中之一种所决定。虽然，SCT 赞同反应结果调节行为这一行为主义概念，但它依然强调，行为在相当大的程度上，事先就为认知过程而控制。因此，一个行为的反应结果是用来形成对行为结果的期望。正是这些期望的形成，让人类有能力在执行一个行为之前就能预测其行为结果。此外，SCT 还假设，大多数人类行为都是通过替代才学到的，而心灵就是一种主动力，它可以构建一个人的现实世界，有选择地将信息编码和执行以价值和期望为基础的行为，并把结构强加于其自有的行动上。

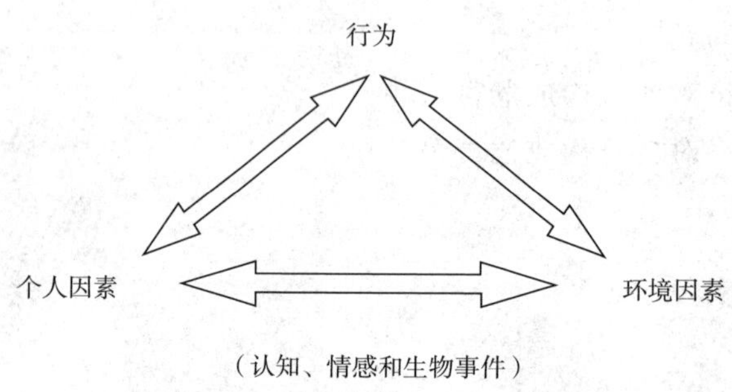

图 4-3　社会认知理论的三元互动概念模型

1. 社会认知理论模型认定的人类五大能力

从社会认知理论的角度来看，班杜拉强调，唯有人类具有以下 5 种基本的和独特的能力：象征、替代、预见、自律、自省能力。正是这些能力为人类提供了决定行为的认知手段。所谓符号化能力（Symbolizing Capability）是指，大多数外来因素都是通过认知过程来影响行为。这一能力提供了一种解决认知问题的机制，并参与预见行动。通过预见，一个人即便没有实际执行行为，也可以思考执行一个行为的结果。该能力还表明，人的思考确实是以语言为基础，而且在认知发展和语言习得之间存在相关。所谓替代能力（Vicarious Capability）是指，人的能力不仅来自直接经验，也来自对他人的观察。观察学习（Observational learning）允许人们在没有实际执行行为的条件下就可以形成一个新的行为观念。然后，这些信息可以被编码（进入符号化），并作为今后行动的指南。替代学习的重要性在于，它可以使人类快速形成行为模式，以避免耗时的尝试和错误以及种种代价高昂甚至是致命的错误。所谓预见能力（Forethought Capability）是指，大多数人类行为是有目的的，且为预见所支配。远见卓识即是一个人激发自身和预先指导自己行动的能力。预见行为成为一种可能是因为人类具有符号化能力。它是通过形成符号化的过程，允许一个人当前就能在认知上预测未来的事件。当预见通过自律机制转化为激励和行动时，行为必然受到影响。所谓自律能力（Self-Regulatory Capability），也称自我调节能力。班杜拉曾指出，自律能力可以调解外部影响，并为有目的行动提供了依据，使人们得以控制自己的思想、情感、动机和行动。自律实际上也是一种内部控制机制，以支配什么样的行为被执行。内部标准和自罚还可以促使人们通过内部激发做出努力来实现自我导向的目标。所谓自省能力（Self-Reflective Capability）是指人们分析自己的经验，思索自己的思维过程，同时也可以相应地改变自己的思维方式。人们可以通过这一功能反思自己的行动，然后再评价这一行动，以制订下一步的发展规划。

除了上述人类的 5 种基本能力，班杜拉认为，人类行为还存在一种潜在机制，即促使人们产生动机去追求目标的自我效能。自我效能的信念实际涉及的是，一个人在处理所面临的局面的能力，而非实际能力。有些人可能具有一个更高的自我效能而没有实现目标的实际能力，而另一些人则可能具有一个较低的自我效能而具有完成一个目标的真正能力。具有高自我效能的人可以探索新的挑战，尽管他们也可能预期到种种困难。然而，具有低自我效能的人都害怕失败。他们是在确保安全的基础上才有可能做出选择。总之，人类基于自我效能的选择实践是由自我努力（self-endeavor）和环境影响这两方面所构成的。最重要的是，由于个体是他的人生道路的最终所有者，自我决定主义（self-determinism）也是通过自我效能得到加强，自我效能与达到最终的潜能所匹配，这就是在现实中自我实现的一种方式。由此可见，自我效能的概念是班杜拉对心理学和健康行为理论的最重要的贡献之一。这一理论，今天已被广泛应用于有关预防，促进健康行为，以及改变多种不健康且有风险的生活方式和健康意识。

2. 社会认知理论模型的局限性

该理论涵盖的综合性和复杂性给其实际操作带来一定的困难。许多社会认知理论的应用者只能专注于1～2个关键概念，如自我效能或结果预期，而不得不忽略了其他的概念和发展变量的重要性。另外，社会认知理论虽然强调了人的认知能力对行为的影响，但却坚持以研究行为为重心和目的，实际上并没有给认知因素以应有的位置。因而，对于人的内在动机、内心冲突、建构方式等有关的领域重视不够，这表明其理论本身仍有很大的局限性。

四、理性行为理论和计划行为理论

(一) 两种理论模型的起源和主要概念构成

理性行为理论和计划行为理论通常也被归于行为改变理论的范畴内。早在20世纪70年代初，美国社会心理学家M. Fishbein和I. Ajzen就发现，个体通常是颇为理性的，可以系统地利用自己能得到的信息，所以，人们是在决定参与或不参与一个特定的行为之前就已考虑到其行动所带来的影响（Ajzen，Fishbein，1980）。经过反复的研究和检验，他们共同开发了一种可以预测和理解行为和态度的理论，即后来为人们广为接受的理性行为理论（Theory of Reasoned Action，TRC）。

与以往的态度理论不同，这一理论的研究重点是行为意图，而不是作为行为的主要预测因素的态度。该理论认为，一个人执行某一特定行为的意图越强，则被预计离成功的目标就越接近。意图具有某种突现信念的功能和执行一个特定行为将导致一个特定结果的可及性信息。当然，意图也可以随时间的变化而变化。在意图和行为之间的时间段越长，意图中的未可预见的事件将产生变化的可能性就越大。由于Fishbein和Ajzen不仅着眼于预测行为而且也感兴趣于理解行为，为此，他们试图确认行为意图中的各种决定因素。他们推论，意图包括两个基本功能：有关行为的态度（以下简称行为态度）和主观行为规范。其中，态度被认为是行为意图的第一前因。这是有关一个人执行一个特定行为的积极或消极的信念。这些信念被称为有关行为的信念（以下简称行为信念）。例如，当他或她积极地评价一个行为，就意味着这个人打算去执行这一行为。态度是为有关执行这一行为的结果所决定（行为信念），也为他或她对这一结果的评价所加权（结果评估）。这些态度被认为会对行为意图产生直接影响，并与主观规范密切相关。作为行为意图第二个前因的主观规

范则被假设为具有这样一种信念功能，在执行某一行为时，是否得到某些重要他人的赞同或反对。主观规范的基础信念被称之为规范信念。当他或她知觉到其周围的重要他人认为他或她应该这样做时，就意味着该人打算去执行这一特定行为。重要他人可能是一个人的配偶，亲密的朋友，父母亲友和家庭医生等。这实际是要求受访者自己来评估和判断，在其周围的重要他人中，是否赞同或不赞同他们去执行某一特定行为。理性行为理论模型如图 4-4 所示。

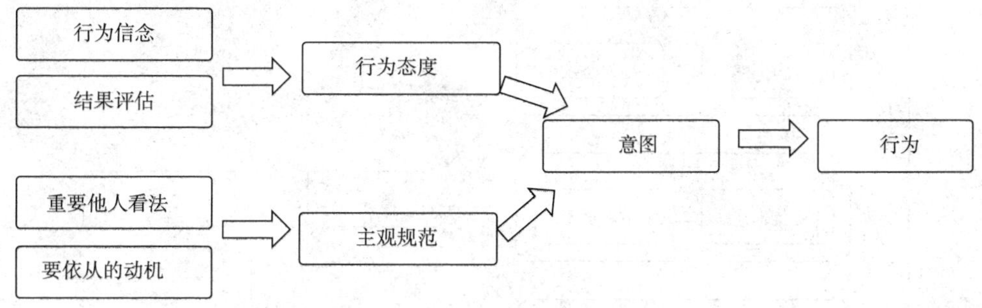

图 4-4　理性行为理论模型的结构概念图

但是，理性行为理论最大的局限性之一是，人们几乎没有觉察到，在有些时候，他们对自己的行为和态度并没有很强的控制能力，尤其是在缺乏技能和能力或在环境受到限制的条件下。也就是说，人们对自己的行为表现可能缺乏实际的控制。如果一个行为不是完全地受到个人的意志控制，即使这个人受自己的积极态度和主观规范的动机所驱动，实际上，他还是无法成功地执行这一行为。

在实践中，Ajzen 深刻地注意到理性行为理论这一难以避免的缺陷。他认为，只有当人们能够充分控制自己的行为表现时，意图才有可能对行为做出准确的预测。正因为实际的行为控制削弱了意图对行为的影响，因此要准确预测和充分理解行为，我们不仅要评估意图，而且要评估实际的行为控制（即有关的技能和能力以及行为表现的障碍和促进因素）。然而，对实际控制的测量事实上是难以做到的。从某种程度上讲，行为实际是一个连续的，从完全控制延伸到完全失去控制的统一体。当执行一个特定的行为，同时又没有任何形式的约束限制，个人则可能对这一行为具有完全的控制。反过来，当执行一个特定的行为，可能缺乏诸如资源或技能这样的机遇，个人也有可能对行为完全丧失控制。控制因素包括内部和外部两方面。内部因素主要有技术、能力、情感等。外部因素则包括情境或环境等因素。

为了克服这一局限性，Ajzen 修改了理性行为理论，增加了行为意图的第三个前因，知觉行为控制，并将其命名为计划行为理论（Theory of Planned Behavior，TPB），如图 4-5 所示。知觉行为控制实际是由两个因素所组成的：控制信念和知觉力。知觉行为控制表明，一个人的动机是在何种程度上受到其所知觉的行为难度的影响，以及一个人又是怎样成功地感知到其能够执行或不执行某一行动。如果一个人持有能够促进行为的强控制信念，那么这个人就将具有高知觉行为控制。相反，如果这个人持有妨碍行为的强控制信念，那么这个人就将具有低知觉行为控制。知觉行为控制反映了人们的过去的经验和对即将到来的情况的预期，以及有影响规范的个人态度。因此，它可以作为实际行为控制的替代测量指标，直接预测行为发生的可能性，其准确程度依赖于知觉行为控制的真实程度。

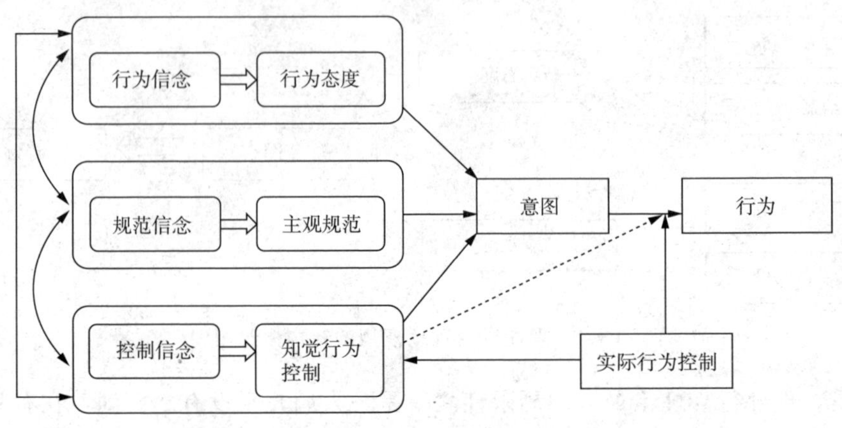

图 4-5　计划行为理论模型的结构概念图

(二) 计划行为理论的逐步完善与广泛应用

自计划行为理论问世以来，许多实证研究的结果很快证明，这是一个将态度和行为连接起来，具有相当预测力的理论之一。然而，它的一些理论观点在受到大多数学者的赞同和支持的同时，也遭到不少学者的质疑。这些质疑和挑战无疑进一步促进了计划行为理论的成熟和完善。例如，Armitage 和 Conner 等学者曾对 1998 年以前的 185 个有关 TPB 的研究进行过元分析，他们报告说，态度、社会规范、知觉行为控制只能解释在不同领域的 39％的意图变异和 27％的行为变异，而且，与态度和知觉行大变量相比，控制社会规范这一变量同意图、行为的相关较小。因此，这些成分并不能解释所有的意图和行为上的变异。另外，有些学者还提到了除这三个主要变量之外的其他因素。譬如，在诚实领域，针对欺诈行动，道德义务就是另一个潜在的意图的决定因素。为了确定各种不同的因素成分是否可以对意图予以充分的解释，还有一些研究人员提出，如果过去的行为与未来的行为相关，那么，除了态度、社会规范、知觉行为控制，也应把过去的行为包括在模型中。所以，其他一些因素也同样需要被测量。也就是说，观察表明，不能把无法解释行为上的变异仅仅归因于随机误差，应该还存在着某些不可测量的系统因素。他们认为，计划行为理论似乎并不能解释社会上的所有行为。正如 R. East 指出，计划行为理论在零售

情境中似乎就没有预测出对产品的抱怨倾向。后来，Ajzen 在计划行为理论中加上了对过去行为的测量，并将其作为预测未来行为的一个重要指标。至于哪三个变量对意图和行为有重要的但不同的预测作用，Ajzen 和 Fishbein 在一次答辩中曾经阐明，态度、主观规范和知觉行为控制对意图预测的相对重要性，这一预测会因行为与行为、人群与人群的变化而变化。他们认为，对于这三个前因变量，在特定的情况下，并不需要全部参与，有时可能仅仅需要一个或两个。

总之，Ajzen 及其合作者在广泛吸收其他学者的研究成果以及置疑和批评的基础上，对计划行为理论进行了不断地修订和更正，可以说，21 世纪的头 10 年是计划行为理论获得全面提高和发展的 10 年。在这一时期，他们共发表了近 20 篇专题论文，对计划行为理论预测人们的意图的 3 个主要前因变量（行为态度、主观规范和知觉行为控制）以及与之相对应的 3 个认知基础信念（行为信念、规范信念和控制信念）做了深入的论述、反思和分析，并提出了许多新的论点来提高计划行为理论模型的严谨性和科学性。在 2009 年，Ajzen 及其同事还进一步探讨了计划行为理论中，意图和行为之间不确定的对应关系，即人们并不总是依照自己原定的意图来行动。通过实证研究，他们揭示出，从意图到行为有一段不易达到的距离，在其间，至少存在着这样三个重要概念：实施意图（implementation Intention）、承诺（commitment）和自觉性（conscientiousness）。这三个概念与意图和行为的关系表明，实施意图为计划中的行为创造了一种承诺，或者说，极大地激发了个体执行行为的自觉性和工作表现水平，其中，个人的高自觉性要比个人的低自觉性更有可能显示出其意图的特征。对这一命题的有力支持曾来自 Bogg 和 Roberts（2004）对健康领域所做的元分析，它显示，与具有低自觉性的个人相比，具有高自觉性的个人很少从事具有风险性的健康行为，更有可能去从事有益健康的行为。许多来自其他学者的直接证据也支持这一论点，即自觉性可以调节意图和行为之间的关系。

关于如何缩小从意图到行为的差距，Ajzen 又提出，可能需要二种干预（intervention）：一种干预的目的是产生一种期望意图（desired intention）；另外一种目的是促进有关期望行为的表现。可见，除了行为预测功能，计划行为理论还包含着重要的设计和验证行为的干预功能。Ajzen 强调，计划行为理论的核心应是干预，而干预策略的核心则需要改变信念。由于信念的转变，必然影响到行为态度、主观规范和知觉行为控制，最终提高和增强了人们执行行为的意图。作为一种成功地预测和解释态度与行为之间关系的社会心理学理论模型，今天，计划行为理论已被广泛地应用到人类生活的众多领域，从亲社会行为，健身运动行为，健康保健行为，社会学习行为，饮食休闲行为到药物成瘾等。绝大多数实证研究充分证明，该理论能更好地了解和预测个体的行为意图及其自我效能和控制感，并显著地提高人们的具体态度对行为的解释力。

（三）计划行为理论的局限性

如同任何一种处于发展和完善中的理论模型一样，计划行为理论在长期的实践检验中也暴露出许多局限和不足，其中最突出的一点是，与其他情感处理模型（affective processing models）相比，它在某种程度上的确忽视了诸如威胁、恐惧以及消极或积极的情绪感受，有关对它们的论证也相对缺乏。其中，Armitage、Conner 和 Norman（1999）所进行的研究，特别验证了情绪是否在相当程度上影响到态度、社会规范、知觉行为控制和意图。当参与者处于消极的情绪状态时，态度更有可能与意图紧密相关。当参与者处于积极的情绪状态时，社会规范则更有可能与意图紧密相关。特别是在与健康行为相关的领域，我们需要考虑，大多数人的健康行为均受到其个人情绪、气质和情感负载性质（affect-laden nature）的影响，所以，对于预测和健康相关的行为，消极或积极的情绪也应成为一种不可或缺的主要变量。而在以往的健康研究中所发现的对有关健康行为预测的模糊性，很可能就是因为将这一变量排除在外的缘故。另外，应激（stress）似乎也能限制和削弱意图和行为之间的各种关系，例如，当参与者处于紧张的工作状态时，其体育锻炼意图就很难影响到锻炼行为。

第三节　大学生体质健康管理机制

一、管理机制的定义

机制一词最早出自希腊语“mechane”，其本意是指机器在整体运转过程中不同零部件之间的相互联系、相互作用的关系及其连环互动的表现形式，现泛指一个工作体系的构成部分之间过程和作用方式。

管理机制，即管理系统的结构及其运行机理。管理机制根本上是管理系统的内在联系、功能及运行原理，是决定管理功效的核心问题。机制创新，即组织为优化整体与各组成部分之间的关系，变化各生产经营要素之间的组合，以达到提高整个组织的效率和竞争力，而在各种运营机制方面进行的创新活动。组织机制又包括利益机制、激励机制、选拔机制、运转机制、发展机制和约束机制等。而从整体到一般的角度出发，又可分为宏观机制、中观机制和微观机制。宏观机制方面就是从国家角度出发对整个体质监测机制的顶层设计和监管调控等；中观机制方面就是各省市在上级下发文件下如何组织运行和有效实施等；微观机制就是在体质测试过程中各要素之间如何协调从而达到高效运转等。就我国的大学生体质健康管理工作较其他国家而言，开始较晚，直至 1979 年才开始逐步实行，比美国、日本等国家晚了 100 多年，在 1985 年建立了每 5 年一次的全国学生体质健康调研制度。

二、大学生体质健康管理机制的内容

(一) 大学生体质健康的预警机制

大学生体质健康的保障需要首先分析体质健康存在的问题，根据问题的严重程度提出相应预警。本章从预警理论以及在校大学生和毕业生几个方面对预警机制展开论述。

1. 大学生体质健康的预警理论

（1）预警。“预警”是指在灾害或灾难以及其他需要提防的危险发生之前，根据以往总结的规律或观测得到的可能性前兆，向相关部门发出紧急信号，报告危险情况，以避免危害在不知情或准备不足的情况下发生，从而最大限度地减低危害所造成损失的行为。“预警”的概念产生于 20 世纪 50 年代冷战时期，当时的预警广泛用于军事情报分析，预测国家可能受到的攻击。伴随人类文明的进步，人们开始越来越重视对社会公共事件危机的应急防范，并逐步将“预警”从军事转向社会管理的多个领域，20 世纪 80 年代欧洲人最早将“预警”引入人的健康管理。

（2）体质健康预警。体质健康预警，是针对特定人群或个体，以体质健康测试数据和系统管理为依据，进行系统化分析和判别体质下降风险的来源、类型、程度和走势，并发出相应的预警警示方法。体质健康预警具有评价、预测和监控的功能，通过测试数据评价、发展趋势预测、管理程序监控，制定采取应对措施促进特定人群或个体关注体质健康，使其加强体育锻炼，最终达到改善体质健康状况的目的。

（3）预警机制。

①理论依据。行为学研究认为，个体对其健康状态或机体存在患病风险的认知会在某种程度上决定其对健康行为的参与程度。即个体感知到体质健康状况不佳或自我评价不满意，该认知评价便会成为其采取行动、调整健康管理的重要动因。另一方面，当一个学生体质处于不理想状态，但轻易即通过体质健康“合格”等级的学生，其主观的满足感可能会导致其改善体质、参与锻炼的意愿降低。

有研究指出，当个体身体机能处于相对较差的状态而主观认知感觉良好时，主、客观之间的差距会导致个体在自我健康管理方面发生混乱，直接导致个体体力活动减少以及参与身体锻炼的动力性缺乏。

学生体质健康测试与预警机制根据上述理论及相关研究，以与学生体质健康相关各模块测试调查数据分析及评价为基础而建立的一种警示性学生健康管理系统。在平台操作过程中，根据学生个体的各项数据，分析并生成以个体、群体和区域不同对象层级的警示性健康提示。以警示性提示和相关建设性改进意见促进学生、教师以及相关职能部门对学生体质健康的关注。

预警机制的理论构建，实现了提供个体、群体和区域性学生体质健康亟待改善的关键性信息，以警示性提示促使学生、教师、学校管理者和相关职能部门产生健康紧迫感的心理效应，由此促进各级各类相关人员对学生体质健康的关注，进而通过转换工作方式，调整有关政策，实施奖惩制度等手段并举，推进个体、群体和区域内学生体质健康水平的提高。

②预警机制的核心。

预警机制的核心是体质健康关注的紧迫性及明确的方向性。平台设定的各个模块通过测试获得相关数据，依据评价标准给出等级评定从而反映个体、群体和区域学生体质健康总体状况。而体质健康预警参数反映构成体质总体状况的各模块指标的变动情况，如反映学生体质发展不均衡、提供学生体质健康某些亟待关注与改善的信息，对个体、群体、区域学生体质健康行为进行有针对性的警示性提示并给出建设性的改进建议。面对当今学生体质健康极不容乐观的状况，即使测试数据和评价结果合格甚至是良好等级以上的学生，如果某些体质健康模块中的指数发展不均衡，亦有可能受到体质健康的警示提示。以警示性提示促进学生对个体体质健康状况的认知并引领、触发学生对自我健康的关注；提醒各级教师对分管班级的学生体质健康状况加以关注并实施改进措施；为所属区域内的教育主管部门和职能部门对辖区内学生体质健康状况提供直观的形势分析，同时给出建设性整改建议。从个体、群体和区域三个层面对学生体质健康情况作全面记录、分析和管理。

构建学生体质健康测试与预警机制，实现以模块化测试对学生体质健康的指导功能，较为全面地考虑到了与学生体质健康状况相关的各个因素，在某种程度上体现了学生体质健康管理工作方式的创新，丰富了学生体质健康测评的手段与方法。预警机制与体质健康测试评定的结合，使体质健康测评不仅具有评价功能，同时也具有预警功能；使体质健康的总体评价与单项指标指数评价相结合，为学生个体反馈更丰富的体质健康信息，并对学校、教育主管部门和政府有关职能部门等多方面的工作产生积极的影响。

2. 大学在校生体质健康预警机制的构建

（1）大学生体质健康预警的等级与内容。

①三级预警——对个体体质健康的非均衡性进行预警。

人的机体各部分既统一也有不同的侧重分工。由于各部分在整体的机能中所承担的任务以及产生适应性的不同，从而使形态或功能上产生发展的非均衡性。人的体质的非均衡性既是体质健康的一种普遍的现象，也表现了机能相互制约的规律性，如爆发力影响速度、耐力素质可间接反映心肺功能等。对非均衡性的预警警示，实际上从机能发展的制约关系上促使改善体质健康，使个体的机能达到均衡发展并通

过改善均衡达到各机能水平的相互促进与改善。在体质健康评价中，通过对预警指标与参数的构建与分析，即使学生的体质健康等级按《国家学生体质健康标准》（以下简称《标准》）评价的总分达到及格甚至是良好等级，但如果机体存在不均衡现象，当某项体质健康指标或指数处于低值时，在体质健康评价反馈中进行非均衡性的体质健康预警警示。

②二级预警——对体质健康弱化的状态与趋势进行预警。

在人类体质的进化发展过程中，人类虽然是地球上进化最完美的生物，但仍将受到进化规律的制约。从人类体质演变机制的“拉马克学说”（即“用进废退说”）的角度而言，经常使用的器官发达增大，不经常使用的器官逐渐退化。由于现代科技及社会发展对人们生活与活动的改变，体力劳动将越来越少，运动能力日趋退化，近几十年来，人类不仅没有像从前那样不断地进化，而且出现了退化的现象。而生活节奏加快、竞争和生存压力增大，人们由于种种原因而无暇进行主动的锻炼，这些原因使现代人类体质退化作用的因素得到增强。对体质健康发展而言，当体质健康某项指标处于较低值，如果没有主动性的身体锻炼，则体质将呈现继续弱化的趋势。为了改变体质健康的弱化状态及弱化的延续趋势，需要对体质弱化进行预警警示。二级预警对体质健康未达到《标准》的“及格”等级以及具体的、需改进的健康测试信息进行标识预警。

③一级预警——对心肺功能两项低值状态进行预警。

对“心肺功能两项低值状态进行预警”是对《标准》评价功能的新开发。当学生体质健康测试的台阶指数、肺活量体重指数两项指标同时低于预警参数的界值时，需要对其发出“心肺功能两项低值”预警。建立“心肺功能两项低值”预警具有3个方面的重要性。

首先，台阶指数（男生1000米、女生800米耐力跑）、肺活量体重指数两项在《标准》综合评价中占50%的权重系数，是反映体质健康状况的重要程度的主要指标。当这两项指标同时处于低值时，说明体质健康处于亟待改善的状态，需要提升为一级预警。

其次，对心肺两项指标同时处于低值的学生，不仅在体质健康结果反馈中进行预警，而且要进行追踪询因，对大学生的个体进行具体分析与指导改进，体现了预警与监控相结合的原则，将体质健康测评对学生的健康关注与行为改进落到实处。

最后，对体质健康可能存在的潜在健康风险进行提示。体质健康孱弱，虽然在日常一般的情况下没有立刻出现相关的疾病症状或健康风险，但孱弱的体质在应激状态、身体承受较高的运动负荷状态下，有可能产生潜在的健康风险。近年来，相关文献对大学生在军训、体育课中的晕厥进行了调查与分析，认为在应激状态及较高身体负荷的状况下，学生体质差、劳累、体位低血压性是导致产生晕厥的重要的诱因。在运动猝死的案例研究中，有调查报告大学生已经占到一半。有研究对晕厥与猝死的关系进行了分析，认为“晕厥患者的潜在危险性包括了从最轻的自主神经功能失调到最重的心律失常乃至猝死，甚至是猝死的重要原因之一”。由于身心应激与运动负荷等是运动晕厥、心搏骤停甚至猝死的主要诱因，当心肺功能低下的学生面对持续的运动时间或负荷强度时，可能面临一定的健康风险。由于猝死等健康风险即使现代医学也无法精确预警，体质健康对“潜在健康风险”预警主要的意义在于：体质状态孱弱可能成为潜在健康风险的诱因，而不是体质健康预警可以预警晕厥或猝死。对可能存在健康风险的预防同属加强监控的内容，这也是使用预警方法与一般等级评价的不同之处。

（2）大学生体质健康预警指标的选择与开发。

预警指标体系与《标准》具有同源性，但经过有针对性的筛选与组合，注重突出对体质健康权重大的指标进行预警，注重突出对健康管理的预警作用。

①台阶指数、肺活量体重指数预警。

台阶指数、肺活量体重指数两项在《国家学生体质健康标准》综合评价中占50%的权重系数，这两项指标是预警指标的重要组成部分。

②心肺功能两项低值预警。

心肺功能两项低值预警是从《标准》的指标体系中进行的再次开发。当学生的台阶指数、肺活量体重指数两项指标同时低于预警参数的界值时，需要对其发出“心肺功能两项低值”预警。

③握力体重指数。

握力与肌肉力量具有较高相关，肌肉具有“第二心脏”之称，肌肉力量的良好发展可进一步提高运动能力，从而促进身体各机能的发展，促进心肺功能的提高，对提高生活质量具有重要意义。

④身体质量指数（BMI）。

身体质量指数（BMI）是国际上广泛应用于衡量整体肥胖程度的指标，该指标与身高标准体重指标一样可以用于对营养不良、体重过轻、正常体重、超重、肥胖的筛选。体重的管理成为现代人健康管理非常重要的为一面，由于久坐、营养过剩、营养不均衡等生活方式或因素所导致的身体肥胖与患上多种现代慢性疾病密切相关，将体重控制在合理范围的管理意味着减少患多种现代病的风险。

由于BMI是一项广泛采用的评价指标，简明且易于理解。受预警的学生也可以从网络等得到巨量信息来源，更易于引起被预警者的关注。

（3）大学生体质健康预警参数基准的构建。

①数据库来源。

预警参数的构建需要根据学生体质健康的测试数据进行分析和制定。为了划分三级预警，必须要建立适合的预警参数。为了更好地反映大学生的体质实际情况，采用《国家学生体质健康标准》数据库（CNSHFD）的数据来构建预警参数。

CNSHFD（China National Student Health & Fitness Database）是教育部为配合推广《标准》的需要，于2004年开始建设的大型全国性学生体质健康测试数据的信息系统。数据来源于每年各级各类学校向教育部上报的学生体质健康标准测试结果。经过几年的不断改进，上报数据逐步规范。教育部数据中心专家组每年对上报数据进行审核和评估，数据整体的稳定性较好。“数据库的统计数据每年汇总成为《中国学生体质健康标准数据统计年报》向社会发布，成为衡量我国青少年体质健康状况的权威资料。也是我国开展青少年健康研究、制定合理体育教育政策的基础”。

②体质健康评定标准及预警参数基准构建方法。

第一，各体质测试项目的预警参数。首先，对CNSHFD数据来源进行了数据审核，去除异常数据。通过计算百分位数获得各百分位数的离散数值。与《标准》对体质健康不及格的理论设计为百分位数P_{15}的尺度不同，为了对体质健康弱化发展趋势进行预警警示，预警基准参数以高于《标准》的理论设计5个百分位数来构建，即学生个体的体质健康测试指标值低于P_{20}百分位数的界值时，被界定为该指标处于低值状态，在体质健康分析或反馈报告中对该个体的该指标处于低值状态发出预警警示。

第二，心肺功能两项低值的预警参数。当学生个体的台阶指数和肺活量体重指数同时低于P_{10}百分位数的界值时，界定为“心肺功能两项低值”。

第三，BMI的预警参数。大学生体质健康BMI预警采用中国肥胖问题工作组建议的BMI标准为预警基准：中国肥胖问题工作组公布了中国成年人的校正BMI值，使该指标成为体质健康通用测评指标。BMI＜18.5为体重过轻预警线；24.0≤BMI＜28.0为体重超重预警线；BMI≥28.0为肥胖预警线。

（4）大学生体质健康预警示例与优化作用分析。

在建立预警参数后，可将预警参数的判别与《标准》的评价相结合进行体质健康的评价反馈。体质健康评价结果对学生的反馈有多种形式，从反馈的对象而言可进行个体反馈和集体馈，从测试的评价方式来看可进行等级反馈和全部测试项目与等级评分反馈等。

①提供体质健康评价结果信息的明确性。

按《标准》提供体质总分和等级评价，体质健康预警参数可用于判别体质各单项指标的数值。一名大学生的体质健康总体评价即使为及格或良好，某些体质监测指标实测数值低于预警参数界值时，依然能迅速通过预警警示了解其弱项。

②增强体质健康评价信息的对比度。

不同的信息反馈方式具有不同的信息传递效应。从信息的传递方式来看，使用对比的方式可增强人们对某种信息关注的强度。在一定限度内，对比度越大，所引起的注意指向集中与注意强度就越大，广告中运用鲜明的色彩、强烈的线条、醒目突出的字体与图案等，就是为引起受众的注意。

在体质健康预警反馈中采用了不同的对比方式，以增强学对体质健康评价结果的重视与关注。首先，体质健康预警本身就是一种新颖的评价方式，预警反馈提供三级预警警示（见表 4-1），每个预警等级具有不同的针对性，产生了强烈的对比效果。其次，对被预警者的每个体质测试项目的参数均采用不用的颜色进行标示，形成预警的重要信息对比效应：即在多项体质健康测试数据中突出需要关注、需要改进、需要激发学生关注的色彩差异信息，以区别于一般的正常数值。因此，预警的信息表达强调了对关键的、重点的体质健康信息的突出表达，以提高对信息的关注，激活学生的认知与探求心理。

表 4-1　不同等级预警反馈的控制措施一览表

预警等级	预警意义与控制措施	预警强度
三级预警	对体质健康发展的非均衡性进行预警警示，促进对评价结果的关注，建立正确的健康信念	弱（黄色）
二级预警	二级预警主要对身体状况处于亟待改善的学生进行预警，指出总体评价不及格及单项不及格，由教师进行指导与督促改善	中（橙色）
一级预警	一级预警是对总体体质健康低下、心肺功能低值状态进行预警，对被预警者进行原因排查和具体指导改进	强（红色）

③促进体质健康评价与体质健康监控相结合。

在学校实施《标准》的工作，虽然强调体质评价与健康相结合，但该环节往往是脱节的。例如，将体质健康评价反馈直接提供给学生个体，教师或指导教师并不知道学生个体的体质健康状况；如果将体质健康测试结果以班级形式提供给教师或学生，由于评价等级缺少评价与健康监控链接的信息，教师虽然也可以根据评价等级进行分析与指导学生，但面对全体学生，教师并不容易明确哪一部分需要一般的指导，哪一部分需要有针对性的重点关注，哪一部分需要立刻进行重点监控与干预，而体质健康预警反馈增强了预警与监控的分类，通过分类预警将体质健康预警与监控指导相结合。

④激活体质健康评价的教育功能。

根据《国家健康体质标准》提供的学生个体结果反馈的预警信息，促使被预警的学生，被预警的不同等级的学生或者是发现自己未被预警的学生对自身健康产生

疑问。体质健康的预警信息促使学生从个体需要激活对个体健康问题疑惑，进而产生求知欲，通过咨询教师或者查询资料的防范对产生的问题尽心解答和咨询，从而了解解决自身体质健康的方式和方法。体育教师解答的方法，一方面加强了师生的联系，另一方面有助于教师了解学生个体的健康状况，进而在体育锻炼中丰富锻炼的内容和形式，具有明显的针对性和多样性，这种以预警为行为方式的师生互动沟通，提高了《国家体质健康标准》中重点强调的“具有教育功能”效果。

⑤促进学生的自我健康管理。

体质健康警示信息对体质健康弱化的状态及可能产生的健康风险进行预警，改变体质健康评价中对体质健康的及格、不及格、良好等总体等级的抽象性评价。体质健康预警参数基准是一个相对精确的评定，可以使每位学生了解其在学生总体的位置。当个体从体质测试结果中了解到自我体质健康与总体比较所处的位置很低而被预警时，这种体质健康的反差具有更强烈的比较效应，从而促进学生更多地关注自我健康的状况，并产生改善健康的意向，提高学生的健康风险意识，从心理上产生改善体质健康的紧迫感和危机感，并产生行为改变，从而主动地进行健康行为管理。体质健康预警对体质健康预警信息的具体化，使学生对体质健康发展的方向有更为清晰的理解。同时，学生通过预警作用产生的对自我健康关注及健康改进的心理紧迫感，有利于促进学生产生健康行为及接受体质健康的干预指导。

3. 大学毕业生体质健康预警机制的构建

当前各项研究均表明，近20年我国大学生健康体质状况持续下降，对此，教育部高度重视，近10年先后颁布了多项加强大学生体质健康工作的相关文件。然而对于全国多数高校来说，为应对扩招带来的诸多人才培养和严峻的就业等方面问题，几乎都忽视和淡化了对大学生的体质要求，实施《国家学生体质健康标准》流于形式，由于监管不力，相关文件也缺乏有效落实。大学生普遍沉迷网络，生活状态紊乱，根本不重视自身体质健康。可以想象，没有牢固的健康意识，不具备良好的体质健康基础，大学生走出校门定难适应快节奏的社会，再受到社会“过劳”工作、不良饮食作息和恶劣生存状态的威胁，出现体弱、肥胖或身体不适症状的平均年龄必将提前，有研究已证实大学毕业生“蚁族”群体体质令人担忧。面对我国老龄化社会的加剧，大学毕业生将承担更大的社会责任，急需解决体质持续下降的危机问题。

(1) 大学毕业生体质健康预警。

大学毕业生是即将大学毕业或大学毕业不久的个人和群体。大学毕业生体质健康预警，是在对大学毕业生个体和群体的体质健康进行全面监测、分析、评估的基础上，运用信息技术手段对体质健康危险或弱势状态进行警示的过程。目的是调动大学毕业生个体和群体及高校和整个社会的积极性，有效地利用资源来达到最佳的体质健康效果。大学毕业生体质健康预警机制，综合性很强，它需要高校、教育主管部门、社会相对独立执行，也需要三方协同配合，既是对个体的预警，也是对群体的预警，它既具有评价和监督的功能，也具有提供体质健康咨询和指导服务的功能。大学毕业生体质健康状况关系国民体质健康的发展，其体质健康预警应成为毕业前和就业前的重要考核内容。

（2）构建大学毕业生体质健康预警机制。

①高校把关的预警机制。

第一，确定体质健康预警流程。

体质健康预警流程是直观反映预警操作的程序（见图 4-6），它是大学毕业生认识并重视体质健康预警的基础。对于流程的设计要力求优化、高效、可操作性强，执行过程中也要便于在大学毕业生自己掌控、查询、咨询、判断等。该流程针对大学毕业生个体设计，预警所需要的数据均来源于体质健康测试系统，目标是监控毕业生体质健康质量能否达到高校培养健康人才的要求，再根据不合格程度划分等级、指导、重测，给予警示，最终达到大学生通过毕业审查的目标。另外制作毕业生体质健康卡并存档，作为用人单位和国家有关部门了解大学生体质健康状况的重要资料。

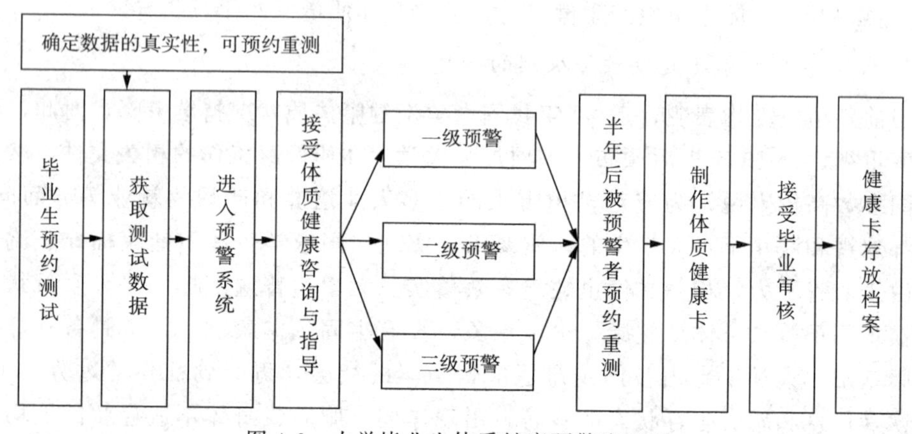

图 4-6　大学毕业生体质健康预警流程图

第二，取体质健康测试评价。

首先，合理确定测试时间。初次测试应尽量安排在 9～10 月份，在获得数据评价后，毕业生要认真分析和咨询自己成绩的真实性，可申请个别项目重测。11～12 月为被预警的毕业生接收体质健康咨询和提高体质方法的指导时间，通过 3～4 个月时间的锻炼，来年 3 月份被预警的毕业生可申请预约补测，补测还不合格者将在 5 月份最后一次补测，此次测试数据将作为制作体质健康卡和是否通过正常毕业审核的最终依据。

其次，通过相关软件和系统获取体质健康评价。一是完善《标准》，国家应组织

专家研究符合我国大学毕业生特点的、覆盖面更广的体测指标，尽力支持不同生理状况的全体毕业生。二是提供必要的查询系统，满足毕业生通过校园网查询读取体质健康测试的评价信息，并定期向全体毕业生开放。对于极少部分身患先天疾病、残疾的毕业生，除严格审核外，也要分类参加必要的体质指标测试，同样形成健康卡。

第三，构建体质健康预警对象、内容和方法。体质健康预警的对象应分为两类，即正常身体机能类和非正常身体机能类。

对于正常身体机能的毕业生，通过监测系统获取预警数据，预警方法分为3级：特别严重为Ⅰ级，严重为Ⅱ级，较重为Ⅲ级，依次用红色、橙色、黄色标示。由于心肺功能是人体从事各种活动的基础功能，所以《标准》总分不合格，肺活量、耐力不合格排在预警首位，此状况说明心血管和肌肉耐力差，机体长时间学习、工作抗疲劳的能力差，存在晕厥、并发症等健康风险；营养不良、瘦弱、肥胖等综合指标低下，将影响人从事活动的精力和体力，因此排在预警次位，此状况说明体质弱势显著，伴随营养不良、瘦弱或肥胖，机体长时间学习、工作存在难适应、易疲劳等健康风险；而其他2项以上体质指标达不到合格标准，将弱化人从事活动的持续能力，因此排在预警第三位。此状况说明体质发展不均衡，机体长时间学习、工作存在身体机能持续弱化的健康风险。

对于非正常身体机能的毕业生，通过特殊体质健康监测获取数据，并严格区分病理类和非病理类，预警方法可根据肢体残障程度、先天脏器不足程度等划分为3级：特别严重为Ⅰ级，严重为Ⅱ级，较重为Ⅲ级。但此类毕业生只做预警记录不作为毕业审核依据。

第四，建立毕业生体质健康资料卡存档。体质健康资料卡是记录大学生大学期间健康测试成绩的资料卡，尤其呈现毕业当年各项指标的情况和综合评价。资料卡应通过相关软件自动生成，将存入学生个人档案，毕业后随人事关系到用人单位，便于相关部门查询。一方面健康卡要如实反映毕业生体质状况，另一方面也要反映毕业生最佳体质状况，最终生成的健康卡必须经毕业生本人确认后存档。

第五，体质健康预警的后续服务。体质健康预警的后续服务是高校预警机制的重要内容，是及时通知、帮助被预警毕业生尽快改善体质的重要环节，它主要涉及体质健康公告、改善体质健康方式咨询和指导性服务。首先，公告是高校要及时公布当年毕业生体质健康整体状况并分类说明被预警学生体质状况，其次，咨询和服务包含医学和体育两方面，应由学校医务部门和体育部门共同承担，医务部门主要针对饮食、营养、作息、卫生、运动性损伤与疾病的防治等进行咨询和指导，体育部门主要针对运动方法、频率、时间、强度等康复性或提高性运动处方进行咨询和指导，以及对被预警毕业生开展预约复测和分析相关数据等服务，最终帮助被预警大学毕业生尽快改善体质摆脱预警。

②教育主管部门主导的预警机制。

教育主管部门指主管高校工作的省（或市）教育厅（或局）。教育主管部门主导的预警是大学毕业生体质预警工作的重要补充。

第一，构建教育主管部门主导的预警流程。教育主管部门要对所管辖高校体质健康预警工作进行组织机构、仪器设备、工作程序等方面的检查，有效指导高校毕业生体质健康管理工作，提取、抽查和认定监测数据，并深入分析各校大学毕业生体质健康测试结果，动态把握毕业生体质健康变化趋势。为此首先是组建专家工作组，由教育主管部门牵头抽调本地区高校专家组成；其次是构建相对应的预警流程，一方面对大学毕业生体质健康测试的组织管理实施预警，另一方面对各校大学毕业生体质健康监测合格率分等级实施预警。

第二，构建预警内容与方法。

首先，对各校大学毕业生体质健康检测组织管理的预警。

预警内容：各高校大学毕业生体质健康测试的组织机构设置、管理制度、《标准》实施办法、组织测试、仪器设备的数量和质量、数据的真实性等。

预警方法：专家工作组在各高校组织毕业生体质测试期间进驻指导，随机抽测大学毕业生体质，提取成绩比较分析，确定数据的真实性。当组织管理内容不符时，教育主管部门将提出预警警示，限期整改，整改期结束还不符合要求的高校将向社会公告。

其次，对各校大学毕业生体质健康测试合格率的预警。

预警内容：当年大学毕业生体质健康初次测试的合格率。对于当年合格率低于85％的高校给予黄牌预警（一般警告），对于第二年合格率仍低于85％的高校给予橙牌预警（严重警告），对于第三年合格率仍低于85％的高校给予红牌预警（特别严重警告）。

预警方法：在确定数据真实可靠的基础上，专家工作组提取各校当年大学毕业生体质健康初次测试的数据和合格率，对未达到要求的高校进行预警，提出整改要求，并向社会公告，对不符合要求的高校亮警示牌，整改期结束仍未达要求的按预警等级进行处罚，对每年都保持大学毕业生《标准》合格率较高的高校给予表彰。

最后，预警的后续服务。

高校主管部门主导预警的后续服务是高校对大学毕业生体质健康负责的重要环节。主要是跟进监督与指导服务，包括：帮助健全各校大学毕业生体质健康监测评价制度，加强人员培训和过程管理；开展测试质量监控，保证测试质量；督察数据不准确或者故意弄虚作假行为；对高校大学毕业生体质健康测试工作进行绩效评估和行政问责，及时向社会公布评估结果；对预警期间的高校实行动态监督与服务，

对于达到要求的高校及时公布解除预警。

③社会参与的预警机制。

社会这里指用人单位。新入职大学毕业生为立足单位，往往干劲足、表现欲强，导致工作时间长、工作强度大、应酬多、饮食无规律、摄入能量高、运动少等，极易受到肥胖、瘦弱、亚健康等多种潜在职业病的困扰。对此大学毕业生在入职时很有必要接受用人单位的体质健康预警，将有助于进一步增强体育健康意识。

第一，构建社会参与的预警流程。首先用人单位要认真审查新入职的大学毕业生体质健康档案；其次要组织新入职的大学毕业生接受岗前培训，开展行业的体质健康教育，提出相关体质健康的具体要求；其三用人单位对新入职的大学毕业生进行体质测试，对达不到行业体质标准的毕业生实施预警，提出改善体质要求；其四评价、公告和亮警示牌，对于限期达不到体质要求的员工进行处罚，甚至除名。

第二，构建行业体质健康的预警。预警内容：对于达不到行业体质健康标准的毕业生给予黄色预警（一般警示），对于第二年达不到标准的毕业生给予橙色预警（警告），对于第三年达不到标准的毕业生给予红色预警（严重警告）。

预警方法：用人单位制定本行业体质健康标准，在本单位设立专门机构或委托社会第三方机构，对新入职的大学毕业生进行体质健康测试，结合行业标准，用人单位给予体质健康评价，对未达到要求的个人进行预警，并面向单位公告和处罚。

第三，预警的后续服务。用人单位要重视行业体育文化建设，采用多种方式组织体育活动，如：加大体育与健康宣传报道、组织工间操、开展体育活动、举办体育比赛等，使广大员工树立健康的价值观，形成珍惜生命、热爱体育、崇尚运动的健康氛围。也要关心和重视员工的体质健康，尤其重视肥胖人群的体质锻炼，将新入职的大学毕业生体质健康状况纳入个人考核指标，并每年公布评估结果，对于达到体质健康要求的员工及时公布解除预警，恢复待遇。

④构建高校、教育主管部门与社会协同的运作机制。

大学毕业生正处在即将离开高校或开始服务社会的重要阶段，面对陌生复杂的社会环境、不可预知的工作和家庭生活压力等极易忽略体质健康，必须依靠自我重视与外部环境的联动。构建高校把关、教育主管部门主导、社会参与的协同运作机制既是促进各预警机制保持正常运行的基础，也是实现大学毕业生牢固树立体质健康意识的保障。其内容包括：决策机制、动力机制、保障机制。

第一，决策机制。虽然当前《体育法》《国家学生体质健康标准》以及国家出台的有关加强青少年体质健康的文件都是有助于改善大学生体质健康的重要指导性决策，但现有决策内容的针对性还很弱。很有必要补充出台针对大学毕业生体质健康的法律法规，比如：国家立法机构组织教育部、国家体育总局，在《体育法》中研究完善针对大学毕业生体质健康问题的相关内容；国家人力资源和社会保障部会同教育部研究明确将大学毕业生体质健康档案列入人事管理规定；党中央、国务院联合教育部研究颁布针对大学毕业生体质健康，出台高校、教育主管部门与社会协同预警的相关文件等。

第二，动力机制。动力机制是实施预警的高校、教育主管部门、社会积极参与的动力来源。动力机制应包括：国家通过优惠政策引导市场参与，开发社会各行业的体质健康指标体系；教育部设立专项资金，组织高校与企业联合研发适用于全体毕业生体质健康监测的相关指标、仪器和管理软件；鼓励社会资本参与大学毕业生体质健康监测预警与管理；出台保障参与大学毕业生体质健康监测的行业权益政策等。

第三，保障机制。首先是组织保障，教育行政部门要高度重视大学毕业生体质健康，用人单位要高度重视新入职员工的体质健康，成立体质健康专门管理机构，为实施预警构建组织保障；其次是制度保障，建立和完善必要的工作管理制度，做到有章可循、明确责权，使高校、用人单位按章办事，并接受社会的监督，保障参与预警管理的各方利益；其三是经费保障，国家、地方财政、用人单位、高校都要设立大学毕业生体质健康管理专项经费，实行专款专用，确保预警工作落到实处，同时以政策鼓励社会投资、捐助或赞助等。

（二）大学生体质健康的监控机制

大学生体质健康的促进需要一定监控机制的构建，通过有效地监控，才能实时掌握学生的体质健康状况，发现问题并解决问题。本章着重分析大学生体质健康的监控理论、如何运作监控机制以及当前监控机制存在的问题和问题的解决措施。

1. 大学生体质健康监控理论与机制运作

（1）体质健康监控。

监控，就是监与控。按照《汉语大词典》的解释："监"即监察督促；"控"即驾驭控制，使之不任意活动或超出范围。监控是一个为了使被控制者保持某种相对稳定的运动状态，而由参与监控的双方或多方相互作用的过程。从管理学的角度看，控制与计划和组织过程相关联，它既是一个过程也是一个结果，对监督和激励人员的行为有重大影响。监控过程一般可以分为制定标准、检测信息和对行为的调控三个部分，其中对行为调控的基础是制定目标和检测信息。

《国家学生体质健康标准》（以下简称《标准》）的实施是对大学生体质健康监控的依据，可以从外部监控和内部监控两个层面进行阐述：一是政府教育主管部门或专门的体质健康管理机构对各大高校的外部监督和调控，主要是《标准》达标率的目标制定、体质健康监测工作的组织计划、过程监督、结果评价、信息反馈和政策干预的过程；二是高校自身的内部监控，主要指各高校为了完成教学目标和任务，

在分管校长的领导下，通过学生体质健康管理者、体育教师、健康指导人员以及其他相关者的密切配合，对大学生体质健康管理过程中的诸因素和各个环节不断地进行组织计划、监督监测、评价反馈、干预控制和调节的过程。

（2）体质健康监控机制。

大学生体质健康监控机制是指大学生体质健康监控的主体部门、监控对象、监控内容、监控过程、组织方式和手段以及各种制度构成一体，且彼此之间相互依存、相互制约和相互作用的关系。深入分析大学生的体质健康监控机制，即各高校的学生体质健康管理部门在接受上级管理部门即政府教育主管部门管理的同时，又要对学校体育教师、相关指导人员的工作实施管理。政府教育主管部门应制定标准要求高校建立学生体质健康管理中心，配置相关资源、提供相关研究平台，保证大学生体质健康工作的顺利开展所必需的物质条件。在外部监督中，以政府教育主管部门为主体监控高校体质健康管理部门的工作；在内部控制中，以高校体质健康管理部门为主体监控体育教师、相关指导人员的工作。所有监控主体都有权利和义务对大学生体质健康工作进行监督、控制，做出评价，并且使它尽量达到上级管理部门所制定的目标。因此，大学生体质健康监控机制的内涵在于政府教育主管部门和高校体质健康管理部门有组织、有目的、有计划地对大学生体质健康实施监控管理，通过科学的考核评价标准、管理目标对大学生体质健康的各个方面进行评价，督促高校体质健康管理人员和相关指导人员积极开展工作，最终目标是促使大学生体质健康水平更上一个台阶。

（3）大学生体质健康监控的点面分析。

①大学生体质健康监控的“点”的分析。

人的健康需要管理，需要一个对个人或人群的健康危险因素做出检查监测—评价—干预—再监测—再评价—再干预……的不断循环运行的全面管理过程。大学生体质健康管理作为健康管理的一部分，正越来越受到政府、社会和高校的重视。各类高校依据《标准》的实施办法，对大学生体质健康的发展以及管理工作进行监督和干预，目的是为了为进一步贯彻“健康第一”的指导思想和全国学校工作会议的精神，全面提高学生的健康素质。因此，对大学生体质健康的监控要注意以下四个“点”的研究。

第一，大学生体质健康监控的出发点。综合评定大学生的体质健康水平，是实施《标准》的基本要求；是高等教育人才培养的需求；是切实加强学校体育工作的重要举措；是党的“德、智、体、美、劳”全面发展教育方针的具体体现。对大学生体质健康进行监控的出发点在于促进大学生健康成长，激励大学生积极参加体育锻炼，养成良好锻炼习惯，提高自我保健能力和体质健康水平。自2007年以来，各大高校组织了大量活动，内容丰富、形式多样，目的为了促进学生的体质健康水平，然而效果不如人意。高校在进行学生体质健康管理的过程中，如果只是注重对原有的健康制度、健康服务进行简单继承，或者在内容上做些简单扩充则是远远不够的。高校要有自己的创新和特点，要能够做到坚持对学生体质健康进行长期、循环的监控，并在过程中根据学生体质健康状况的变化不断更新健康促进计划。

第二，大学生体质健康监控的关键点。从《标准》的执行力度看，强化《标准》实施的过程管理，确保大学生体质健康监控工作的质量，监测数据真实可靠、实效是学生体质监控工作的关键所在。我国学者把控制论运用到体质健康管理中，以控制论、信息论为指导思想，建立了基于现实体质指标健康规范量的体质健康控制论，亦称为适度体质控制论，其目的是以控制和发展人类的体质指标量处于最佳适度范围内并优化组合产生健康效益。各地政府部门可以通过大学生体质健康监控，了解掌握广大学生的总体体质健康状况，并通过各种措施如科研指导、实施干预行动、健康促进计划等来加以改善。只有基于科学有效的监控信息，才能做出正确、合理的评价，才能为上级管理部门制定干预政策提供有效借鉴。

第三，大学生体质健康监控的支撑点。基于《标准》实施的体质健康监控过程，就《标准》实施的管理、制度保障及其运行机制的构建以及必要的经费投入、场地器材设施、体质健康监测相关人员培训等等是确保大学生体质监控工作顺利开展的支撑体系。国家或政府通过制定相关的健康促进政策，提供政治和财政帮助，是对健康促进行动必不可少的支持；这些相关政策和资源的支持，可以为在实践中实现健康策略的转变（学校层面、地区层面、政府层面等）提供强大的推动力。在大学生体质健康的监控过程中，针对体质健康监测结果，需要政府制定体质健康发展策略和目标；针对《标准》实施过程中存在的种种问题，需要政府加强体质健康监控，必要时运用政府的强制力，通过发挥政府在解决外部监控中的权威性作用，制定相关政策法规强制执行，并明确政府相关部门的监督职能对高校实施监控。

第四，大学生体质健康监控的归宿点。无论是《标准》的全面实施还是大学生体质健康监控工作的全面开展，其出发点和归宿点都在于提高学生的体质健康水平，培养“德、智、体、美、劳”全面发展的、适应社会需要的社会主义建设者和接班人。这是学校体育存在的根本理由，也是学校教育的主要目标。就高校而言，要建立一个综合网络支持与健康教育、服务于一体的管理体系，在主管校长领导下，联合高校体质健康管理中心、体育部、校医院、学生处以及家庭和社会的力量共同组成的一个管理平台，才能有效地开展监控工作，促进大学生体质健康的发展。

②大学生体质健康监控的“面”的归纳。

大学生的体质健康虽然涵盖的是学校体育范畴内学生的身体素质状况，但是其健康目标的确定、健康水平的提高不仅与学生本身的条件和学校体育的开展密切相关，还与学生的家庭、生存的社会息息相关。因此，对大学生体质健康的监控涉及

政府政策、社会环境、学校体育、家庭和学生个人等方方面面的情况，监控的覆盖面、辐射面及其受益面都不尽相同。

第一，大学生体质健康监控的覆盖面。目前大学生的体质健康工作主要面向高校，由各大高校来完成。基于《标准》实施的大学生体质健康监控的覆盖面主要在于学校教育层面。大学生体质健康监控工作是高等学校体育工作的重要组成部分，监控目标上是各类高校基本达到领导协调机制、学生体质健康工作规划、制度保障、综合设施、监测管理、评价与指导等全覆盖。在监控对象上则覆盖了所有在校大学生及与体质监测和干预相关的学校领导、相关职能部门负责人、体质健康管理人员和体育教师等。

第二，大学生体质健康监控的辐射面。实施大学生体质健康监控，其辐射面主要包含：

A. 政府层面：相关体质健康政策的修改和制定以及法规、制度的建设可以为大学生体质健康监控工作提供有力的依据和制度保障。

B. 社会层面：社会力量和各方资源的参与可以为大学生体质健康促进提供学校外部的便捷条件，比如：体育媒体参与体质健康的宣传教育；大众健身俱乐部及社区体育场所对广大学生的优惠开放等。

C. 产业层面：体育产业的介入使大学生体质健康监控在经济领域提出了一定要求，比如测试仪器的生产厂家推出的产品质量和一些健康管理机构的服务质量等都必须符合相关规定。

D. 先进技术层面：大学生体质健康监控信息平台建设、网络指导服务系统的建立等都离不开计算机网络和先进技术的支持。

E. 家庭与个人层面：大学生来自千家万户，家庭成员的督促、理解和支持是大学生体质健康监控最基础的力量，同时此过程还能影响和带动其众多的同龄人，共同参与到体质健康的促进过程之中。

第三，大学生体质健康监控的受益面。依据《标准》实施大学生体质健康监控的受益面较广，不仅可以促进学生、教师、家长乃至全社会对“健康”概念的重新认识，帮助和督导大学生实现体质健康目标，养成自觉参加体育锻炼、一生追求健康的生活方式；还能促进学校体育课程的全面改革，建设发展体能和社会适应相结合、基础性和发展性相结合、科学性和人文性相结合、行为性和表现性相结合的课程目标，减轻学校和教师的负担，便于教育行政部门和学校的管理；最重要的是可以提高高等学校的人才培养质量，为社会和国家培养体质健康的有用之才。

（4）大学生体质健康监控的方向分析。

①大学生体质健康监控的专业化。

大学生体质健康监控的关键在于《标准》实施的过程管理和监测数据的准确性

和有效性，因此，《标准》的实施和大学生体质健康监控必须具有专业化水准。

首先，有效的监控信息采集是对监控行为进行调控的基础。加强对管理人员、组织人员及监测人员的专业培训和监测仪器的检测工作，确保监测数据的科学、准确、客观、真实是大学生体质健康监控工作的应有之义。

其次，具有高水准的专业化监控队伍，能够运用先进技术验证监测信息的有效性，并对其做出科学、正确、合理的评价，为上级管理部门制定政策提供借鉴。

最后，学生体质健康的干预离不开专业人员的指导，需要根据不同的身体状况提出针对性强的运动干预处方，指导学生进行积极有效的锻炼，必要时还需配合相应的义务监督。

②大学生体质健康监控的常态化。

监控的常态化是大学生体质健康监控工作健康、持续开展的基本保障。大学生体质健康监控是一个周而复始的循环过程，监控工作的长期、有效开展，离不开政策、制度的支持和保障。基于《标准》实施，监控工作除了要建立健全的监测管理制度、培训制度之外，还要建立常态化的检查制度、公告制度等，将评价、反馈与高校体育教学改革紧密结合，确保监控信息的上传下达。实现常态化监控，既有利于政府层面能够及时采取措施进行宏观调控，又可以确保评价结果和监控信息及时向高校反馈，形成对高校学生体质健康监测结果、管理工作评价结果等监控状况定期公布的制度，使“以评促建、以评促改、以评促管、评建结合、重在建设”的方针能够在对高校体质健康工作的监控管理中得到全面贯彻和落实。

③大学生体质健康监控的系统化。

大学生体质健康监控可以说是一个三维系统工程，学生的体质状况要在大学阶段得到健康发展，还必须基于中学阶段打下的良好基础。对学生体质健康监控实现初、中、高等学校一体化既可以为学生体质健康档案的建立、学生体质健康跟踪研究等提供便利条件，又可以为大学生体质健康监控提供纵向上的评价参考指标。另外，由于体质健康监控涉及学校体育的开展、政府体质政策的制定和社会产业的发展，因此，需要建立学校、政府和社会的协同化监控，以此扩大监控的辐射面和受益面。最后，建立监测和指导干预的全面化，是体质健康监控的深度和系统性的体现，对提高学生的体质健康水平具有重要作用。

④大学生体质健康监控的现代化。

随着科学水平的不断提高，Internet 已渗入社会生活的每一个角落。教育部中国学生体质健康网站的开通以及“国家学生体质健康标准数据管理系统”的开发，为大学生体质健康监控系统搭建了信息化平台，系统具备监测数据的采集、上报、统计与分析、数据发布等功能。信息技术的发展为各地大学生体质健康的监控工作提供了现代化手段，比如建立统一监测的大学生体质健康监控数据库系统，有利于

学生能够纵横比较、了解自身的体质健康水平；构建具有科学应对与指导服务功能的监控信息系统，有利于引导学生针对性地参与体育锻炼，改善体质健康水平，对政府日后制定体质健康政策和高校制定体质健康工作计划也具有极其重要的参考价值和现实意义。

（5）大学生体质健康监控机制的运作方式。

基于《标准》的实施，可对大学生体质健康监控机制的运作方式进行如下分析。在监控机制的运作中，不同的监控主体采用不同的途径和方法介入到大学生的体质健康监控中，除了国家和地方的教育主管部门、地方学生体质健康监测中心、社会、家庭及其他利益相关者的外部监控外，还包括了学校分管领导、学生体质健康管理部门、体育教学部门、学院（系）分管部门等构成的内部制衡关系。

①高校外部的监控机制及运作方式。

政府体质政策、法规制度的制定和实施是大学生体质健康监控的依据，是监控机制运行的保障。因此高校外部的大学生体质健康监控主要来自上级教育主管部门及地方学生体质健康监测中心，随着社会发展对人才质量需求的不断提高，社会、家庭及其他利益相关者也应参与到监控过程中。

第一，大学生体质健康主管部门。基于《标准》实施的大学生体质健康校外监控，应在教育部、国家体育总局领导下，由各级地方教育行政部门负责管理实施，体育行政部门参与指导工作。具体来说，是由教育部、国家体育总局负责制定和颁布各类体质政策、法规，各级地方教育行政部门在体育行政部门的配合下，制定相关标准，并组织规划实施监控工作，然后通过评价反馈的信息，调整或制定新的标准，同时配合地方政府政策的制定，再进行下一轮监控，必要时可以采取行政干预手段，确保监控工作的顺利进行。

第二，地方学生体质健康监测中心。在地方教育行政部门领导下，各级地方学生体质健康监测中心要向各大高校提供完整的体质健康咨询服务，监控各高校的运作，以保障和提高大学生体质健康的发展，提高社会公众对大学生体质健康水平的认可和满意度。为此，各地学生体质健康监测中心首先应根据《标准》实施的具体要求，制定大学生体质健康监控的监测管理制度；建立对高校相关管理人员的培训制度并有计划地开展培训工作；建立各地的区域监测点，有计划地对各大高校进行《标准》抽样监测活动，定期公布监测结果；建立各地的体质健康网络信息平台，做好监测数据的分析、评价和上报工作。其中，关键在于准确、及时、有效地分析和评价各地大学生的体质健康水平，提出干预意见，为政府部门实施监控管理和制定政策提供依据。另外，在日常管理中还要从以下两个方面对高校的体质健康工作实时监控：一是对《标准》实施的过程进行监控，即检查《标准》实施是否纳入工作计划，相关的人员、器材设备、网络设施是否齐全，测试数量与质量、上报数据的正确性是否符合要求等；二是对《标准》实施的实效性进行监控，即检查《标准》的执行力度、考察数据的运用能力，看学校是否能够将测试上报与教学改革、健康促进等科学研究相结合，指导学生采用科学的方法针对性地进行体育锻炼，并开展相关的体能比赛等，有效提高学生的体质健康水平。

第三，社会、家庭及其他利益相关者。大学生的体质健康关系到国家和社会的发展，高校培养的合格毕业人才要经得起社会的检验，基于《标准》实施的大学生体质健康监控涉及学校、政府、社会、家庭乃至其他利益相关者。因此，大学生的体质健康监控需要社会力量和各方资源的加入，比如借助一些权威的社会机构，对大学生的体质情况定时加以抽查并适时予以公布，或者借鉴国外的一些做法，由专门机构对学生进行体质检测，颁发《标准》合格证书，并将其作为毕业和就业的重要条件等，以此来把关大学生体质健康监控的质量。

②高校内部的监控机制及运作方式。

高校内部的大学生体质健康监控是基于《标准》实施的最基础的工作。高校内部的监控机制主要在于明确分管校领导、体质健康管理部门、相关职能部门、体育教学部门、院系分管部门在监控过程中的权利、职责和利益，从而形成彼此之间相互依存、相互制衡的关系。

第一，大学生体质健康监控责任人。作为《标准》实施工作的主要负责人，分管学生体育工作的校长当仁不让地成为高校内部大学生体质健康监控的责任人。在实际监控中，分管校长要依据上级主管部门的要求，发挥团队领袖的作用，把握监控方向。在监控工作出现障碍或陷入僵局的情况下，能够利用自身的能力和人格魅力疏通上下级和相关部门的关系，采取积极开放的领导方式（如，反馈、奖赏、激励等）凝聚校内各相关部门和监控人员的力量，做好大学生体质健康的监测和干预工作。另外还要依据《标准》实施办法，提高其执行力度，有效地促进大学生的体质健康发展。

第二，体质健康管理部门。这是高校负责大学生体质健康管理的专门机构，由分管校长担任领导小组组长，小组成员来自学校体育教学部、教务处、校医院、学生处等，机构设有专门的管理人员。该部门依据《标准》实施的要求，组织开展、协调指挥监测工作，同时做好控制、激励等方面的管理工作。在日常监控方面，要开通学生体质健康网络，建立网上沟通机制，及时公布学生的《标准》测试结果；负责测试数据的归档、分析和上报工作，并对学生的体质健康状况给予评估，及时提供科学的健身指导、运动处方等。要整合学校的有利资源，建立体质健康管理人员的责任约束与奖惩制度，运用激励机制调动他们的积极性和主动性，优质地完成日常监测工作，并提出专业的干预指导意见，协同体育教学部门开展体质健康干预促进工作。一旦上级主管部门下达监测任务或莅临检查，部门上下能有条不紊地依

据任务书要求组织开展监测活动或接受检查工作。

第三，相关职能部门。大学生体质健康监控是一个非常复杂的系统工程，涉及学校众多部门，主要有体育教学部、设备处、教务处、财务处、人事处、学生处等。相关部门要围绕学校既定的大学生体质健康发展目标，在管理服务范围内做到任务明确、责任到人。要在人、财、物各方面给予监控工作大力的支持。遇到困难时需要相关部门密切配合、相互帮扶，共同解决困难。有关职能部门还要建立与体质健康监控相适应的配套政策和监控机制，使相关部门在工作中明确各自的职责，规范各自的行为，比如监控工作中的财务管理问题、资产管理问题、网络建设问题等，使大学生体质健康监控工作的开展能够顺利、及时和有效。

第四，体育教学部门。大学生的体质健康是高校体育存在的根本理由。高校的体育教学部在大学生的体质健康监控过程中，起到了非常重要的作用。一方面，由于目前的大学体育课基本上都是学生自主选课，因此学生可以通过选修自己喜欢的项目来锻炼身体，提高了其参与锻炼的积极性和主动性。另一方面，通过体质健康监测的信息反馈，体育教师可以根据学生的健康状况，有的放矢地选择一些针对性强的练习来提高学生的身体素质。最后，课内外体育教学一体化要求学生在参加体育课学习的同时，必须参加相应的课外体育活动。由体育教学部组织的各类课外活动可以与体质健康管理部门实施的体质健康干预活动相结合，充分发挥体育教师和学生体育社团的作用，结合高校各级阳光体育运动的开展，把大学生的体质健康促进工作推向更高的层次。

第五，院系分管部门。各院系分管体育工作和学生工作的领导，要关心学生的体质健康状况，要根据校体质健康管理部门给出的体质健康公告制定各院系的学生体质健康促进方案。对学生的日常管理工作，各院系都设有专门的部门，即院系辅导员办公室，通常由辅导员负责开展相关工作。在体质健康监控过程中，辅导员要协助学校体质健康管理部门，组织学生参与年度体质健康测试，对一些《标准》测试不合格的学生，要组织他们进行体质健康诊断，在体育老师或健康管理人员的指导下，积极、主动地参与健康干预活动。对一些态度不认真、在监测过程中有不当行为的学生要给予批评和教育，让他们认识到监测的重要性并认真参与其中。另外，院系还要严格按照《标准》制定学生的评优、评奖标准，使大学生中的先进和优秀人才能够名副其实。

总之，在高校内部的监控中，体质健康管理部门、相关职能部门、体育教学部门、院系分管部门等应在分管校长的领导下，各司其职，有计划、有组织、有保障、全方位地实施《标准》。在大学生体质健康监控中，体质健康管理部门要及时提供大学生体质健康的相关信息，体育教学部要通过课内外的教学活动对学生体质健康进行有效干预，院系分管部门要积极配合体质健康管理部门和体育教学部门组织学生参与体质监测和干预活动，相关职能部门要在经费、仪器设备、人员配置、医务监督、后勤保障等方面给予大力支持。各部门虽然各有不同的管理范围和责任，但它们之间有相互依存相互影响的关系，它们之间只有密切配合、相互支持与协调，才能获得最佳的监控效果。

2. 大学生体质健康监控机制存在的问题

《标准》的实施是大学生体质健康监控的主要依据，可以为体质政策的制定和高校体育教学改革提供有效的借鉴。当前，全国学生体质健康工作的开展情况正在日益受到政府、社会和学校领导的关注，但是对大学生体质健康的监控仅仅体现在《标准》的测试方面，对后续的评价、反馈和干预尚未引起足够重视。通过大学生体质健康监测和高校实施《标准》的情况，我们看到大学生体质健康监控的不力以及监控机制中存在的种种问题。

（1）监控体系不完善、组织职能不明确。

①监控体系设置不完善。

监控组织机构的建立是构建完善监控体系的基础。以上海市为例，当前上海学生的体质健康管理归属于上海市教委，由分管副主任担任《标准》实施的领导小组组长，具体由市教委体、卫、艺科处负责全市各级学校《标准》实施的指导、监督和检查工作。而市教委属下的上海市学生体质健康监测中心则是负责全市大中小学的体质健康监测管理工作。从监测中心的机构设置来看，共设置了10个区县监测站专门负责中小学的监测管理工作，针对高校并未设置专门的管理部门或区域监测站。相对中小学而言，对高校的监测管理机构设置不够完善。

作为高校外部监控的客体，各大高校的体质健康管理部门同时又是学校内部监控测试人员及教师的主体。然而，多数高校尚未建立“体质健康测试中心”或“体质健康指导中心”；所有学校都是以体育部为主完成《标准》测试和数据上报工作，仅少数高校的校教务部门和校医务室参与了测试的组织、检查与监督工作，绝大多数学校的心理健康中心没有在此工作中发挥积极的作用。可见，高校的内部的监测、检查机构还不够健全。目前的体质测试工作大都由学校体育部负责完成，大部分学校尚未建立由体育部、教务处、校医务室、学生处、心理健康中心等共同组成的体质健康管理部门。

体质健康管理人员既是校内监控的客体，接受学校主管领导的监控，又是监控学生的主体，是整个监控体系中必不可少的一分子。他们除了需要很强的专业知识外，还需要很强的仪器操作、信息处理、组织能力以及敬业精神。然而，高校的主要管理人员中只有少数是专职人员，参加过市级以上测试培训的专职人员就更少。另外，在测试时间和人员安排方面，大部分高校是课内以教师为主、学生辅助测试；只有个别学校以实验人员为主、教师辅助测试；也有学校由专门人员负责组织学生

志愿者，在课余时间对学生进行测试。可见，高校《标准》实施的主要管理人员专业性不够，测试人员队伍流动性强，如何改善主管人员的配备是完善监控体系必须考虑的问题。

②监控组织职能不明确。

依据《标准》实施的相关规定，市教委应当仁不让地担负起指导、监督和检查全市各级学校《标准》实施的相关工作。而市学生体质健康监测中心应在教委领导下，充分汇聚教、体、卫等领域的人才，围绕各级教育行政管理部门和学校提高学生体质健康水平的要求，开展青少年体质健康测试和监测的培训、测试、督查、指导、评价和专题研究等相关服务工作。各高校的体质健康管理部门应该发挥学校体育部、心理健康中心、医务室和其他相关部门的资源优势，组建专业的监测人员队伍，在分析测试数据的基础上进行客观评价，为学生提供健康咨询、制订运动处方，指导学生进行科学有效地锻炼，有计划地实施监控，创造性地开展学生体质健康研究工作。

然而随着高校实施《标准》的进一步深入，市教委作为大学生体质健康的监控主体，监控意识淡薄。多年来的监控体系构建中始终没有在监测中心内针对大学生体质健康的监控设立专门部门，也没有赋予监测中心相应的职权。近几年市学生体质健康监测中心的工作重心偏向了中小学生，对高校《标准》执行情况的监督、检查和评比工作远不及对中小学那般重视。针对全市大学生的《标准》抽样监测活动组织次数很少，而组织的大学生体质调研也是依托高校的《标准》测试上报数据。市教委层面对大学生体质健康的监控力度严重不足。

另外，由于一些教育部直属高校并非隶属于市教委管理，相关体质健康监控工作的开展多少会受到影响，各高校均不同程度地实施了《标准》，但就执行力度而言并未达到要求。就拿高校体质健康测试人员的培训来说，应该是高校体质健康管理部门的职责之一，然而很少有高校会有计划地定期组织测试人员培训；有的高校甚至从未组织过培训，测试人员主要通过相关学习手册自学。大部分内部监控组织的职能不明确，工作只停留在《标准》测试的执行上。

可见，由于政府层面监控责任体系的构建尚未完善，加上监控过程中各种主客观因素的影响，目前尚未形成合理的大学生体质健康监控体系，政府监控与高校内部的监控没有形成有机的整体，监控组织的职权有待于进一步明确。

（2）监控管理运行缺乏科学性和系统性。

①监测工具标准未统一。

良好的测试设备和场地条件是《标准》实施能够顺利进行的物质保障。目前，高校在测试场地和测试仪器设备上都能得到基本保证，但政府相关部门对学生体质健康监测的仪器并未像国民体质监测那样采用规定器材。很多学生、教师和测试的专职人员对高校的测试器材使用情况的满意程度不是很高，问及原因主要是仪器设备的耐用性差、稳定性低和准确性差。可见，各高校自己招标购买的测试仪器，虽然都是被相关认证机构认证为合格的产品，但在使用过程中还是不断地出现质量问题。这与来自不同生产厂家的测试仪器质量良莠不齐有关，也与测试仪器的合理使用、管理、维修保养有一定关系。这一现象也从侧面反映了政府对大学生体质健康基础工作缺乏基本的指导和把关，测试仪器的质量标准不统一直接导致了数据采集的不准确，不能为体质健康的监控提供科学的依据。因此要尽快建立测试仪器准入制度，统一仪器的质量标准，规范仪器的生产和销售。

②上报数据不真实。

目前，各高校均采用自测自报的方式，于每年 9 月 1 日到 12 月 31 日之间由各高校自己组织学生测试，然后用教育部提供的上报软件将数据分别上报到市学生体质健康监测中心和国家学生体质健康标准数据管理中心。虽然高校的《标准》测试上报率明显上升，然而上报数据的真实性一直无法验证，抽样监测数据和上报数据之间存在比较明显的差距。这也说明了上报数据的真实性有待提高。

③评价反馈不及时。

在校内监控方面，体质健康监测的运作过程中，对结果的评价和信息的反馈是后续对学生体质健康进行干预的基础。多数高校在实施《标准》过程中实际完成的主要工作是完成体质健康测试任务并上报测试数据。其中，有近半的高校对学生的体质健康状况进行评价分析，通过建立了网站信息系统，保存学生体质健康档案，学生可以在测试后通过网络及时了解自己的体质健康测试结果。大部分网站系统都具有对体质健康测试数据的分析功能，但是，只有少数的学校体质健康管理部门能够将测试数据的详细分析报告公布给学校的教务部门、各院系部门、学生个人等，问及原因，则是测试成绩太差，公布了怕影响学校的声誉和学院的评优评先进等工作。一些高校为完成数据上报而组织测试，缺少严密的组织来开展自身的检查与监控，因此不能如实地反映学生的体能水平，确保测试数据的真实性和有效性，加上对测试结果缺乏科学的评价，很容易造成信息反馈的不及时和不到位。

在校外监控中，市学生体质健康监测中心针对高校所做的工作也只是在每年年底督促大家完成测试数据的上报任务，大学生体质健康监测的缺失足以说明市教委对各大高校体质健康的日常管理工作的检查和监督的忽视。由于在监测管理上并未采取积极有效的数据验证手段，因此，市学生体质健康监测中心无法对高校的测试上报数据给予客观评价，并依据数据统计提供大学生人群的体质健康横向参考标准(比如百分位等级评价的反馈)，帮助学生树立目标，科学地、针对性地指导学生进行锻炼。

④指导干预不给力。

体质健康监控应该是各个环节有秩序地紧密结合的系统化工作流程。学校的体质健康管理部门应根据《标准》的相关规定，利用体育教学课、学生课外体育活动等环节组织学生进行《标准》的测试，采集学生的体质健康测试数据并对其进行科学分析，再将结果及时反馈给各级主管部门，使主管部门能够通过行政手段对教学工作进行改革，更好地开展学校体育工作。很少有高校能针对体质健康测试结果，为学生提供针对性的积极干预处方；能够结合测试结果利用体育教学课和课外活动指导干预学生的体质健康促进活动的也只有一少部分学校。可以说，大部分高校对测试结果尚未引起足够重视，反馈和干预不够，《标准》的实施管理流于形式，缺乏系统化。另外，校外监控也存在严重不足。例如，市教委针对抽样监测的结果并未完全公布，对监测过程中发现的问题也并没有做进一步地深入分析，也没有针对学生体质方面存在的问题出台相应的干预措施。

总而言之，大学生体质健康监控是对高校体质健康工作的全方位监督和控制，监控管理运作必须极具科学化和系统化。其中，政府对高校体质健康的监控管理无论是对《标准》实施的过程进行监控，还是对《标准》实施的实效性进行监控，都是十分重要、必不可少的。然而，最近几年由于《标准》的监测量大面广、人力财力有限、对高校的体质健康工作缺少抓手等原因，市教委没有下大力气对高校学生的体质健康工作进行监控，使高校的《标准》实施工作极不规范，学生体质健康管理得不到上级部门的科学指导，严重影响了大学生体质健康的促进。

（3）监控缺乏操作性强的制度保障。

①《标准》实施的监控制度不健全。

大学生体质健康监控需要制定一些实体性和程序性的制度，来引导、控制和规范监控组织和人员的行为。大学生体质健康监控制度建设是建立和完善监控机制的前提，监控主体的职能只有在相关制度规定的范围内，以一定的方式和程序来实现，才能保障其有效性和规范性。《标准》的实施作为学生体质健康监控的主要手段之一，必须根据《标准》的实施办法，在实施过程中应制定相应的规章制度。很多学校实施《标准》的各项制度建设不够全面或者几乎没有与此相关的制度建设。部分高校虽然建立了测试管理制度、结果公告制度等，但在实施过程中未能严格按照规定执行，对一些无故不参加测试的学生没有处理措施；部分高校怕影响测试合格率，只上报了部分较好的数据，或对数据进行处理后再上报；大部分高校未能根据《标准》规定的各项办法充分实施《标准》。由此可见，高校在实施《标准》方面的制度建设十分缺乏，对《标准》执行情况的监督、检查和评比需要加强，需要全力以赴加快步伐进行《标准》实施的制度化建设。

②监控缺乏操作性强的检查制度。

目前，有些省市监测中心既没有专门设立针对高校的管理部门，也没有针对高校的体质健康监控制度，其对高校的体质健康管理工作处于失控状态。由于体系建设和制度建设同时遭受忽视，目前多数省市实施大学生体质健康监控所必需的监控标准及具体实施细则尚未明确，对监控过程中的违规行为难以给予及时评判和纠正。由此造成了对高校《标准》执行情况的检查监督严重不足，加上高校内部各相关部门之间缺乏协调配合和整体运作，体质健康监控服务于学生的意识淡薄，导致了一些高校对体质健康干预政策的执行力越来越弱。例如多数高校都将监测工作纳入了学校体育工作计划，也建立了网站信息系统，对体质健康测试数据进行分析，但只有少数的学校愿意根据学校自身条件尝试为学生开设运动处方，提供针对性的指导服务。

就大学生体质健康监控而言，要针对高校体质健康管理内容，从组织建设、制度文件管理、数据分析与评价报告、网络化平台建设、学生体质健康素质与指导干预等方面着手制定相关的监控制度，才能确保监控机制的各要素之间能够协调发挥作用。目前，以上海市为例，上海大学生体质健康工作的开展过程中，各级体质健康管理部门虽已建立推行了《标准》测试制度、监测培训制度、《标准》测试报告书制度、公告制度和新生入学体质健康测试制度等，但对高校学生体质健康工作的监控缺乏操作性强的检查制度、专业人员上岗制度、监测仪器准入制度等，对监控中的责任约束与激励机制建设不够重视，因此，要推进高校体质健康工作走上科学化、规范化道路，就要充分发挥学校领导、专家的作用，依靠政府、高校的力量加强体质健康监控的相关制度建设。

（4）体质政策的执行力不足、效果欠佳。

①体质政策执行力不足。

学生体质健康的监控离不开学校体育。我国先后颁布了《国家体育锻炼标准》《中学生体育合格标准》《大学生体育合格标准》《国家学生体质健康标准》，以此督促和指导学生积极参加体育锻炼。1979 年至今，国家通过学生体质健康测试体系，已完成了多次大规模的全国学生体质与健康监测活动，针对各种问题先后出台了“大课间活动”“学生饮用奶试点与推广工程”“中考体育”“全国亿万学生阳光体育运动”和“创建健康促进学校活动”等学校体育政策，对学校体育和青少年的体质健康进行宏观干预。

就《标准》而言，它是监测、评价学生体质健康状况的主要标准，高校应该将学生的体质健康状况与学生的体育成绩和参与课外活动的情况一起作为学生综合素质评价体系的指标，同时，将学生的体质健康状况数据写进学生的学籍，作为毕业、升学的重要依据。当前，按教育部要求将学生《标准》测试成绩与学生体育课成绩挂钩的高校较多，与学生评奖评优挂钩和与学生毕业学位挂钩的较少，没有一个学

校按要求将测试成绩与免试直升研究生挂钩，还有的学校甚至未与以上任何内容进行挂钩。究其原因，一些高校的领导怕影响毕业率和就业率，加上上级部门对高校的《标准》执行情况几乎没有督查和监管，所以采取“部分挂钩”的形式，大大降低了《标准》的执行力度。

②高校实施《标准》的效果欠佳。

学生的体质健康水平及体育锻炼积极性是否提高是检验学校《标准》实施效果的有力依据。当前只有少数学生认为《标准》的实施对大学生体质健康水平的提高和对大学生体育锻炼积极性的提高有作用，可见，高校通过实施《标准》来监控大学生体质健康的效果并不十分理想。这与《标准》的执行力度、奖惩制度以及评价、反馈、干预机制等都有密切联系。

（5）认识不足、监控组织缺乏内在动力。

①认识不足、重视程度低。

当今的学校体育教育中，“健康第一”指导思想的落实、中央 7 号文件精神的贯彻是不变的准绳，要给予学生体质健康工作足够的重视。各级学校的《标准》组织实施应在校长领导下进行，应充分发挥学校体育部、心理健康中心、医务室和其他相关部门的资源优势，组建专业的测试人员队伍，为提高学生体质健康水平服务。当前高校体质健康管理人员多数认为高校领导比较重视《标准》的实施，但重视度较高的内容主要是“测试的安全性”和“《标准》的合格率”，对“人员配备”的重视程度最低，其次是“仪器配备”和“制度建设”。

另外，学生作为被监控的客体，他们对待《标准》实施的态度同样也会影响到监控的质量，很多学生对待测试的重视程度是“一般”或“较低”，主要原因主要是“不够关心自身的体质健康状况”和“测试成绩尚未与毕业、评优等挂钩”，故未引起足够重视，出现了学生在测试过程中态度不认真、测试项目不全、漏测率偏高、对测试结果漠不关心等现象。由此可见，无论是高校领导还是学生本身，对体质健康监控的认识程度以及对实施《标准》的重视程度均有待进一步提高。

②监控组织缺乏内在动力。

加强监测网络建设、开展体质健康监测工作、建构体质健康监控体系是教育行政部门对学校体育卫生工作进行科学决策、管理与评价的一项基础工作，是调动社会各界关心、支持学校体育卫生工作的重要手段。然而，就目前对大学生的体质健康监控情况看，大部分高校的领导、主管人员乃至其上级主管部门和领导都不同程度地存在着重测试轻指导干预的陈旧观念，很多高校的体质健康工作只是围绕着测试数据上报而开展。一些高学历的体质健康工作管理者在某种意义上只是一个测试员，并没有充分发挥其专业特长和自身的主观能动性服务于广大学生，体质健康监控处于一种完全被动服务的状态，且充其量只能算是体质健康监测行为。从监测管理的目标上看，上级管理部门片面追求学校的测试上报率，忽视对高校上报数据的验证。有些领导甚至认为教育部看的是上报学校的总数量，和众多中小学相比，高校的数量算不了什么，不会造成太大的影响。

正是由于对大学生体质健康监控的重要性认识不足，观念落后，多数高校目前尚未形成一套完整的体质健康监控体系，对体质健康的评价指导和干预情况的检查严重缺失。再加上监控过程中对相关部门的业绩缺乏有效的考核和监督，也没有建立相应的责任约束和奖惩制度，致使校内外的监控组织内在动力不足，体质健康工作没有做到层层落实监控，部分高校《标准》的实施出现了走过场或有令不行的情况，极大地影响了大学生体质健康工作的开展。

总而言之，监控机制注重与监控主体和客体、监控内容和程序、监控方式和手段相关的各种监控制度之间有规律的互动，是使监控制度发挥作用的各种要素的有机组合，是监控制度运转的整合方式和动态形式。从以上大学生体质健康监控现状，我们看到大学生体质健康监控机制要以监控制度为依托，同样，若没有监控机制的调节和作用，一些制度就会成为僵死的教条，难以发挥其应有的作用。由于目前大学生体质健康的监控体系构建和监控制度建设还很不完善，致使大学生体质健康监控机制至今难以健全。这也从侧面反映了政府在大学生体质健康监控中的主体性“职能”缺位，政府在外部监控的过程中，未能扮演好应有的监控主体的角色，未能履行好应尽的职责。就高校内部而言，由于缺乏上级管理部门的监控和指导干预，相关体质健康管理部门的组织建设和监控制度建设同样存在不足，实施《标准》的执行力度有待提高，体质健康监控的激励、约束机制有待进一步建立。因此，对大学生的体质健康监控当务之急是要健全监控机制，只有完善的监控机制才能确保大学生体质健康监控的力度，才能将《标准》实施的效果发挥到最佳，有效地改善大学生的体质健康水平。

3. 大学生体质健康监控机制的问题解决

大学生体质健康的监控系统庞大复杂、监控主体和客体错综复杂、监控工作量大面广且对仪器设备的精确度和人力资源的专业水平要求都非常高。针对目前在大学生体质健康监控机制中存在的主要问题，借鉴国内外的相关理论和实践经验，就进一步健全监控机制提出以下几方面的建议。

(1) 优化监控的组织体系。

国外一些先进国家的实践证明：政府政策的制定与执行对学生体质健康的监控十分有效。我国高校应根据自身情况，明确政府在组织管理中的主导和调控地位，加大对高校学生体质健康工作的重视力度，重视政府政策的制定和执行，通过建立一个统一的平台充分整合政府资源和各大高校的资源，引导民间团体和家庭积极参与其中。

①设置科学高效的组织结构。

世界上不存在适用于一切情况的完美组织结构。但是，相对于某一组织而言，在特定条件下，必定有一种更有利于提高管理效率的最佳组织结构。彼得·德鲁克认为，组织在进行组织机构设计和选择时，首先必须根据组织的实际情况和发展经营的需要而设置；其次必须是为实现组织的绩效而设置；再次要减少等级差别，采取扁平化组织机构；最后要创造高绩效组织。与组织设计密切相关的，还有三项工作：必须要做到有效配置人员；要处理好分工和协作以及分权和授权的关系；要重视沟通，确保目标一致。

目前，多数省市大学生的体质健康监控主要依托市教委属下的学生体质健康监测中心开展工作，由于中心在人力、财力和物力上受到一定的限制，致使高校无论是全市性的还是区域性的抽样监测都尚未成为常态化的工作，监控组织的工作效率极低。各省市必须建立健全的市级、区域（或大学园区）级和高校之间多层次的大学生体质健康监控组织机构，组成市教委、市大学生体质健康管理部门、区域体质监测站、学校体质健康主管部门的负责人在内的监控领导小组，明确各级监控组织机构的工作职责，在体质健康政策的制定、落实过程中，规范体质健康监控程序、加强《标准》的执行力度，提高高校体质健康工作的监管水平。

此外，随着市场经济体制的发展，由政府管理高等学校的方式正在改变，高等教育人才培养的监控出现了以政府组织为主，社会力量参与为辅的新模式。各省市对大学生体质健康的监控也可以尝试组织一些比较权威的社会机构，结合全市性和区域性的监测工作，对大学生的体质情况定时加以抽查并适时予以公布。这样就能使学校和学生感受到充分压力，重视大学生的体质健康发展，从而满足社会经济、文化飞速发展对高等教育人才培养所提出的更高要求。

②明确校内外监控的职权。

校外监控一般由市教委及其下属的市学生体质健康监测中心负责实施，其核心职权是审查各高校的体质健康管理制度及评估各高校的学生体质健康发展状况。就目前的实际情况，各高校所属市教委应拓展学生体质健康监测中心的功能，强调中心的健身指导功能，还应特别设立一个大学生体质健康管理部门，并将全市高校按区域划块，设立若干个大学生体质健康监测站。这些监测站的建立可以发挥部分高校或大学园区管委会的作用，也可以利用社会力量，让一些专业机构参与其中。这更有利于监测中心在高校层面开展《标准》的监测和健康指导干预活动。大学生体质健康管理部门隶属于学生体质健康监测中心，其主要职责是负责大学生体质健康管理具体的规划、指导、协调和组织工作，在监测中心领导下与教委有关部门协调有关事宜。高校区域监测站主要负责定期对区域内的高校学生进行抽样监测，并及时将数据上报监测中心；在监测中心的指导下定期检查高校《标准》执行的相关基础设施、制度建设和测试情况；组织各类测试培训、体适能比赛等。

对于大学生体质健康的校内监控则是由各大高校的内部相关人员共同参与，在学校主管部门领导下，协同区域监测站、学生和家长等有计划地开展体质健康监测与干预活动。首先是各大高校常设性的大学生体质健康管理部门，该机构要能够准确、广泛、连续地采集大学生体质健康的相关信息，主要职能是能够及时评价、反馈学生体质健康发展的状态信息，为体育教学、体质健康促进计划提供咨询和参谋。其次是被监控的对象，这里指的是体质健康工作管理者、体育教师、学生等，要积极认真、实事求是地对待每一次监测和指导干预工作。最后是监控者。这里要求监控者之间要相互监控，这样才能保证对监控对象做出合理公正的评价，使反馈、干预能更加迅速有效。

(2) 构建多功能的网络化监控信息平台。

学生体质健康监控的运作离不开网络化管理。目前，有些省市学生体质健康监测中心已经建立了市学生体质健康数据平台，开发了数据上报、数据分析、网络工作平台等。除此之外，监测中心还可以考虑从功能上研究和推广在学生范围内使用的健康监控系统。比如构建多功能的大学生体质健康网络监控信息平台，储存全市大学生每年《标准》测试的全部结果和评价指标，并具有按各种要求进行数据上报、统计分析、检索查询的功能以及提供应对指导、增值服务的功能。

①完善数据、信息采集与分析系统。

目前，多数省市政府相关部门对大学生体质健康的监测过程并没有采取积极有效的监控措施，大学生每年的体质健康测试数据主要由各大高校通过不同厂家的测试仪器测得，并通过网络上传给学生体质健康监测中心。因此，数据信息缺乏准确性和科学性。就政府层面的监控而言，当务之急就是要完善数据、信息采集与分析系统。

首先，从测试设备上着手建立测试仪器的准入制。借鉴国民体质监测的做法，由政府相关部门负责调研，审查并推荐优质仪器厂家，将其测试仪器作为公共服务产品推向社会。同时，由政府颁布大学生体质健康监测使用仪器的相关规定，使用统一品牌的测试仪器。必要的话可下拨健康促进专款，以政府采购形式统一支付部分或全部测试设备的费用，确保所有高校能够按规定使用相同仪器，把因设备不同造成的数据信息不准确降到最低限度。同时，通过加大对区域监测站的经费和人员投入，确保区域监测工作能够定期、顺利、高效地进行。

其次，要研制和开发大学生体质健康数据信息管理系统。配合使用统一测试仪器的相关规定，研制和开发数据采集终端技术和信息处理系统，将测试数据的采集、上传和分析功能融于一体。高校在新学年开始，将所有新生的相关信息按要求上传到管理系统，再将日常测试所得的数据文件实时通过网络上传到管理系统。高校亦

可将数据文件同步上传到自己的体育成绩管理系统，从而做到测试数据的采集和上传一步到位，有效地避免数据上传过程中出现的作假行为，避免测试上传数据量低于实际测试量的现象，确保系统能够基于学生的原始测试数据进行统计分析，实事求是地反映高校参与《标准》测试的实际情况，科学地评价大学生的体质健康水平。

②建立具有科学应对与指导服务功能的监控信息系统。

构建多功能的网络信息平台，除了提高大学生体质健康监测数据采集的准确性和科学性之外，更主要的功能还在于为政府和高校提供科学应对的依据，为大学生提供科学健身的指导。

一方面，数据信息、管理系统所设计的分析功能既可以从学生所在学校、生源地、年龄、性别、测试项目等多方位、多角度地进行统计分析；也可以按时间、学校年龄、性别、达标率等进行比较分析；甚至可以通过注册或登录端口，向高校体质健康管理者和广大学生了解体质健康工作开展的相关信息，发现大学生的健康意识、体育行为意识及生活方式中存在的问题。强大的数据信息库可以为各级政府部门制定相关体质健康政策提供决策依据，为学校制定体质健康工作计划提供方向参考，为学生提供横向比较的百分位制评价标准和纵向比较的个体评价标准。

另一方面，可以通过开辟专栏，宣传政府出台的相关体质健康政策；组织体质健康管理专家和健身指导专家，基于系统提供的测试数据信息为大学生提供体质健康评价、运动心理咨询、个性化运动健身处方开设等进行体质健康管理的指导性服务；也可以汇集医院、社区健康管理组织等社会力量，为学生提供相关体质健康管理的增值服务，比如为部分大学生提供康复保健、疾病治疗或卫生保健等方面的服务，介绍适合大学生参与的健身俱乐部健身促销活动、群众性社会体育活动信息，提供各种健身装备的功能介绍和销售指南等。利用互联网为大学生提供全方位的健身指导与信息服务。

最后，通过网络化监控平台的系统服务运行过程，建立系统服务对象之间的相互监控关系。政府体质健康促进政策的出台与实施、高校实施《标准》的情况、学生参与测试和健身锻炼的效果等，都会随着监控信息的共享和系统服务对象各自需求的改变而促进相互间的监督。由此形成通过网络平台来加强对大学生体质健康监控的局面。

(3) 建立操作性强的监控制度。

有效的监控必须要有科学严密、操作性强的监控制度，这是健全大学生体质健康机制的保证。在大学生体质健康监控系统中，体质健康的监督和干预只有在制度上被确立，才能够有效发挥监督干预的功能和作用。

①完善高校外部监控的相关制度。

从市政府、市教委对各大高校的监控层面看，必须按照《标准》实施办法，制定大学生体质健康监控的相关制度法规。把学生体质健康监测中心和各大高校的学生体质健康监控工作纳入制度和法制范畴，把大学生体质健康监控机制纳入法制化轨道，借助法规制度的强制力，形成对大学生体质健康的监督和干预法制化、制度化的格局。

第一，专业人员持证上岗制度。在美国的得克萨斯州，学校体育教师几乎都参加过 FITNESSGRAM 的相关培训，都具有进行体质测试的经验，绝大多数教师都会在测试前对测试进行介绍，让学生进行练习并在测试中鼓励学生。当前，我国高校的体质健康管理人员部分具有硕士以上学历，少数的人员参加过市级以上的专门培训，在体质监测和干预等方面的知识结构还不是很全面，需要进行专业知识的扩充和相关监控制度、健康促进政策的学习。教委应制定计划定期对高校的主要管理人员进行培训和考核，为考核合格者颁发证书。通过文件规定高校建立体质健康专业管理人员持证上岗制度，为提高大学生体质健康管理和监控的水平提供制度保障。

第二，定期监督检查制度。建立对高校体质健康工作的定期监督检查制度。可以结合相关高校体育教育工作评估，每 4 年进行一次，主要审查体质健康监测的基础设施建设、《标准》实施细则和测试的各项规章制度、测试结果公告制度等。学校通过自评和专家组的评估审查，总结学生体质健康管理工作中做得好的方面和有待改进的方面。在审查评估的要求中，一方面可以借鉴国民体质监测的经验，对仪器设备提出统一要求，由市教委统一实行测试仪器的准入制，以此来保证测试数据采集的相对统一。另一方面可以制定细则，对各校《标准》测试的数据上报率、合格率以及《标准》测试结果的运用等加以特别强调，并将其作为评估学校教学质量的依据之一。提醒高校领导要重视对学生体质健康工作的关注，依据教育部的要求加强《标准》实施的执行力度，引导学生关爱生命、关注健康，增强健身意识、积极参与锻炼。

第三，建立常态化的区域评价和信息反馈制度。基于网络化的监控信息平台，可以在整合大学生体质健康监控信息，实现政府相关部门和各高校监测中心之间的整体运作和统一管理的同时，为广大学生提供多渠道、多层次、全方位的科学评价和及时的信息反馈。各高校的体质健康测试中心又好比国民体质监测中普及性的监测点，要对其实现常态化的区域评价和信息反馈，就要求建立区域监测站对各监测点的日常管理工作进行抽查，通过定期审查评估各大高校测试中心的管理工作，结合区域性年度《标准》监测活动，收集和整理信息。然后从基础设施建设、测试制度建设、《标准》执行力度及实施效果等方面给出综合评估报告，包括对评价结果的反馈、总结和完善的建议等。实现区域评价和反馈的常态化，便于实现监控信息的上传下达，使政府层面能够及时出台体质健康干预政策或措施。

②建立高校内部监控的相关制度和规定。

从各大高校内部监控层面看，必须把建立健全大学生体质健康监控制度作为重中之重。内部监控制度的检查和完善是与制度的执行分不开的，制度执行本身就是检查过程、反馈过程和修正过程。因此，高校可以在上级部门的监督下，运行两种审查制度：定期审查与公告制度和年度审查与公告制度，并在此基础上建立校内监控的评价反馈和干预机制。

第一，定期审查与公告制度。定期审查与公告可与省市层面的相关高校体育教育评估工作或大学生体质健康定期检查工作联系在一起，也可根据区域高校体质健康监测站的相关监控工作开展高校体质健康的自我评估。学校要成立以校领导为组长的体质健康工作审查小组。定期审查是对学校体质健康测试的基础设施、管理制度、《标准》实施细则、近几年的《标准》实施情况和年度审查报告等作一次详细的检查，同样还包括学生反馈的一些问题等。审查结束形成的自评报告以及上级审查评估人员给出的报告要一并公告全校师生。定期审查与公告制度有利于发现学校体质健康管理工作中的闪光点和不足之处；可以帮助学校相关部门在制定今后的体质健康工作计划时扬长避短；可以动员全体教师和学生的力量，引导他们从自身做起，从体育教学、运动训练和课外群体活动等方面积极开展学生体质健康监控工作。

第二，年度审查与公告制度。年度审查主要是基于《标准》的测试情况，分别对新生体质健康状况、毕业生体质健康发展状况和全校学生的体质健康测试情况进行审查，由学校审查小组分析情况并写出审查报告。新生体质健康状况审查报告着重分析学生在身体形态、生理机能和身体素质等方面的水平，通过问卷了解学生的生活方式和体育锻炼行为习惯等，为以后的健康教育工作提出建议。毕业生体质健康发展审查报告则着重分析学生四年来的体质健康发展状况，了解学校体育教学、课外群体活动的开展以及健康教育等对学生体质健康水平的影响。全校学生的体质健康测试审查报告则主要从全校、年级、各学院的角度去分析学生参加《标准》测试的总体参与率、合格率、优良率等，并根据每个测试项目再进行仔细分析，以便学校相关部门以及各学院了解学生参测的情况；再者根据校内外相关专家的评议意见和建议，对学校实施《标准》的过程、体育课程和课外群体活动的开展、新生的体质健康发展战略、学校和院系的资源缺乏情况以及对未来发展的需求等，提出符合学校实际情况的发展要求。

第三，确立校内的评价反馈及干预机制。高校内部监控是大学生体质健康监控体系中最基础的环节。目前，大部分高校对实施《标准》的过程管理还不够重视，在体质健康监测评价、信息反馈和指导干预方面做得还很不到位。高校应将制定体质健康评价监控反馈制度放在重要位置，将体质健康工作与学校日常体育卫生工作紧密结合，充分发挥体育教学部、教务处、医务室、学生工作部、各院系部门以及其他相关部门的人力资源，采取有力措施确保制度的顺利执行，使评价结果和监控信息及时向教师和学生反馈。比如根据年度审查公告的结果，通过体育教学的改革、课外阳光体育活动的开展、学生体育社团的建设等措施，有计划、有目的地实施体质健康干预和健身指导，从而达到有效的监控。可以说，完善对大学生体质健康监控的过程管理，提高校内体质健康监测评价和信息反馈的实效性，对提高高校体质健康管理者、体育教师和大学生的健康管理意识，改善大学生的体质健康水平，提高高等教育人才培养质量等都具有重要的现实意义。

（4）强化监控组织的内在动力机制。

①全面提高监控人员的道德素养。

大学生体质健康监控工作最终是要依靠监控人员来完成的，监控组织能否有效地实施监控，很大程度上还是取决于高校内外各级监控人员的主观能动性，这种主观能动性与监控人员的道德素养及其对监控重要性的认识程度密切相关。高校所属市各级监控人员从市教委相关学生体质健康监控部门的领导、市级监控组织负责人和监控成员，到各高校领导、相关监控部门责任人、监控教师等，其道德水平的高低决定了他们对待体质健康监控的公平心、责任心以及敬业精神。具有较高道德修养且对体质健康监控的重要性认识程度较高的监控人员，才能发挥道德对监控权力的制约作用。

因此，我们可以利用各种渠道向各级监控人员宣传大学生体质健康监控的重要性，提高其重视程度；可以通过在各级监控人员中进行马克思主义权力观教育，使其明确权力与责任的关系，树立正确的价值观和权力观；可以借助先进和典范的作用，弘扬奉献精神和敬业精神。通过加强监控人员的道德自律教育，形成内在的道德约束机制，使监控人员即便在监控制度缺失、监控力量不足的情形之下，也能充分发挥自身的主观能动性，自愿并自觉地开展大学生体质健康监控活动。

②建立责任约束与激励机制。

责任约束和激励机制的建立，可以提高监控组织和人员的内在动力，加强大学生体质健康监控的效果，还能有效地发挥体质健康促进中相关制度的导向性。建立大学生体质健康监控的责任约束和激励机制，可从以下两个方面进行：

第一，明确监控的责任。这主要是指建立各级体质健康监控组织的责任追究制，规范约束其监控行为和监控过程。比如，大学生《标准》抽样监测应该是检查高校学生体质健康水平的常规化手段，监测工作不到位应该追究相关监控组织负责人的责任。又如，在体质健康促进的工作中，政府相关部门与高校要就相关健康促进工程的专款使用签订协议书，明确双方的职责，后续专款的下拨要与高校落实相关体质健康政策的评估结果和实施《标准》的效果紧密结合。监控责任制的建立可以督

促政府相关部门和高校在人力、财力、物力等各方面支持大学生体质健康监控工作，保证学生体质健康的“监测—评价反馈—干预指导”这一循环过程能够循序渐进。同时也可以督促高校内部建立约束机制，通过制定相关的规章制度来约束规范体质健康监控人员（其中包括校领导、相关部门负责人、体质健康管理员及体育教师）甚至学生的行为，促使管理者的监控管理行为、教师的教学指导行为和学生的学习健身行为能够向既定的健康人才的培养目标靠拢，使高校的体质健康管理工作能实现有法可依，有章可循。

第二，建立相应的激励机制。在运用责任约束机制规范和约束各级高校内外学生体质健康监控者的监控行为的同时，还要结合运用相应的激励机制使其共同发挥作用。通过政府层面的激励制度，发挥典型事例的教育作用，调动各大高校参与健康促进工程的积极性和主动性。对高校而言，政府层面给予的肯定和激励，是对高校体质健康管理工作和人才培养质量的肯定，从一定程度上可以促使高校管理者更注重对学生体质健康的监控工作。对政府相关部门的体质健康监测管理工作者和高校内部的健康管理人员及体育教师来说，激励机制既可以在物质上给予优秀工作者辛勤劳动的补偿和肯定，又可以在精神上得到关怀，从而更加激发他们从事体质健康管理和研究工作的热情。比如，通过开展争先创优活动，依据体质健康监控的组织指导情况、实施干预研究的成果等进行评先选优，并将体质健康管理者和体育教师的获奖情况与职称晋升、工资收入等挂钩。在学生中可以开展各类健身达标的评比活动，对阳光体育活动参与率高、《标准》测试组织得好、测试合格率和优良率高的班级集体以及表现突出的学生进行表彰和奖励，对积极参与体质健康干预活动并在《标准》测试中成绩提高显著的学生进行奖励，并将其作为奖学金、助学金和优秀毕业生等评比的参考依据，提高学生参与健身锻炼的积极性和主动性。

总之，建立体质健康监控的责任约束和激励机制，可以在规范高校学生的体质健康管理和监控工作的同时奖勤罚懒，遏制推卸责任、编造数据、敷衍行事、消极对待测试的现象进一步衍生。在表彰奖励优秀监控工作者和集体的同时，给表现落后的监控组织、监控人员一些压力，教育他们重视大学生的体质健康问题，督促他们认真地投入到大学生体质健康的管理和监控工作中去，形成对大学生体质健康监控工作齐抓共管的局面。

（5）加强政策干预和落实。

世界上一些国家或地区政府在针对青少年的健康促进行动中，通过制定相关的公共政策，提供政治和财政帮助来支持学校，为他们在实践中实现健康策略的转变提供强大的推动力。我国的高校开展学生体质健康管理的相关研究表明：有80%的专家认为开展健康管理的关键就在于要有长期的、循环的健康监控，并根据学生的体质状况不断改进地高速健康计划。2007年至今，各市政府、市教委根据中共中央

7号文件的精神，积极响应2006年教育部的决定，配合《标准》的全面实施大力开展学生的阳光体育活动。然而，针对高校开展阳光体育活动的情况，或其他一些体质健康促进政策实施的情况，政府相关部门依然缺乏相应的措施来加强或完善政策的落实和监管。这尤其引起相关部门的重视。

①加强政府政策干预，加大监管力度。

在大学生体质健康监控中，政府制定法规政策可以起到间接调控的作用，而市教委作为管理主体依托政府的权力可进行直接调控。无论是间接或直接调控，在调控的手段上可以采用行政手段、法律手段或经济手段等。目前，阳光体育运动的“主体是大中小学生，其外延不仅指向校内、课内，而且指向社区、家庭和其他团体与部门”。但目前高校的体质健康工作主要是以完成体质测试和数据上报为主，对学生体质发展过程中的问题不能及时给予科学的指导和有效的干预，很多工作只是为了应付和执行上级部门下达的任务，大学生的体质健康缺乏全社会共同参与的有效的管理体系与监控机制。在对大学生的体质健康监控中，政府相关部门应依据省市学生体质监测中心、各大高校体质健康监测中心提供的数据和信息，全面掌握大学生的体质健康发展状况，制定并出台相应的体质健康干预政策。比如，针对高校执行《标准》力度不足的情况，采用政府行政干预手段统一高校全面实施《标准》的尺度，把体质健康素质作为评价大学生全面发展的重要指标，把大学生的体质健康测试报告书纳入档案，作为大学毕业或考研的重要依据；还要制定相关政策完善高校招生的体育考试制度，要对自主招生的录取对象和保送生进行体质测试，《标准》测试达到“良好”以上的考生方能被录取。总之，加大对高校学生体质健康工作的管理力度，要通过拓宽社会宣传渠道，加大宣传力度，来提高高校领导、体质健康管理者的意识；要通过政策干预，深化体质健康监控的内容，提高监督能力，来建立健全大学生体质健康监控的长效机制。

②确保政策落实，营造良好的校园健身氛围。

配合政府部门出台的相关政策法规，高校要做好政策落实工作，动员学校相关部门讨论制定相关措施，做好为学生服务的工作，营造良好的体育锻炼氛围，为培养学生的终身体育观念奠定基础。

首先，学校要通过体育教育让广大教师和学生了解《标准》实施的意义和目的，了解《标准》实施开展的具体过程，以便教师能够更好地投入到体质健康测试、管理、监控等工作中，学生能够更好地增进参与锻炼的兴趣培养。

其次，高校要提高利用监测数据的能力，通过开展相关的科学研究，探讨积极有效地健康干预措施和手段，多途径、多层面地教育、引导大学生参与体育锻炼，加强学生参与锻炼的主动性，逐步培养并牢固树立终身体育的观念。同时结合网络化的体质健康管理系统为学生提供个性化的运动健身处方，结合体育教学改革和组

织丰富多彩的课外体育活动，针对性地进行多层次、有特色的教学和辅导，为学生营造一个能够展示自我锻炼能力的平台。

最后，高校要依据高等学校体育工作管理条例，加大投入改善学校体育场馆、设施和器材的配备和管理。通过改善高校体育教学和锻炼的环境，营造良好的体育健身氛围，创造条件和机会让更多的大学生参与到体育活动中去。最终以改善学生的体质健康水平为目的，使大学生的体质健康状况朝着政府、高校、社会、家庭和学生本人所期望的方向发展。

(三) 大学生体质健康的保障机制

大学生的体质健康的促进需要建立一定的保障体系与保障机制，这样科学的体系与机制的建立，使得体质健康保障的具体实施有章可循，不会偏离正确的方向，收效显著。

1. 大学生体质健康的保障体系

(1) 体质健康保障体系。

构建大学生体质健康保障体系是推动个体积极参与到体育活动中去，充分认识体质健康的重要性，使大学生的体质健康状况不断进步、体质水平维持在一个较好的水平阶段的结构保障体系。目前，我国在大学生体质健康保障体系方面构建的研究刚刚起步，落后于日本和欧洲各国家，各高校虽然积极响应国家号召，但对大学生体质健康保障体系构建的相关概念的界定尚未见报道。现阶段我国大学生对体质健康保障体系的需求度较大，实施体育锻炼的专业化指导和体育场地设施开放性营业，让私人非营利的组织、公司参与到增强大学生体质健康教育中来，是实现保障体系构建的必然选择。

(2) 大学生体质健康保障体系特征与功能。

大学生体质健康保障体系与我国现有的体质促进策略、办法和相关责任体系相比，主要有以下特征：

①整体性。

所谓整体性不仅仅是指高校大学生从一年级入学第一次体质测试到四年最后一次体质测试的全部测试数据，还包括整个体质测试过程的完整性。从积极调动体育部门教职员工和全体学生参与到体质测试的各环节开始，进行全面、系统且有重点的保障工作，即内部身为第一责任主体的学生的自我保障工作和外部保障，包括学校及社会相关部门团体的协同保护工作。从而使学校能够从整体上对大学生体质健康状况进行规划和监控以保证其不断提高保持优良。该保障体系的构建和有效运行保障了大学生的体质健康，在很大程度上标志着学生体质保障工作进入到相对独立、完整、系统的工作状态，体现了学生体质工作的制度化。

②适应性。

大学生体质健康保障体系的适应性应包括内部适应性和外部适应性。

第一，内部适应性。内部适应性既要满足学生自身体质需求又要满足学校和教育部门的管理和监控需求。一方面，学生自体质测试结束后，根据体测得分情况结合自身需求对自身体质健康状况进行一系列的改善活动，每个同学的体质健康状况不同，进行自我改善所需用不同的手段、方法来进行一系列的改善，以增进自己对自身体质健康的满意度；另一方面，学校整体方面也可根据本学校学生体质健康整体特点，结合学校政策方针，建设有本学校特点的大学生体质健康保障体系。大学生体质健康保障体系只有做到学生和学校的适应性，才能算得上一个好的、创新的保障体系。

第二，外部适应性。学校在建立保障体系时，信息系统不仅要向学生开放，使学生了解相关规定和自身及大学生整体的体质健康状况，同时也应向社会公开相关信息引起社会对大学生体质健康的关注，以便于校内外开展合作，使社会上的先进经验走进学校体育工作，从而使大学生受益。该体系的构建应具有一定的交流和沟通功能，能够使大学生的体质健康状况得到一个更明显的提升。

③主动性。

普通高校对大学生体质健康状况监控，行使的不仅仅是一项权利，也是学校责任的体现。高校建立学生体质健康保障体系，把提升大学生体质健康工作放在学校体育工作的首要任务，使学校主动权在保障体系构建的运行过程中很好地体现出来，主动在学生体质健康领域进行理论构建，主动进行信息沟通，主动寻求社会帮助和支持，主动研究适合自己的保障体系，主动寻求学生体质健康保障体系中存在的问题，并主动对保障制度进行修正，从而促进保障体系的不断完善，更好地为学生、学校和社会服务。

（3）当前大学生体质健康保障体系可能面临的问题。

大学生承载着社会寄予他们的期望，他们的健康成长关系着国家和社会的重要使命和责任。他们的体质健康情况便是关键问题之一，构建大学生体质健康保障体系是未来社会发展的形势所趋。以山东省为例，在各种政策和规定的相继颁布和实施后，山东省又下达了《体质测试和落实学校体育三个办法有关工作安排的通知》，并建立监测平台跟踪学生体质等一系列措施和办法。尽管政府对大学生体质健康给予了高度的重视，但是面对不断下降的现状及大学生体质健康保障的需求方面相比，提供的相关政策服务还不够，政策扶持大学生的受益范围，水平和平等性有待提高。与发达国家相比，在我国大学生体质健康保障体系的构建过程中还存在着诸多待解决问题。

①体育意识、观念落后。

学校、家庭及社会方面对体育观念重视程度不足、认识相对落后。一方面，普

通高校对大学生体质健康保障方面相关的研究相对较少，体质健康保障相关的理论知识几乎是一片空白，想要通过收集、归纳、整理然后直接利用的资源较少。在此基础上，建立一个完善的体质健康保障体系并有所成效，是一件较为困难的事情。其次，在传统家庭观念中人们对体育健身活动促进体质健康的认识不够深入。在人们的传统观念中，体育通常作为休闲娱乐的一种消遣活动，而在大学生活中更是可有可无的。他们通常认为大学生应以学习相应的文化知识，获得实践经验和技能为主，这一错误观念延续至今。从义务教育阶段初起，体育就作为辅助科目，其存在的重要性没有得到正确认识，体育的功能也没有得到充分的发挥，虽然近几年在中学体育中，体育在中考和高考中逐步占据相应的比重，体育中关于学生体质健康的问题及如何提高体育成绩的问题，应对体育中、高考的问题也逐渐被提上日程，但是，人们对体育认识的传统观念已深入人心，想要改变在家庭和社会中人们对体育功能的认识还需要很长的时间。除了学校和家庭方面面临的种种难题，社会方面也面对同样的问题。校内体育场馆对校外人员的开放或者是一个社会团体欲进入学校必定会对学生的锻炼方式引起很大的改变。社会团体的干预虽然对大学生体质健康状况有着一定的改善作用，如提供了较好的健身环境、专业的健身指导、多种健身器材和项目以及带来了种种先进的理念等等。但是学校对在校生和社会人员的管理方面的难度和任务量加大，相应的收费也会在一定程度上增加学生的生活负担。

②体质测试后续服务不到位。

目前，普通高校积极响应国家号召，均能按照国家和省教育厅的规定每年按时积极组织大学生进行体质测试并上报最新测试数据，但往往实施体质测试之后的相关后续服务往往被忽视。据不完全了解，大部分高校针对体质测试不合格学生均采用“补测”制度，即针对测试不合格的学生和漏测项目的同学，发放通知并组织时间重新进行补测，力求在测试后针对不合格项目进行专项练习，从而获得合格成绩。这一举措对体质测试不合格的学生来说具有较大的驱动力，但是却忽略了测试合格同学尤其是体质测试刚刚合格的同学体质健康状况的保持和提高，从而导致了新学期体质测试成绩停滞不前、总体成绩以及合格率下降的现象发生。

③促进大学生体质健康发展的动力机制尚未成型。

国外体质健康研究事业如火如荼地进行，我国的相关研究也在摸索着前进。目前，高校往往较少重视体育文化的建设，大学生体质健康促进发展的动力机制尚未真正形成，这导致大学生体质现状堪忧，体育文化缺位。体育文化包含两方面，一方面是体育活动中涉及的物质文化，另一方面是涵盖了精神、认知、价值的精神文化。大力开展体育文化教育，完善大学生体质健康发展的机制，使学生在学校既能增强体质，又能系统的学习有关身体锻炼的知识和技能，养成健康的生活习惯，这样使得大学生踏入社会，在新的环境里也能逐渐适应。大学生体质健康保障体系将提前引导大学生如何顺利应对这一时期，为大学生未来实现终身体育目标指明了方向。大学生体育锻炼的动力不足是保障体系构建过程中最内在的不利因素之一。

④大学生日益增长的体育锻炼需求与体育锻炼环境软硬件设施间的矛盾突出。

大学生对体育锻炼服务体系日益增长的需求与体育锻炼环境软硬件设施间的矛盾，主要表现在体育锻炼公共服务设施资源短缺与大学生健身活动需求的矛盾，大学生增强体质健康的信息需求量大与信息资源短缺的矛盾，如何进行有效锻炼的需求与缺乏专业的社会指导员和教练员间的矛盾。因此，如何有效地、科学地把握大学生对体育锻炼相关服务的需求、主要的矛盾问题、特征及未来的发展趋势，有针对性地提出意见和建议，建立促进大学生体质健康状况及保障体系构建的理论体系，以及提供更加有效的增强体质健康状况的公共服务，为推动高校大学生体质健康保障体系基础框架构建提供参考价值。

⑤学生体质健康促进过程中的“惰性”。

一方面，教师工作的惰性。教师工作的惰性不仅仅指体质健康工作上的积极程度，更主要的是对体质健康工作的认识、理解。通常在传统观念下，体育工作者和教师往往习惯于传统的工作模式，即上级部门发布文件和通知，然后按照相关规定执行，使自己在体质健康工作中一开始便处于被动状态。面对长期而枯燥的体质测试工作难免会产生心理和生理上的惰性，体育工作者和教师应不断提升自身素质，改变传统的观念，并积极主动学习、更新观念。

另一方面，学生锻炼的惰性。不同于教师的是，学生的惰性更多的在于身体练习，这种现象女同学尤为突出。大部分大学生进行体育锻炼是在体育课上进行的，只有少部分同学会在课余时间根据自己的兴趣爱好进行体育锻炼，他们之所以不喜欢体育活动有以下几种原因：学业负担重没有时间锻炼、室内运动场地少、不喜欢体育活动、太累、懒还有身边朋友的影响等。因此，在大学生体质健康促进的过程中，大学生应积极克服自己身体和心理上的惰性，积极调整好自身学习和体育锻炼间的时间需求，协调并逐渐适应不同的体育锻炼场所。

⑥校内专门的体育保险机制和应急保障机制较少。

体育保险作为新兴产业在我国起步较晚，大部分学生对体育保险了解甚少，自主投保的意识低下。以烟台市为例，学校为普通高校大学生均办理了城镇医疗保险，并在此基础还为投保学生办理了商业医疗保险。

随着学校体育的不断发展，高校体育课和体育锻炼的种类也越来越多，较多具有新奇性、刺激性和一些具有挑战性的项目被高校引进，这些项目通常深受大学生的喜爱，而在进行这些活动的同时往往伴随着一定的危险性。大学生们乐意去尝试这些体育活动，通过挑战和超越自我来获得生理和心理上的满足与喜悦。尤其是体育专业的学生对这样的活动更感兴趣，由于在日常训练中受伤的事情时常发生，遇到突发事件

时，他们还能够结合所学知识进行基本的损伤处理，但对体育保险的认识较少，而那些平时锻炼较少的普通专业的学生，对运动损伤处理的相关知识了解更少，体育保险的相关知识更是一无所知。相对而言体育专业的学生体育事故发生的频率较大，而非体育专业的学生发生体育事故的后果更为严重。因此，加大体育保险的宣传和体育事故应急保障机制是构建体质保障体系的必要任务。

（4）大学生体质健康保障体系构建的原则。

建立大学生体质健康保障体系能够有效地满足大学生对体质健康的需求，促进全民健身和学校体育的不断发展和提高。构建大学生体质健康保障体系应具有科学性、主体性、有效性、持续性、系统性和预防为主的原则。

①科学性原则。

体育文化的建设离不开客观的发展规律，进行体育文化建设同样离不开科学发展观的指导，这样才能有效地提高大学生整体的体质健康水平。学校的体育文化建设更应如此，不能脱离实际，不应该一味地追求理论建设，而应该实事求是的建立起符合大学生健康规律的、科学完整的工作体系。学校应该注重引导学生，使其关注自身的体质健康，而且应该建立起良好的校内环境，克服制约大学生健康水平的阻碍，在科学道路的指引下构建符合大学生的体质健康保障体系。

②主体性原则。

主体性原则的关键是主体，科学发展观要求坚持以人为本为核心，在体质健康工作中应坚持以学生为主体，关注学生对体质健康的需求。尊重学生的各项权利和个体差异；关注学生的各种需求及体质健康相关的满意度；理解学生体质健康现状；帮助学生实现身体素质质的飞跃，最终实现增强体质的最终目的。马斯洛需求层次理论提出，人们不仅有生理、安全归属的需要，还有受人尊重和自我实现的需要。尤其是在面对体质较差的学生时，应充分考虑尽可能地满足这一类人的特殊需求，使他们发现体质提升过程中的乐趣，实现自我目标达成的需要。在这个过程中教师应充分认识到学生的特点，尊重学生体质健康状况的个体差异，了解学生的体质不仅是靠后天练习提高还取决于先天的遗传作用。一方面，学生是自我教育和发展的主体，是具有主观能动性的人，他们在接受系统教育的过程中，也具有一定的素质可以进行自我教育。因此，学生在增强体质的过程中能够表现出自觉性、独立性和个体差异性。自觉性表现在学生能够根据自身体质的需要，设定一定的目标或要求，自行采取相应的态度进行体育锻炼；独立性是学生在自觉性的基础上，能确定或选择符合促进自身体质健康需要的锻炼方式，并能在实现增强体质健康目标的行动过程中进行自我监控和调控。另一方面，我们应该用正确的、发展的眼光来看待这些处在发展过程中的学生，遵循他们这一阶段身心发展的特殊规律，使学生体质得到全面发展，认识并遵循这些规律是提高学生体质、做好体质工作的前提。

③预防为主原则。

要应对大学生体质逐年下降情况，从预防着手才是最根本的。一是从源头上做好预防，在大学生体质还未下降时提前做好预防，防患于未然，以控制体质健康状况的下降速度；二是从体质已经下降的或者是体质还未达标的同学入手提高他们的体质健康水平；三是运动损伤的预防，大学生在每次锻炼前后应做好充分的准备活动和整理放松活动，在运动中自我监控指标（如心率、呼吸、体温等）出现异常的时候应停止运动，禁止在运动过程中做具有危险性的动作和参与禁忌运动项目等，以防止或提前预防不必要的运动损伤出现。

④有效性原则。

有效性原则是大学生体质健康保障体系构建中最基本的原则。构建任何一个成功的保障体系必须具有有效性，这是构建体系之初最基本的目标。2014 年教育部针对我国学生体质健康测评的方法出台了《学生体质健康监测评价办法》，该办法在第十条中明确提出监测评价的结果要得到有效的运用，学校需要遵守相关规定，制作国家学生体质健康标准登记卡，并将学生的详细健康状况一一登记，通过专业的评估系统将学生的体测成绩进行评级。这部分成绩的等级和高等学校学生的评优评先、毕业升学都有挂钩，而且这部分成绩还能够对学校的教育质量以及地方教育发展水平的评估造成影响。

⑤持续性原则。

持续性原则是大学生体质健康保障体系构建中必要的保障条件。要保持大学生体质健康保障体系的可持续发展，应至少保持做到以下几点要求：一是保持大学生体质健康状况相对平稳增长，良性发展，预防体质状况骤然改善后的反弹；二是有效缩小学生体质健康成绩间的差距，从整体上保持整体水平的不断改善；三是确保校内外体育资源充分合理地利用，为大学生体质健康保障体系的可持续发展提供物质保障；四是国家相关政策的支持，只有得到国家政策的支持，才能够为大学生体质健康保障体系的构建提供理论支持和保障。

⑥系统性原则。

系统性要求大学生体质健康保障体系内部各个部分既相对独立，还能够相互影响、相互作用，相互影响的有机整体被称之为系统性体系。大学生体质健康保障体系构成要素的多样性和复杂性决定了它必须是一个系统性的体系，才能保证其能够高效有序的运行。大学生体质健康保障体系能够合理地运行离不开系统性原则的指引和教导。从全面系统的角度充分认识保障内容中各保障时间的相互关系，以及运行过程中的相互控制和配合，从而达到保障的目的。

（5）大学生体质健康保障体系构建。

构建大学生体质健康保障体系作为促进大学生体质健康状况不断改善的重要途

径，是现阶段大学体育工作的主要内容之一，也是构建全民体质健康保障体系的重中之重。因此，在教育部启动《新标准》实施之际，从加快体育公共服务体系建设，促进大学生体质健康理念出发，提出了大学生体质健康保障体系的构建目标、基本内容、运行机制及保障措施，从以上 4 个方面进行系统的构建，力求从技术角度和管理角度达成构建的主要目标，从而达到促进大学生体质健康状况不断改善的总目标，如表 4-2 所示。

表 4-2　大学生体质健康保障体系构建目标一览表

角度	目标设定
技术角度	构建出大学生体质健康理论体系、信息平台、保障体系、服务保障体系、体质健康预警及干预机制、体质健康监测评价机制、体质健康管理机制
管理角度	是政府教育部门联合高校建立的，为了解大学生体质健康现状、实时监测大学生体质、制定相关促进措施，从而使大学生体质健康状况保持在一个较好的水平上不断发展，同时有效地提高体制工作的效率和质量
总目标	促进大学生体质健康状况不断增进、改善

①大学生体质健康保障体系基本内容。

第一，体质健康的理论体系。大学生体质健康的理论体系主要包括指国家相关政策、方针、法律、法规以及体质健康促进理念等能够为提升大学体质健康研究提供相关理论知识的保障体系。大学生体质健康的理论体系需要分析国家相关政策、条例，用以构建相应的理论框架，寻找相应的管理理论知识，通过积极进行体质健康教育及宣传的理论效应，增进大学生对体质的全面认识，提升大学生对体质健康及体育锻炼重要性的理解，从根本上促进大学生体质健康和自觉锻炼。因此，理论体系是构建大学生体质健康保障体系中的首要要素。

第二，体质健康信息平台。2014 年教育部组织印发的《学生体质健康监测评价办法》第 12 条提出教育部设立国家学生体质健康监测评价工作监督电话和相关网络信息平台，接收社会咨询和反映情况。我国当前已经建立了关于体质健康的网站，中国学生体质健康网是目前了解我国学生体质健康信息最权威的网站之一，该网站以发布体测相关数据和有关信息为主要内容。大学生体质健康信息机制主要是通过网络渠道进行的为学生和社会提供最新的学生体质健康信息和现状，还应包括健康教育的组织、宣传，对外项目沟通与交流，在学生体质健康促进中起引导作用。其主要功能为：

A. 发布教育部关于学生体质健康和学校体育工作的公告、通知以及相关法律、法规和政策等；

B. 发布学生体质测试相关数据；

C. 为校内外合作沟通提供平台；

D. 促进社会公众对大学生体质健康的关注与重视，培养及更新公众体育观念；

E. 增强体质健康教育的开展与宣传作用，从而促进体质状况的不断改善；

F. 提供有效地促进学生体质健康的一些措施、具体锻炼办法和指导的方法；

G. 信息评价和信息资源管理。

第三，体质健康物质保障体系。体质健康相关物质保障主要指的是健身场地设施以及各项资金投入。2014 年教育部组织印发的《学生体质健康监测评价办法》第 14 条提出各地和学校要加大经费投入，不断改善体测的硬件服务设施。在影响学生进行促进体质健康的体育锻炼过程中，场地设施条件等硬件的配备、投入和开放条件是影响进行体育锻炼的重要条件之一。除了国家和政府对促进大学生体质健康提供的物质条件之外，相应社会组织应善于发现社会和学生体质健康促进之间的需求，根据自己的需求积极主动的组织、参与公益性的大学生体质健康的促进活动过程。

第四，体质健康服务保障体系。大学生体质健康服务保障体系是最为烦琐的一部分（也可称作操作系统、具体实施系统），从学校有关体育部门下发通知组织大学生体测开始，是集大学生体测组织、实施，测试数据的统计、分析，体测数据上报工作以及测试工作结束后一系列后续服务等为一体的具体实施工作。在此基础上，体质健康服务保障体系还应为大学生建立一个为期四年的详细的体质健康档案，用于提高大学生的体质健康状况，并制定相适宜的运动处方。2014 年教育部组织印发的《学生体质健康监测评价办法》第 13 条提出各地教育行政部门和有条件的学校支持设立学生体质健康监测、研究或服务机构，建设专业化的测试、服务和研究人员队伍。通过相关规定的落实，使体质工作更加专业化、准确化、方便化、测试过程可控化。

第五，体质健康预警及应急保障机制。当学生体质健康状况下降时或者是体质健康状况不达标或者是体质健康状况在临界值附近的情况时，体质健康预警机制就会提前发出相应警报，以防止其继续下降。建立体质健康三级预警（红、黄、绿）模式，其中绿色表示健康，显示黄色时体质健康中心应为学生制定出相应的锻炼措施和方法，当体质健康预警警报显示红色时是表示健康状况极差，此时体质健康应急保障机制就会自动启动，采取一系列的措施防止体质健康状况进一步下滑（如图 4-7 所示）。

第六，体质健康干预机制。所谓“干预”指学生自身以外的让你参与到学生体质健康锻炼过程中来的一切事物的总和，主要包括学校、社会、家庭以及身边同学的干预。其中最主要的干预手段是健康教育。因为健康教育的实质是一种教育的促进和干预活动，通过有目的的增强学生体质的干预过程，使大学生们保持有利于体质健康的行为，减少和控制不利于体质健康的行为，促使学生个体发展或群体发展

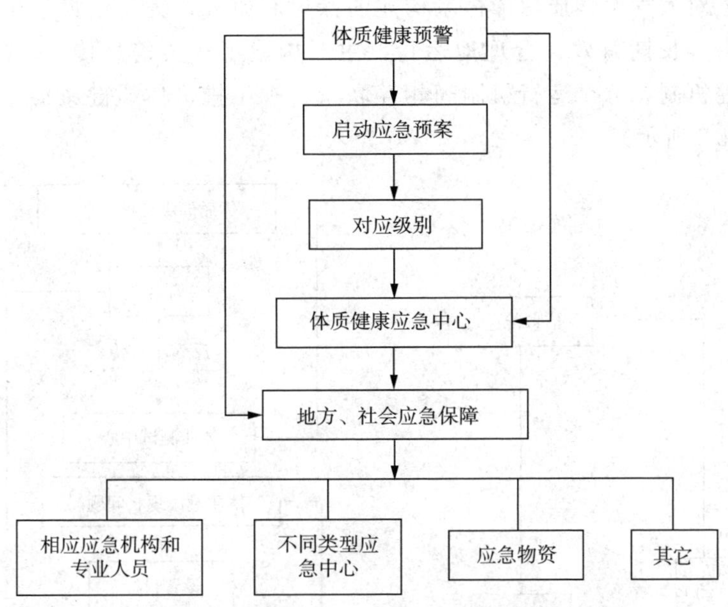

图 4-7　大学生体质健康预警及应急保障措施关系图

有关的增强体质健康的行为，以达到增强体质，提高体质相关满意度并积极预防体质状况下降的效用。因此，健康教育在干预机制中占据核心地位。

通过健康教育等一系列的体质干预措施，能够增进大学生对体质健康状况的全面了解，有利于培养其保持自身体质健康状况的责任感；能够帮助大学生形成健康的、积极主动的生活方式，养成终身锻炼的习惯；同时也有利于创造一个积极体育氛围，只有了解和掌握了大学生的体育锻炼行为及生活习惯的规律性，才能以一定的教育手段对体质健康现状施加一定手段措施加以干预。

第七，体质健康监测评价体系。监控机制是整个系统运行的总指挥，它不仅对大学生体质健康保障体系的某一部分进行监控评价，整个体质健康保障体系里的方方面面都需要涉及。《国家学生体质健康标准》要求，在本行政区域内展开的体育健康测试必须面向全体学生，建立学生体系健康监测评价体系，主要内容包括学校测试上报、部门逐级审查、随即抽查复核、动态分析预测、信息反馈公示、评价结果应用等相关制度和管理措施。

第八，体质健康管理机制。体质健康管理机制是维持保障体系有条不紊合理运行的基础。它不仅要对体质健康测试数据进行管理，还应对学生体质健康状况进行管理并做出相应的评价和反馈。包括学生体质健康数据管理、学生体质健康状况分析和体质健康评价、制定个性化运动处方四个运行系统。

②大学生体质健康保障体系运行机制。

通过以上对大学生体质保障体系构建的探讨和研究，为了使大学生体质健康保障体系构建内容长期有效、合理地运行，主要构建了相关信息传递、决策、动力、执行以及监控机制，五个运行机制间相互联系、携手推进体质健康促进发展，循环运行（如图 4-8 所示）。

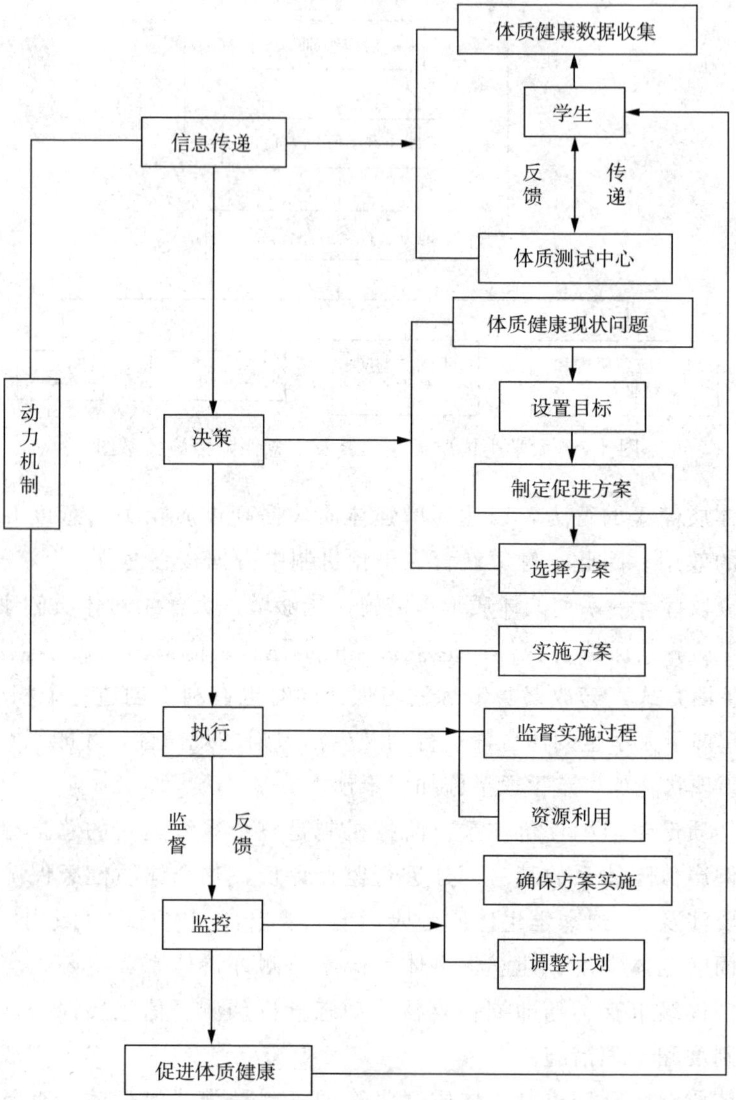

信息传递
体质健康数据收集
学生
反馈
传递
体质测试中心
动力机制
决策
体质健康现状问题
设置目标
制定促进方案
选择方案
执行
实施方案
监督实施过程
资源利用
监督
反馈
监控
确保方案实施
调整计划
促进体质健康

图 4-8 大学生体质健康保障体系整体运行示意图

2. 大学生体质健康的保障机制

当前我国大学生体质健康情况仍然不容乐观，大学生身体素质继续呈现缓慢下

降。国民健康状况是一个国家综合国力的重要组成部分，大学生健康状况又是国民健康状况的根基，因此，如果大学生体质健康状况不能达到一个理想状态，不仅对大学生本人今后的生活、工作带来极大的压力和负担，也势必影响整个中华民族的整体健康水平，影响到国家未来的建设与发展。

《国家中长期教育改革和发展规划纲要（2010～2020 年）》中明确指出：加强体育，牢固树立健康第一的思想，促进学生身心健康、体魄强健、意志坚强。《纲要》的颁布，标志着我国体育教育事业已经进入全新阶段，如何来提高大学生的健康水平，保障《纲要》的顺利执行，对大学生体质保障机制的研究就显得十分迫切和必要。

大学生体质下降已经成为个社会共同关注的现实问题，建立一个以体育教学和课外体育活动为基础的保障体系，通过科学、有效的管理手段，有助于保证大学生体质发展的方向性与实效性。

（1）大学生体质健康保障机制的内涵。

机制，原指机器在运动过程中，各部件之间按照某种机理形成的因果联系和运转方式，泛指一个工作系统的组织或部分之间相互作用的过程和方式。保障机制是为实现某种目标或完成某项任务而采取的各种保证性措施所构成的系统及其相互关系结构。

大学生体质保障机制是指教育者在一定目标指引下，在一定决策机构指挥下，在一定体制、条件保障下，共同协调来实现大学生体质健康发展的整体目标的运行方式和工作方式。这个机制由若干不同层次的要素组成，各要素的功能以及这些要素组合起来的方式，决定着整个机制的功能，机制中各构成要素功能的发挥，总是在整个机制的运行过程中与其他要素相互作用而实现。

建立保障体系大学生体质健康保障机制，必须把“以学生为本”作为指导思想，以体育教学和课外体育活动为基础，保证其具有科学性与实效性。大学生体质健康保障机制包括三个子系统：测评机制、决策机制和干预机制，其中干预机制包含教育机制、引导机制和联动机制。

（2）大学生体质健康保障机制的运行。

在大学生体质健康保障运行模式中，三个子系统相互衔接，构成一个闭合系统：测评机制—决策机制—干预机制—学生学习—测评机制，在干预机制中，教育机制、引导机制和联动机制平行开展。大学生体质健康保障机制运行时，测评机制是核心，负责掌握学生体质的相关信息和发展动态；决策机制是控制中心，负责整个保障机制的运行与调控；教育机制、引导机制和联动机制平行发展，是具体的体育干预措施。

①测评机制。

大学生体质健康的测量与评价机制主要依托于《国家学生体质健康标准》测试。

《国家学生体质健康标准》是测量学生体质健康状况和锻炼效果的评价标准，是国家对不同年龄段学生体质健康方面的基本要求，是对学生体质健康的个体评价标准。《国家学生体质健康标准》采用了体质健康所包含的身体形态、身体机能、身体素质、运动能力等四个方面指标对学生体质状况进行综合的评价，使学生体质健康监测具有科学性、系统性和可操作性。在测评机制中，测试和评价的结果，不仅可以对学生的体质状况做出直接的评价，还可以通过反馈测试成绩，帮助学生设定锻炼的目标和自我评价的基点。同时，更注重纵向比较，使学生能够发现自己的进步与不足，让学生真正关注自己的健康，从而积极地进行身体锻炼。

②决策机制。

大学生体质健康保障机制的有效运行，必须以一定的条件为基础：健全的领导体制、专门的组织机构、得力的教师队伍、完善的规章制度和必要的经费与物质保证，而要满足这些基础条件，就必须有一个相对科学、完整的决策机制来加以约束和规范。在决策机制中，学校起着主导作用，学校的有力领导、强力推进、综合协调、监管调控、服务保障是开展大学生体质健康工作的坚实基础。大学生体质健康的决策机制应该保证完成以下任务：制定大学生体质健康发展的相关制度与文件；协调校内各相关部门；提供必要的经费；保证场地、器材的需要；根据大学生体质测评的数据，制定大学生体质发展规划；制定具体的体育干预的措施与途径；保证师资需要。

③教育机制。

体质的增强要依靠长期的、坚持不懈的体育锻炼，而影响现代大学生参与体育锻炼的一个重要因素，是学生对自身健康状况的了解缺乏主动性和从事体育锻炼以增进自身健康的目的性。建立大学生体质健康教育机制的目的不仅是督促大学生积极地参与体育活动，更重要的是要改变大学生对体育的认识，使学生深入了解提高体质健康水平的重要意义。大学生正处于身心发育期，容易受外界因素的影响，适时的教育和鼓励学生积极参与各项体育运动，有助于学生体育意识的提高。在教育机制中，可以通过三个途径来达到宣传、教育的目的：

第一，课堂教学：在体育教学中设置一定的理论课教学时数，针对大学生体质健康发展进行解读；

第二，网络教育：依托学校网站，开辟专栏，针对大学生体育锻炼、体质水平等内容，利用现有成果、图片、数据等进行宣传教育；

第三，专家讲座：邀请健康教育专家或教师，介绍科学有序的生活方式和饮食习惯，多方位、多视角的提高学生的体育健康意识，建立合理的生活、饮食习惯。

④引导机制。

建立引导机制的目的就是要通过开展丰富多彩的体育活动和体育竞赛，督促和

引导大学生参加课外体育活动，让学生循序渐进地掌握体育知识和锻炼方法，逐步明确练习目的，提高自身的运动能力和健康水平，进而养成自觉参与体育锻炼习惯。学校应大力开展阳光体育运动，在运动中体现出健康性和终身性，尽可能地满足学生的体育兴趣和爱好，使学生通过参与体育活动，变被动参与为主动学习，逐渐体会并认识到体育的价值，逐步培养体育兴趣和能力，养成良好的体育锻炼习惯。要鼓励学生建立体育社团组织，对于各体育社团的活动，除了提供场地、器材等保障外，还可以根据社团需要，安排相关体育教师，参与社团的建设，给予必要的技术指导。

⑤联动机制。

第一，体质测评与体育教学联动。近些年，越来越多的高校开始取消田径、体操、武术等体育基础教学内容，忽视了体育教学中对学生身体素质的练习与考核。因此，在体育教学中应注意将大学生的体质测评结果与体育教学联系起来，将测试结果及时反馈给授课教师，以便针对大学生在体质测试中出现的问题，在课堂教学中安排相应训练内容。

第二，练习与考核联动。引导机制有助于大学生自觉地养成比较稳定的体育锻炼习惯，但在目前的现实情况下，有针对性的考核、监督机制，对学生的提示、强化作用还是不可替代的。学校应根据学生的实际情况，有条件、按比例的将身体素质测试成绩纳入体育课成绩和评优条件中，实现自我教育与考评制度相结合，达到认知与实践的统一。

第三，体育教学单位与校内其他部门联动。在大学生体质健康保障机制中，体育教学单位是最重要的实施部门，但不是唯一的部门。要实现大学生体质健康保障机制的正常运行，必须促使体育教学部门和校内其他的职能部门加强联系，发挥各自的优势，形成合力，为大学生健康成长提供有力保障。

三、大学生体质健康管理机制的现状

（一）监督机制待完善

大学生体质健康管理的监督机制有待进一步完善。首先，我国教育部为方便各高校进行体质测试数据的上报，要求高校通过账号直接将测试数据上报至中国学生体质健康网，越过了中间行政级别的监督，造成了数据庞大、繁杂，难以进行核查等问题，不少学校仍为了评优或省事对测试数据进行编造，复查机制的实施虽然能起到一定的监督作用，但效果极微。其次，各省市高校有教育部直属高校、国务院侨办直属高校以及教育厅分管等多种属性，其中省市政府因管辖划分和级别限制，很难对高校形成统一有效的监督管理。最后，大学生体质健康管理情况单纯采用测试过程中的检查督导式的监督是不够的，部分高校还存在为完成测试任务而测试，对学生体质下降不放在心上，丝毫不对学校学生下降的体质进行后续的干预及促进。

（二）协调机制待开发

由各省市体质健康管理的组织运行架构现状来看，各省市国民体质监测中心和各高校体质测试下设工作小组以及省市体质健康协会分属三条主线，三者之间都是上下级直线型的领导组织关系，在工作开展方面鲜有交集，各自为战。对此，大学生体质健康管理应以高校体质测试工作为突破口开发协调机制，搭建合作平台，分享独到经验，加强政府机构、高等院校、社会组织三者之间的联系，形成互抓互促共管、协同创新的良好局面。

（三）预警机制待建立

某些省市大学生出现在体质测试 800 米、1000 米项目中猝死现象，全国又接连频发此等问题，类似突发性公共事件令人叹息和警醒，说明大学生体质测试存在一定的风险，需要建立必要的风险管理和预警机制以防患于未然。同时教育部在 2014 年 5 月的新闻发布会上对新印发的 3 个文件进行了解读，其中取消了体质测试中的选测项目，规定要求 800 米、1000 米中长跑为大、中学生以后每年的必测项目。由此可见，教育部也并未因噎废食而是进一步加强了对测试要求，这就更加要求政府、高校建立必要预警机制来应对突发性事情，只有对风险进行管理，使意外伤害事故尽可能地降低，才能保证测试领导者和工作者在测试中不畏手畏脚，学生家长们不战战兢兢。

四、大学生体质健康管理机制的对策

（一）转变监督机制，推进激励管理

监督机制不应仅仅是操作过程的前、中、后监督的过程，而是要摸清部分高校在体质测试中为测试而测试、只测试不干预这种尸位素餐现象的原因，改变传统监督机制的惩戒管理。如测试数据合格率达不到要求，学校则没有评优资格等办法，应主动推进激励管理，调动高校对体质测试工作的积极性。避免在大学生体质已经连续 20 多年下降的不乐观情况下，给高校体质测试工作添加过多的责任和压力，应采用各种激励手段，使高校面对社会、家长等严峻的压力下，在政府身上找到认同感与归属感，从而更好地开展体质测试工作。因此，新型的监督机制再配以激励式的管理将有助于大学生体质健康管理工作的进一步开展。

（二）开发协调机制，实现交互管理

目前，各省市体质健康管理组织机构在架构上都相较独立，协调机制有待进一步开发。从横向来看，各市国民体质监测中心与市内高校成并列状态，协调互助路径待开发；从纵向看，省教育、体育部门对下属的体质测试单位呈较为传统扁平式管理，协调路径待转变。而开发协同路径，形成交互式的管理协调，有助于市级体质监测的管理者和执行者之间角色的互动，使市级体质监测的管理者真正参与到基层体质测试工作中来，也使市级体质监测的执行者在工作中更好地执行管理者的决策。因此，开发横向协调机制有助于市级不同体质监测单位之间的合作与学习，开发纵向协调有助于市级体质监测管理者和执行者之的交流与互动，从而使大学生体质健康管理机制成为一个系统工程，实现其内、外组织结构的相互协调，更好地促进体质监测工作专业、高效地开展。

（三）设立预警机制，加强风险管理

有些省市大学生先后在学校体质测试、国际马拉松赛中出现猝死现象，该现象再次提醒参与体育运动本身具有一定的风险性，就算是体质测试这种非激烈、无对抗形式亦不例外。突发性公共事件本身就考验着政府的工作能力，很多省市政府在危机管理方面都很注重，可在体质测试中预警机制和风险管理方面还较为欠缺，没有相应的文件和措施来处理高校在体质测试工作中遇到的突发性事件，缺少对高校完成测试任务和在校大学生配合测试的保障，教师与学生的能动性都得不到调动，只能造成测试偏形式化，数据真实性不高的情况。

首先，市政府相关部门可通过统一购买保险、设立风险基金等形式，来转移大学生体质测试中不可预知的风险，减少高校在体质测试中因客观存在风险而承受的高额赔偿。其次，高校也应通过预防潜在突发风险的形式告知受测学生，并通过在测试前不要空腹或饱食、做好准备活动等形式尽可能地降低风险。最后，高校在体质测试中还应配备必要的医疗措施和预案，以进行突发性运动伤害事件的风险应急。

五、新型大学生体质健康管理机制探索

（一）新型大学生体质健康管理机制的探讨

1. 政府机制是否失灵

我国政府在学生体质健康情况方面向来给予高度重视，开过的大小会议不计其数，出台了多条政令、文件，屡次修订标准、办法，可大学生体质健康水平连续二

十几年下降的大体趋势仍然未能得到有效改变，大学生体质测试数据连年按时间要求积极上报，但空有测试数据的整理，缺乏对大学体质干预的有效实施，政府政策施行多年、力度逐年加大却未能达到制定时的预期效果，大学生体质健康状况并未能得到实质的改观。

长久以来，大学生体质健康都处于政府机制下的统一管理，而就政府机制本身而言，容易导致在干预大学生体质过程中出现缺乏效率、效益等问题。截至目前，大学生体质健康管理工作也一直由高校自身在做，处于一种自我垄断状态，缺乏竞争机制的局面使得部分高校只是被动的、单纯地完成政府所布置的测试任务，较少的将精力投入到对大学生体质健康的干预中去。再者，相比大学生体质测试工作而言，对大学生体质健康的干预工作，要投入的时间、精力，远比按照测试标准安排时间测试、统计整理数据进行上报工作多得多。因此，我国部分高校“重测试、重数据、轻指导、轻干预”的偏形式化现象也就自然而然得到解释。

2. 市场机制是否可行

市场机制所具有的竞争性迫使企业管理从业者不得不及时更新技术、信息，以保证自己公司的产品、服务持续占有市场份额，相较政府机制而言拥有更强的自觉性和自主性，更加注重自身工作效率和效益，是政府机制的有力调节杠杆。同理，市场机制在作用于大学生体质健康管理方面，也能弥补以往政府机制所存在的些许弊端，而且大学生体质健康管理本身具有公共产品属性，美国现代经济学家埃莉诺·奥斯特罗姆提出“单一的政府提供方式应被多样化的提供方式所取代”，政府购买公共服务目前已成为社会管理的手段之一。同时，我国政府也在近期的会议上提倡要扩大开放服务业，释放改革红利，凡是社会能办好的，尽可能交给社会力量承办，加快形成改善公共服务的合理性。而在大学生体质健康管理方面，全国范围有多家生产制造学生体质测试专业仪器的厂商，例如广东省就有广州华夏汇海科技、深圳恒康佳业科技、深圳菲普莱体育发展等多家公司企业，可针对大学生提供专业健康管理服务的企业、公司还较少，像广州市慈铭、七福玛等健康公司目前还多以健康管理服务的高端客户目标群体为主。因此，在大学生体质健康管理市场方面，还有很大的市场空间，从卖仪器产品逐渐向卖测试服务还需要一个开发、转变的过程。

（二）新型大学生体质健康管理机制

1. 新型大学生体质健康管理机制的内容

在传统的大学生体质健康管理政府机制的基础上引入市场机制，采用市场机制杠杆对政府机制失灵进行调控的办法，由第三方健康管理社会组织或企事业单位对高校大学生进行专业化、针对性、全程式的健康管理服务，试图起到增强大学生体

质，促进大学生健康发展的作用。政府作为服务的购买方、标准的制定方，仍是管理的主体，购买方式以公开竞标为主，健康管理市场机构是服务的实施方，高校大学生群体是服务的受益方，三者可根据服务情况来建立以结果为导向的短期或长期合作关系。其中，新型大学生体质健康管理机制要在政府立法的基础上进行规范运作，避免出现权力寻租、私自转包等腐败现象滋生，要形成公开透明的流程和信息机制，要建立由政府、高校、大学生等多方组成的评价机制，掌握利用市场竞争机制的方式来优胜劣汰，督促健康管理社会组织、企事业单位不断提高对大学生体质健康管理的服务质量，进而以改善我国大学生体质持续多年下滑的严峻局面。

2. 新型大学生体质健康管理机制的依据

2015 年全国“两会”，李克强总理在政府工作报告中提出要增加公共产品和服务供给，加大政府对教育、卫生等的投入，鼓励社会参与，提高供给效率；提供基本公共服务尽量采用购买服务方式，第三方可提供的事务性管理服务交给市场或社会去办。新型大学生体质健康管理机制就正好适用于政府报告提出的办法，采用政府购买公共服务的方式，由第三方健康管理社会组织、市场机构介入大学生体质健康管理，为大学生提供专业化、针对性、全程式的健康管理服务。

在国际上，政府购买公共服务是基本公共服务的市场手段，国外在这方面很多有效做法，可以为中国的先进经验参考。如：1980 年之后，澳大利亚公共服务中对就业服务领域购买进行改革与创新，搭建了较为公平的社会化就业服务网络，解决了传统公共就业服务机构成本效率不成正比、官僚主义等问题，澳大利亚政府为促进就业，将教育、培训青年的 400 多家机构的社会化、民营化，整合资源使其成为全国就业服务有限公司，还把超过 9000 名公务员转入劳动力市场，按照公司的需求和个人的意愿，双向选择。董事会负责制度的实施，在业务方面，和其他私营公司享有同样的条件和地位。公共服务在澳大利亚的改革后，出现了公平、公正、公开、高效、优质、低成本和易于求职者与用人单位选择服务的局面，实现政府制定规则、社会公平参与、市场公平竞争、政府管理和监督的机制。

第五章　高校体育健康管理之身体素质管理

第一节　大学生的速度素质训练管理

发展速度素质的方法多种多样，以下根据教学训练的体会，提供一些发展速度素质的方法，供教学训练时参考。

一、反应速度

（一）反应性游戏

（1）两人相对站立拍击，听到开始口令后，设法拍击对方背部，而又不被对方拍中自己。在规定时间内（每次1分钟左右），拍击对手多者为胜。

（2）反应起跳。练习者围圈面向圈内站立，圈内1～2人，站在圆心附近手持小树枝或小竹竿（竿长超过圈半径）。游戏开始，持竿者将竹竿绕过站圈人脚下画圆，竿经谁脚下即起跳不让竿打到脚，被打即失败。持竿者可突变画圈方向，训练反应。

（3）猎人与野鸭。游戏者分成“猎人”和“野鸭”两队。猎人站成一圆圈，互相间隔两臂长，猎人脚前画一大圆圈（圈的大小根据人数的多少）。野鸭站圈内，1～2名猎人手持排球。猎人在圈外用球掷野鸭，野鸭在圈内闪避来球，被击中的野鸭退出游戏。猎人可以用传球袭击野鸭，直至野鸭打尽，互换角色。规则：猎人不能进圈，不能击野鸭头部。

（4）找伙伴组合。练习者绕圈跑，听教练口令，几人组合，练习者即几人成组，不符合组合人数者为失败，失败者罚做俯卧撑、高抬腿等练习或表演节目。

（5）追逐游戏。两队相距2米相对站立，根据教练规定哪队是单数哪队是双数（或其他信号），听教练口令发出是单数还是双数（教练叫一个数字），按事先的规定（叫到单数，单数跑或追），一队跑一队追，在15～20米距离内追上为胜，追不上为败。

（6）起动追拍。两人一组前后相距2～3米慢跑，听到信号开始加速跑，后者追

前者，追上并拍击他背部就停止，要求在 20 米内追上有效。也可在追赶时，教练发出第一个信号，让其后转身互换追赶。

（7）抢球游戏。用实心球围成一个圆圈，球数比练习人数少一个。游戏开始练习者绕球圈外慢跑，听到信号各人就近抢球，谁没有抢到被淘汰，并去掉一球继续进行，每进行一轮成功者得 1 分，得分多为胜。

（8）多余的第二者。练习者若干人，成两人前后面向圈内站立围成一圆圈，左右间隔 2 米。两人在圈外沿圈跑动追逐，被追者可跑至某两人的前面站立，则后面的第二者即逃跑，追者即改追这第二者，如被追上为失败。

（二）反应练习

（1）听口令做对应的相反动作，听教练叫立正，练习者做稍息；叫向左转，练习者做向右转等。

（2）听信号起动加速跑，慢跑中听信号后突然加速冲跑 10 米，反复进行。

（3）小步跑、高抬腿跑接起动加速跑，做原地或行进间的小步跑或高抬腿跑，听到信号后突然加速冲跑 10～20 米，反复练习。

（4）俯撑起跑，从俯撑开始，听信号后迅速收腿起跑 10～20 米。

（5）转身起跑，背对前进方向站立，听信号后迅速转体 180°，起动加速跑 20 米。以上练习一般每组练习 2～3 次，重复 2～3 组，组间休息 5～7 分钟。

（6）听枪声及口令起跑。蹲踞式或站立式起跑 20 米。组数及每组次数根据运动员水平而定，组间休息 5～8 分钟。

（7）听信号变速快跑。在慢跑或其他移动中，听口令或看信号即起动快跑 10～20 米。练习组数、次数及休息同反应练习。

（8）反应突变练习。练习者听各种信号做各种滑步、上步、交叉步等移动、转身、急停、接球、上步垫球等模仿练习。

（9）听信号做不同的专门练习。非专门练习编号，听号数做不同的练习。

（10）接传不同方向的来球。几人从不同方向给一人传球，一人接不同方向的来球。

（三）发展反应速度的技术动作

1. 徒手练习

（1）起动跑。两手撑地，两腿交叉成弓步，听信号快速起动跑出；或两腿做弓步交换练习时，听信号快速起跑，跑出距离 10～20 米。练习 3 组，每组 2～3 次。

（2）蹲踞式起跑：按蹲踞式起跑动作做好起跑准备，听口令迅速起动跑出。练习 3 组，每组 3 次。

(3) 站立式起跑：按站立式起跑要求，听口令迅速起动跑出 10～15 米。此练习也可采用半蹲式起跑进行。练习 2～3 组，每组 2～3 次。

(4) 变向起跑。背向蹲立，听信号后迅速转体成蹲踞式起跑，按疾跑 20～30 米。要求转体动作迅速，起跑符合技术规范。练习 2～3 组，每组 2～3 次（注：以下练习动作的组数、次数均相同）。

(5) 仰卧起跑。仰卧于垫上，听信号后迅速转体成俯撑后做蹲踞式起跑接疾跑 20 米。要求动作迅速，起跑符合规范。可计时进行。

2. 器械练习

(1) 手抓棒球：站立，持球手臂前平举，手心向下，然后手指张开使球自由下落，不等球落地手再次抓住球。要求球离开手后，不能翻转手臂去接球。连续进行 20～30 次，计算手抓住球次数。可以左右交替重复练习。

(2) 高抬腿跳绳：站立，两手持绳，听信号后做快速原地高抬腿跳绳。要求保持正确的高抬腿跑技术，连续进行 10～20 秒，计数进行。

(3) 小步跑跳绳：站立，两手持绳，听信号后做向前快速小步跑跳绳，连续进行 10～20 秒。要求保持小步跑技术动作，手脚配合协调一致。

(4) 捆沙腿高抬腿跑：两腿分别捆绑沙腿，开始慢跑，听信号后做原地快速高抬腿跑 20 秒。要求大腿高抬到一定高度，符合技术要求，计数进行。

(5) 捆沙腿加速跑：两腿分别捆绑沙腿，由慢跑开始，听信号做加速跑 20～30 米，行走返回。练习 3～5 次，计时进行。

3. 组合练习

(1) 卧跳接折回跑：篮板下站立，听信号后起跳用手触篮板，然后下蹲成仰卧，接着迅速起立，再起手触篮板，连续进行 6 次。然后迅速冲跑到球场中线，并立即折回跑到端线。反复练习 3～5 组。

(2) 小步跑变加速跑接计时跑：站立，做快频率行进间小步跑 10 米，听信号后变加速跑 20 米，然后慢跑带标志物后，做加速跑 30 米，计时进行。

(3) 高抬腿接加速跑接变速跑：原地高抬腿 5 秒，听到信号后做加速跑 20 米，然后惯性跑 40 米，再接做 30 米加速跑。循环进行，绕 400 米场地 1 周为 1 组，重复练习 3 组。

(4) 高抬腿接加速跑接快速起跳：原地高抬腿 5～10 秒，听信号后全速疾跑 20 米，到起跳板接做快速起跳动作，用运动跳远腾空步技术落入沙坑。要求速度快，练习 3～5 组。

(5) 俯撑起跑接后蹬跑接冲刺跑：两手撑地，两腿伸直成俯撑姿势。听信号后迅速起跑，然后做快速后蹬跑 20 米，跑到标志线处，紧接着做冲刺跑 30 米。要求

后蹬跑、冲刺跑技术正确，重复练习 3 次。

二、动作速度

（一）动作速度练习

1. 听口令、击掌或节拍器摆臂

两脚前后开立或弓箭步，根据口令或击掌或节拍器节奏，做快速前后摆臂练习 20 秒左右，节奏由慢至快，快慢结合。摆臂动作正确、有力。重复 2～3 组，组间休息 3～5 分钟。

2. 原地快速高抬腿或支撑高抬腿

站立或前倾支撑肋木或墙壁等，听信号后做高抬腿 10～30 秒，大腿抬至水平，上体不后仰。可重复练习 4～6 次，间歇 5～7 分钟。

3. 悬垂高抬腿

两手握单杠成悬垂，两腿快速交替做屈膝高抬腿和下蹬伸直动作，速度越快越好。每组两腿各抬 20～50 次，重复 2～3 组，组间歇 3～5 分钟。

4. 快速小步跑

小步跑 15～30 米，两腿频率越快越好。要求以大腿工作，小腿放松，膝踝关节放松，脚落地“扒地”。重复 4～6 次，间歇 5～7 分钟。

5. 快速小步跑转高抬腿跑

快速小步跑 5～10 米后，转高抬腿跑 20 米。小步跑要放松而快，转高抬腿跑时频率不变，只是幅度加大。重复 3～5 次，间歇同“快速小步跑”。

6. 快速小步跑转加速跑

快速小步跑 10 米左右转入加速跑。加速跑时频率节奏不能下降，跑出 20～30 米放松。重复次数及间歇同“快速小步跑”。

7. 高抬腿跑转加速跑

快速高抬腿跑 10 米左右转加速跑，频率节奏及前摆腿的高度不能下降。重复次数及间歇同上。

8. 变速高抬腿跑

行进间高抬腿跑中突然做几次最快速地高抬腿练习。动作要协调，重复 4～6 次，间歇 5 分钟左右。

9. 高抬腿跑接快速车轮跑

原地快速高抬腿 5～10 秒，接车轮跑 15 米。3～5 次为一组，重复 2～3 组，组间歇 7～10 分钟。

（二）发展动作速度的技术动作

发展动作速度时，应合理控制速度。从发展动作速度能力看，以最快速度练习效果最佳为了克服速度障碍，应适当控制最大速度练习。一般以慢—快—最快—慢的速度节奏进行练习。此外，提高其他素质（特别是速度力量）也是发展动作速度的途径之一。

1. 徒手练习

（1）快速力量练习。计时快速完成推倒立、臂屈、俯伸卧撑；计时快速完成两头起、背屈伸；计时快速完成引体向上练习；规定距离的快速爬倒立练习。上述练习要求速度快，可计时计数进行练习。

（2）纵跳体转练习。原地跳起转体 360°或 720°练习，连续进行 10～20 次。转体速度要快，可以计时进行，不要求起跳高度，连续练习 2～3 组。

（3）起跳快速转体。慢跑，三步助跑起跳，摆动腿屈膝上摆，空中转体 180°～270°，起跳腿落地，要求起跳、转体速度越快越好。转体时身体没有屈体动作。练习 3～5 组，每组 3～5 次。

（4）快速翻转练习。连续毽子接小翻；连续快速侧手翻；连续快速后手翻；在弹板团身前空翻、后空翻等。要求动作正确，翻转速度快，连续进行。

（5）摆臂。摆臂方法和短跑摆臂技术相同。可以击掌或口令控制摆臂速度和节奏，可由慢—快—最快—慢练习。要求严格按短跑摆臂技术进行，注意动作节奏。

2. 器械练习

（1）投掷沙袋。两脚前后开立，用拇指和食指夹住沙袋，做原地向后引枪动作，然后快速挥臂将沙袋掷出。要求注重鞭打速度。沙袋重 0.2 千克，练习 20～30 次。

（2）脚传沙袋。两人相对站立，两脚夹住沙袋，原地跳起展腹屈伸小腿将重 0.5 千克沙袋传给对方。要求动作协调，摆腿速度越快越好。练习 2～3 组，每组对传 20 次。

（3）对墙掷棒球。投掷手持棒球，运用掷枪交叉步助跑，快速挥臂将球向墙上掷出。要求技术动作运用合理，出手速度快。练习 10～20 次。

（4）连续掷棒球。背对墙 15 米处站立，两脚开立成体前屈，体前放置 20 个棒球。做单手连续从胯下往墙上掷球。要求掷出速度越快越好，球必须碰墙。练习 2～3组。

（5）投掷铁球。投掷手将重 0.3～0.5 千克铁球直臂置于体后，成引枪姿势，向前行走 3 步将铁球快速掷出。要求鞭打和出手速度快。练习 2～3 组，每组6～8 次。

（6）快速挥臂。站立，头上方悬吊重沙袋，做原地扣排球动作，快速挥臂拍击沙袋 20 次。要求在动作正确情况下，强调挥臂及鞭打速度。练习 2～3 组。

（7）拳击重沙袋。两脚前后开立，站于悬挂着的重沙袋前，以最快的频率做前后挥臂拳击沙袋动作。在 10～20 秒计算击沙袋次数，重复练习 4～6 组。

（8）掷铁棒。面对投掷方向，手持重 0.5 千克，长 40 厘米的细铁棒，做掷铁饼的旋转和出手动作练习。要求旋转和出手速度越快越好。练习 2～3 组，每组 5～7 次。

（9）跳推体操棒。两手正握体操棒与肩同宽置胸前，两腿分别交替做前后开立跳，同时推举体操棒。跳推速度越快越好，可计数计时进行。

（10）快速挥臂击球。把球悬吊在距墙 1 米处，高度因人而异。原地站立，连续挥臂用手掌拍击碰撞反弹回来的球。要求击球时做出鞭打动作，连续击球速度越快越好。练习 2～3 组，每组 20～30 次。

3. 组合练习

（1）快速俯卧撑接原地摆臂。站立，听信号开始做快速俯卧撑 10 次。练习速度越快越好，也可计时进行。反复练习 2～3 组。

（2）移动触吊球接扣球。相距 6 米悬挂两个吊球，与腰同高。从一端触球开始，往返移动用手触及两个吊球，连续触球 20 次。然后向前行走两步，上步快速挥臂上手扣悬挂在一定高度的吊球 20 次。要求速度快，有鞭打动作，练习 3 组。

（3）跳推体操棒接掷沙袋接加速跑。双手把体操棒放于胸前，两脚交替前后跳的同时快速向前平推体操棒，连续 20 次。然后用掷标枪的交叉步动作，将 0.5 千克的沙袋向前快速掷出。紧接着 20 米加速跑，将沙袋捡回。练习 2～4 组。

三、位移速度

（一）位移速度练习

1. 小步跑转加速跑

行进间快频率小步跑，听到信号后转加速跑 20～30 米。要求起动快，在高速下完成练习。每组 2～3 次，重复 2～3 组，组间歇 5～7 分钟。

2. 高抬腿跑转加速跑

行进间快频率高抬腿跑，听信号后转加速跑。要求高抬腿，动作规范，频率逐渐加快，加速跑时频率不变。每组 2～3 次，重复 2～3 组，组间歇 5～7 分钟。

3. 快速后蹬跑

慢跑 5～7 步后，做行进间快速后蹬跑 20～30 米。要求蹬摆协调，后蹬充分向前。每组练习 3～4 次，重复 2～3 组，组间歇 7～10 分钟。

4. 后蹬跑变加速跑

行进间后蹬跑 20 米，听信号后变加速跑 20～30 米。要求后蹬动作规范，用力方向向前，加速跑速度越快越好。每组 2～3 次，重复 2～3 组，组间歇 7～10 分钟。

5. 单足跳变加速跑

开始做 10～15 米单足跳，听信号后变加速跑 20～30 米。要求以左右脚各做一次练习后变换，加速跑要达到最快速度。每组 2～4 次，重复 2～3 组，组间歇 5～7 分钟。

6. 交叉步接加速跑

先做 5 米交叉步跑，然后转体做加速跑 20 米。要求交叉步符合技术规范，动作协调，加速跑要发挥速度。每组 2～3 次，重复 2～3 组，组间歇 5～7 分钟。

7. 加速跑变交叉步跑

加速跑 20 米接交叉步跑 5 米。要求加速跑达到一定速度，交叉步符合规范，动作协调。每组 2～3 次，重复 2～3 组，组间歇 5～7 分钟。

8. 倒退跑接加速跑

向后做倒退跑，听信号后急停向前加速跑。要求加速跑要发挥高速度，也可计时进行。每组 3～5 次，重复 3～5 组，组间歇 5 分钟。

9. 加速跑

逐渐加速至最高速度后保持一定距离，然后放松跑。加速跑 50 米、80 米、100 米。每组3～5次，重复 2～3 组，组间歇 5～10 分钟。

10. 连续加速跑

逐渐加速跑至最高速度，然后随惯性高速度跑 3～4 步后随惯性放松至慢跑后再加速跑，连续练习（一般为 30 米加速跑，保持高速跑 5～8 米，放松跑 15～20 米，然后第二次加速跑）。每组 2～3 次，重复 2～3 组，组间歇 5～7 分钟。

11. 变向起跑

背向站立或背向蹲立，听信号后迅速转体 180°成半蹲式起跑，加速跑 20～30 米。要求转体动作迅速，起跑及加速跑速度快。每组 2～3 次，重复 2～3 组，组间歇 5～7 分钟。

12. 站立式起跑、半蹲式或蹲踞式起跑

跑 20 米、30 米、50 米、60 米。要求动作规范，起动及加速跑速度要快，达到最高速度。可计时跑，每组 3～4 次，重复 3～4 组，组间歇 5～10 分钟。

13. 行进间跑

加速跑 20～30 米，在到达规定行进间的距离前达最高速度，在规定距离内保持最高速度跑，跑出规定距离后随惯性放松至慢跑，行进间距离可 20 米、30 米、50 米、60 米、80 米、100 米等，一般计时进行。每组 2～3 次，重复 2～3 组，组间歇 5～10 分钟。

14. 重复跑

以 95%或以上速度，重复多次跑，短于专项距离。也可以重复跑一组不同的距离。每组 3～5 次，重复 2～3 组，组间歇 10 分钟。

15. 变速跑

加速快跑 30 米、50 米或 80 米，然后放松慢跑 30 米、50 米或 80～100 米。或直道加速快跑弯道慢跑，或弯道快跑直道慢跑等，是改变速度的跑。要求慢跑休息，不能走。每组 4～6 个变速段，重复 3～5 组，组间歇 7～10 分钟。

16. 变速越野跑

在公路、公园等自然环境中进行越野跑，或慢跑游戏在平坦地面进行不等距离加速快速跑。根据自然环境及运动员水平决定加速距离及次数。一般为 5～10 次快跑段较适宜。

17. 上坡跑

站立式起跑后上坡加速跑 30 米、60 米、80 米。在坡度为 7°～10°的斜坡跑道上进行。要求大腿高抬加强后蹬力量。每组 3～5 次，重复 2～3 组，组间歇5～7 分钟。

18. 起跑下坡跑

站立式或蹲式起跑沿 7°～10°的斜坡跑道下坡跑 30～60 米。要求随下坡惯性积极加快频率及速度。每组 3～5 次，重复 2～3 组，组间歇 5～7 分钟。

19. 上下坡跑

听信号起跑后沿 7°～10°的斜坡跑道全速上坡跑 30 米。接转身下坡跑 30 米返回为一组，重复 3～5 组，组间歇 5 分钟。

20. 顺风跑

顺风全速跑（或蹲踞式起跑）30 米、60 米，可计时跑。要求积极加快步频。每组2～3次，重复2～3组，组间歇5～7分钟。

(二) 发展位移速度的技术动作

发展位移速度的途径是提高速度力量水平，改进动作技术，消除多余肌紧张，使动作协调完善，并注意克服速度障碍。发展反应速度、动作速度的一些练习对促进位移速度提高也有一定积极作用。下面介绍发展位移速度的一些专门技术。

1. 徒手练习

(1) 原地摆臂。两脚前后开立，根据口号或击掌声，做有节奏的前后摆臂20秒，要求节奏快、动作有力。也可采用计时计数摆臂，模拟摆臂、障碍摆臂、摆臂接加速跑等练习。

(2) 高抬腿。站立，听信号做原地高抬腿练习20～40秒。要求大腿必须抬至水平位置，3个关节蹬直，配合积极的摆臂。也可做行进间高抬腿跑、小步跑变高抬腿、高抬腿变加速跑练习。

(3) 小步跑。站立，按小步跑技术做快频率行进间小步跑20米。要求膝、踝放松，积极扒地，两臂协调配合，频率越快越好。练习3～4组，每组3～4次。也可采用小步跑接后蹬跑、小步跑接加速跑、快步走接小步跑等练习。

(4) 后蹬跑。按后蹬跑技术要求做40～70米后蹬跑，然后过渡到加速跑60米。要求后蹬跑摆动腿前抬顶起，蹬地腿蹬直，手臂配合摆动。练习2～3组。也可采用起跑接后蹬跑，慢跑变后蹬跑练习。

(5) 车轮跑。按车轮跑技术要求，做行进间车轮跑50米。要求高抬大腿，向前将髋带走，落地时积极扒地，频率快。练习2～3组，每组3～4次。也可采用车轮跑变加速跑，车轮跑变大步跑练习。

(6) 直腿跑。按直腿跑技术，跑出时摆动腿伸直，以足跟擦着地面向前摆动。要求动作协调，行进距离20～30米，反复练习。

(7) 加速跑。可采用上坡加速跑60～80米；蹲踞式或站立式起跑后加速跑20～40米；由慢到快逐渐匀加速跑60～80米几种方式练习。要求逐渐加速，反复进行。

(8) 快速跑。由站立式或半蹲式出发，一开始就像跑100米那样尽快发挥最大跑速，距离可分别为30米、60米、80米。反复练习。也可和实力相当的队员一起做起跑接加速跑练习。

(9) 加速到最高速度跑。加速从1/2速度至3/4速度直到最大速度跑120～150米。也可采用分段快跑（30米中速跑—30米高速跑—30米中速跑—30米高速跑）。要求加速明显注意体会速度感。

(10) 变速跑。采用加速跑—最大速度跑—惯性放松跑—加速跑—逐渐慢跑的方

法练习。例如，50 米快跑＋50 米慢跑＋50 米快跑＋50 米慢跑等。要求控制跑速，加速明显。

（11）顺风或下坡跑。利用顺风或一定坡度进行 60～150 米跑的练习。要求加大步幅，加快步频，反复练习。

（12）上坡跑。利用一定的上坡坡度快速跑。要求动作频率快，后蹬充分，摆动腿高抬。

（13）行进间跑。行进间跑 30 米、60 米、80 米等距离，并计时。要求快速踏上起点，跑时注意动作技术。

（14）固定步数跑。用事先规定的步数进行 30～60 米加速跑。要求步点准确，动作速度大而快，可计时进行。

（15）测验式比赛。采用蹲踞式或站立式起跑 60 米、100 米、200 米等距离测验。要求尽全力快跑。

（16）反复跑。即数次或多次重复固定距离跑的练习，如采用 30 米×3、40 米×3、50 米×3、60 米×3 或 30 米＋40 米＋50 米＋60 米的快速短跑练习。由于反复跑强度大，每次练习之间应充分休息。

2. 器械练习

（1）负重高抬腿：两腿分别捆沙袋，开始慢跑，听信号后做原地快速高抬腿跑 20 秒。要求大腿高抬到水平位，符合技术要求，计数。练习 3～4 组。

（2）牵引跑：用人或车进行牵引跑，或用牵引机进行练习。牵引时绳子或橡皮带拴在被牵引者的腰部，牵引速度根据运动员具体而定，做全速跑 30～60 米。要求跑时注意后蹬，尽力跟上牵引速度。练习 2～3 组，每组 2～3 次。

（3）加大难度跑：在跑之前负一定重量进行跳跃练习，然后卸掉重量快跑 30～60 米距离。要求负重适当，重点是提高步频，同时加大步长。

（4）穿沙背心上下坡跑：穿沙背心，在坡度 5°～10°的跑道上，进行 20 米上坡跑后立即转身下坡冲刺跑 30 米，要求以最快速度完成，计时进行。沙背心重 5～7 千克。练习 3～5 次。

（5）前后摆小腿：单脚支撑站立，橡皮带一端固定，另一端拴住踝关节。大腿高抬，快速做小腿前后屈伸练习。手可扶物体，摆动速度越快越好。练习 2～4 组，每组 30～50 次。

（6）双人摆臂：两人前后站立，同侧手各握一条橡皮带。两人同时以最快速度和最大幅度做前后摆臂练习。练习 2～3 组，每组 50 次。

（7）双臂支撑扒地：站立低双杠间，直臂支撑，脚能触地为宜。两脚交替做前脚掌快速“扒地”练习。要求控制身体不能有太大摆动，反复练习。

（8）手持哑铃的短跑辅助练习：可采用持铃小步跑、持铃后蹬跑、持铃高抬腿跑、持铃前倒跑、持铃5步单足跳接加速跑等练习，要求动作正确，哑铃重0.5～2千克，练习时尽量提高速度。重复练习3～6次。

（9）扶肋木的短跑辅助练习：如扶肋木高抬腿，扶肋木小步跑，扶肋木后踢腿和快节奏跑，扶肋木摆腿，单腿高抬摆动，扶肋木攻摆，扶肋木前攻栏练习等。

3. 组合练习

（1）让距接力跑：分成几个组进行60～100米等多种不同距离的让距接力跑，最快一个组在最后，最慢一个组在最前，进行接力跑。也可采用迎面接力组成一个队进行让距跑。方法同接力赛和迎面接力赛。要求不得犯规和违反有关要求。

（2）组合跑：如采用（100米＋200米＋500米）×3，或100米×4＋200米×3＋300米×2＋400米等组合练习。组间间歇10～15分钟。也可计时控制间歇。间歇时心率不得低于120次/分，否则应继续练习。

（3）牵引上坡跑接下坡跑：在坡度为5°～10°的跑道上，做全速牵引上坡跑30米，放松走回，重复练习2～4次，间歇3分钟。然后做快速下坡跑50米，可计时进行。练习3～5次。

（4）踏标记跑接拍踝跨步跳：在跑道上放20块颜色醒目的海绵块，距离根据需要确定。在海绵块侧面画上标记。站立起跑，以最快速度完成脚踏标记。要求脚踏标记准确，重复练习4次。然后做行进间的快速拍踝跨步跳，每次腾空时同侧手拍打摆动腿外踝部。练习3组，每组5次。

第二节　大学生的力量素质训练管理

一、上肢力量训练

（一）窄握距卧推

作用：主要发展肱二头肌外侧头以及胸大肌、三角肌力量。

要领：仰卧在卧推架上，窄握杠铃（握距不超过30厘米），两臂伸直，举杠铃于胸前并下放至胸部，同时两肘外展，把杠铃推起时尽量使用肱二头肌力量，并反复练习。

（二）仰卧颈后臂屈伸

作用：主要发展肱三头肌力量。

要领：仰卧，头伸出练习凳端数厘米，两手分开30厘米，反握杠铃，举在胸

前，然后屈肘把杠铃慢慢放下，降至练习凳端，再伸肘把杠铃举回胸前，反复进行。此练习法也可用哑铃进行。

（三）颈后臂屈伸

作用：主要发展肱三头肌力量。

要领：身体直立，两臂反握杠铃上举（也可正握，但反握比正握效果好），握距同肩宽做颈后臂屈伸动作。做时两臂固定在头的两侧，两肘向上，上体不动，尽量后屈。也可用哑铃、杠铃片等重物进行练习。

（四）颈后伸臂

作用：主要发展肱三头肌上部和外侧部力量。

要领：一腿在后直立，一腿在前。两手各握拉力器一端置颈后，两肘外展，两臂用力前伸使两臂伸直。整个动作过程中保持头朝下姿势，并反复练习。

（五）弯举

作用：主要发展肱二头肌、肱肌、肌桡肌等力量。

要领：身体直立，反握杠铃，握距同肩宽，屈前臂将杠铃举至胸前。可坐着练习，也可用哑铃等器械练习，还可在综合练习器上进行手持杠铃或哑铃的练习。此外，也可采用仰卧弯举、肘固定弯举、斜板哑铃弯举进行练习。

（六）窄握距引体向上

作用：主要发展肱二头肌、肱肌、胸大肌和背阔肌力量。

要领：两手间隔不超过10厘米，掌心朝下，屈腕成钩，勾住单杠。从悬挂姿势开始，向上拉起至下颌过横杠。然后两肘关节保持在较高位置，以肘关节为轴心，上臂慢慢放下10～15厘米，然后再向上拉起，直至颈部触及横杠。整个动作要缓慢，有节奏，反复进行。

（七）双臂屈伸

作用：主要发展肱三头肌、胸大肌、背阔肌力量。

要领：不负重或脚上挂重物，捆上沙护腿、穿上沙衣等，在间距较窄的双杠上做双臂屈伸。练习时身体成反弓形，两肘紧靠身体两侧。向下屈臂时要充分，还原后重新开始。

（八）仰卧撑

作用：主要发展肱二头肌、三角肌、背阔肌力量。

要领：仰卧，两臂伸直撑在约50厘米高的台上或肋木上，屈臂，背部贴近高台（或肋木），然后快速推起至两臂伸直连续做10～15次。也可将双脚抬高加大难度或负重物练习。

二、前臂力量训练

前臂力量训练主要采用少组数（3～5组），多次数（16次以上），组与组之间间歇很短的练习方法。训练时应不断提高负荷（强度），用大负荷量（大强度）给予前臂充分刺激，从而使前臂力量迅速、充分地发展起来。

（一）腕屈伸

作用：主要发展手腕和前臂屈手肌群和伸手肌群力量。

要领：身体直立，两手反握或正握杠铃做腕屈伸，前臂固定在膝上或凳子上，腕屈伸至最高点，稍停顿，再还原。也可坐着练习，用哑铃或杠铃片做交替腕屈伸。也可采用斜板腕屈伸练习。

（二）旋腕练习

作用：主要发展前臂屈手肌群和伸手肌群力量。

要领：身体直立，两臂前平举，反握或正握横杠，用屈腕和伸腕力量卷起重物，反复练习。

（三）斜板正握弯举

作用：主要发展深层屈指肌力量。

要领：两手与肩同宽正握杠铃，把肘关节放在一块斜度约40°的木板上缘。掌心向下，慢慢将杠铃举起、放下。举起时，尽量把杠铃举至颈部。

三、肩部力量训练

肩部力量训练主要是指肩部肌群，特别是锁骨末端的三角肌的力量训练。肩部三角肌有三束肌肉，分为前部、侧部、后部，合起来围绕肩部形成一个圆球。每一束肌肉必须采用专门的动作，单个练习，才能使整个三角肌全面发展。另外，在发展三角肌力量时，做一些发展斜方肌的力量练习，以更有效地发展肩部力量。下面

介绍具体的技术动作。

（一）胸前推举

作用：主要发展三角肌侧前部肌肉，以及斜方肌、前锯肌、肱三头肌力量。

要领：两手持铃将杠铃翻起至胸部，然后立刻上推过头顶，再屈臂将杠铃放下置胸部，再上推过头顶，反复练习。也可用哑铃或壶铃练习。

（二）颈后推举

作用：基本同胸前推举。

要领：身体直立，挺胸别腰，握距同肩宽，将杠铃翻至颈后，然后将杠铃从颈后推起至两臂完全伸直，反复练习。练习时可坐着进行，也可采用宽握距或窄握距进行练习。

（三）翻铃坐推

作用：主要发展二角肌群和斜方肌力量。

要领：两手正握杠铃于体前下胸部，两臂上举杠铃稍高于头，然后被动用力将杠铃下放于颈后，再将杠铃从颈后推起，过头顶后，然后被动用力将杠铃慢慢降至体前下胸部，同开始姿势，反复练习。也可采用多种握距进行练习。

（四）两臂前上举

作用：主要发展三角肌侧部力量。

要领：两手正握杠铃，与肩同宽。向上提起杠铃至头顶高举。上举时肘关节外展，杠铃始终保持在距脸部 30 厘米处。用稳定节奏反复练习。

（五）直臂前上举

作用：主要发展三角肌前部、斜方肌、前锯肌、胸大肌力量。

要领：两脚自然分开，身体直立，两臂下垂同肩宽持铃，直臂向上举起杠铃。也可用哑铃或杠铃片进行练习。还可做仰卧直臂上举。

（六）持铃侧上举

作用：主要发展三角肌前侧部及斜方肌、前锯肌力量。

要领：两脚分开，自然站立，两手持哑铃（或杠铃片）置于肩部，上举过头后，两臂慢慢展开，掌心向下成侧平举。然后还原成开始姿势，重新开始练习。

（七）直臂侧上举

作用：主要发展二角肌、斜方肌、前锯肌力量。

要领：身体直立，两臂下垂持哑铃或杠铃片，做直臂侧上举。也可做侧卧直臂上举、坐姿侧上举。

（八）俯卧飞鸟

作用：主要发展二角肌后部以及斜方肌、胸大肌、大圆肌力量。

要领：俯卧于练习凳上，两臂稍屈，向外侧举哑铃成飞鸟姿势，两臂还原时放松，反复练习。此动作也可采用直立飞鸟、仰卧飞鸟进行。还可用杠铃片进行练习。

（九）俯立臂平举

作用：主要发展三角肌、斜方肌、大圆肌的力量。

要领：上体前屈与地面平行，两臂下垂各执一哑铃，然后两臂向侧举哑铃至最高点，稍停，再还原。

（十）持铃侧前平举

作用：主要发展三角肌群力量。

要领：两脚靠拢站立，双手持哑铃于大腿前，先向两侧同时举起哑铃，然后向前平举，还原至开始位置再重复。练习时，肘关节始终保持稍弯曲。

四、背部力量训练

背部力量训练的目的是充分发展人体第二大肌肉一背阔肌（股四头肌最大），以及大圆肌、斜方肌、冈下肌、小圆肌、前锯肌、骶棘肌等肌群力量。在训练时动作要准确，并使肌肉充分收缩，从而使背部力量得到充分锻炼。

（一）高翻

作用：主要发展背阔肌、斜方肌、骶棘肌力量。

要领：两脚站距约同肩宽，双手正握杠铃，握距同肩宽，挺胸别腰，将杠铃提起至大腿中下部迅速发力，翻举至胸部，还原后再反复练习。

（二）持铃耸肩

作用：主要发展斜方肌力量。

要领：身体直立，正握杠铃，然后以肩部斜方肌的收缩力，使两肩胛向上耸起

（肩峰几乎触及耳朵），直至不能再高时为止，还原后反复进行练习。

（三）俯立划船

作用：主要发展背阔肌上、中部以及斜方肌、一角肌力量。

要领：上体前屈90°，抬头，正握杠铃。然后两臂从垂直姿势开始，屈臂将杠铃拉近小腹后还原，再重新开始。上拉时，应注意肘靠近体侧，上体固定，不屈腕。为了减少腰部负担，也可将前额顶在山羊或鞍马上进行练习，还可采用各种握距练习，也可采用壶铃、哑铃、杠铃片等器械练习。

（四）俯卧上拉

作用：主要发展背阔肌、斜方肌、三角肌力量。

要领：俯卧练习凳上，两臂悬空持杠铃，两臂同时将杠铃向上提起，稍停，再还原，反复进行。也可采用哑铃和壶铃进行练习。

（五）直腿硬拉

作用：主要发展骶棘肌、背阔肌、斜方肌、臀大肌以及股二头肌、半腱肌、半膜肌、大收肌等伸展躯干和伸髋的肌肉力量。

要领：两腿伸直站立，上体前屈，挺胸紧腰，两臂伸直，用宽握或窄握距握住杠铃，然后伸髋、展体将杠铃拉起至身体挺直。还原后重新开始，每组练习2～5次。上拉时应注意腰背肌群要收紧，杠铃靠近腿部。

五、腰部力量训练

（一）山羊挺身

作用：主要发展伸展躯干和伸髋的肌肉力量。

要领：俯卧在山羊（或鞍马）上，两脚固定在肋木间，两手在颈后固定杠铃或杠铃片（力量较小者也可不负重），做体前屈与挺身起。前屈时慢些，挺起要充分，身体成反弓形。也可俯卧在长凳上，固定两腿做负重的（或不负重）俯卧挺身，或做两端都固定的俯卧挺身静力练习。

（二）负重弓身

作用：主要发展骶棘肌、斜方肌、臀大肌、股二头肌、半腱肌、半膜肌、大收肌力量。

要领：两臂持杠铃于颈后，两腿开立约与肩宽，身体直立，腰和腿收紧，上体慢慢前屈，臀部后移（像鞠躬动作），使上体成水平状态，然后向上挺直身体。可做直腿或屈腿弓身，也可坐在凳上做弓身。

（三）负重体侧屈

作用：主要发展腹内外斜肌、腹直肌、骶棘肌、臀中肌等使躯干侧屈的肌肉力量。

要领：两腿开立约与肩宽，肩负杠铃做左右体侧屈。练习时速度不宜太快，反复进行。

（四）负重侧拉

作用：基本同“负重体侧屈”。

要领：两腿伸直分开站立，一手提壶铃做体侧屈。练习时要求手臂伸直，身体尽量向侧下方弯曲，两侧轮换练习。此练习也可用哑铃或杠铃片进行，也可侧卧在长凳或山羊上，固定两腿做颈后持杠铃片的负重侧卧起。

（五）负重体回环

作用：主要发展躯干伸展，侧倾和屈曲肌群的力量。

要领：两腿伸直分开站立，两手握杠铃片或重物，两臂伸直以腰为轴做体回环动作。练习时速度要慢，反复进行。

六、胸部力量训练

发展胸部力量的方法很多，有徒手练习，也有用杠铃、哑铃、拉力器等器械训练的。要注意：所有上体高于下肢的斜板卧推和飞鸟动作有助于发展胸大肌上部力量；而下肢高于上体的斜板卧推和飞鸟动作有助于发展胸大肌下部力量。平卧做卧推时，其效果取决于杠铃推起和放下的位置。如杠铃靠近颈部，发展的是胸大肌上部力量；如杠铃放近乳头一线，发展的是胸大肌中部力量。交叉拉力器练习也是如此，两手相交位置高，发展胸大肌上部力量；反之则发展下部力量。

（一）颈上卧推

作用：主要发展胸大肌上部、肱三头肌以及三角肌力量。

要领：仰卧于卧推架上，可采用宽、中、窄三种握距，手持杠铃或哑铃，先屈臂将其放于颈根部，两肘尽量外展，将杠铃推起至两臂完全伸直，反复进行。

（二）斜板卧推

作用：主要发展胸大肌下部、肱三头肌和三角肌力量。

要领：宽握杠铃仰卧于斜板上，脚高于头，朝着胸中部慢慢放下杠铃，肘关节外展与身体成 90°角，然后迅速用力向上举起杠铃，再以稳定节奏反复进行练习。此动作也可用哑铃进行练习。

（三）仰卧扩胸（飞鸟）

作用：主要发展胸大肌、三角肌、前锯肌力量。

要领：仰卧在练习凳上，两手各执一哑铃做向体侧放低与上举动作。放低时可稍屈肘，充分扩胸。上举时臂伸直。可采用不同斜度练习，也可用杠铃片做此动作。

（四）直臂扩胸

作用：向前主要发展胸大肌、二角肌前部、前锯肌力量；向后主要发展背阔肌、三角肌后部、斜方肌力量。

要领：身体直立，两手各持一个哑铃或杠铃片，先直臂向胸前与肩关节成水平位置举起，然后直臂向两侧充分扩胸，还原后反复练习。

（五）直臂侧下压

作用：主要发展胸大肌、背阔肌力量。

要领：两臂侧上举各握住一拉力器，然后用胸大肌和背阔肌力量做直臂侧下压，反复练习。也可做侧卧直臂下压。

七、腹部力量训练

腹部力量训练的重点是发展腹外斜肌、腹内斜肌、腹直肌、髂腰肌力量。腹肌收缩主要是用来缩短骨盆底部至胸骨间的距离。这种收缩动作在幅度充分的仰卧起坐或仰卧举腿中，只占很小一部分。因此，半仰卧起坐（即上体抬起幅度为全幅度的 1/4 或 1/2）等动作是比较好的发展腹部力量的方法。

（一）仰卧起坐

作用：主要发展腹直肌、髂腰肌力量。

要领：仰卧凳上或斜板上，两足固定，两手抱头，然后屈上体坐起，再还原，反复进行。也可两手于颈后持杠铃片或其他重物负重练习。

(二) 半仰卧起坐

作用：主要发展腹直肌上部力量。

要领：平躺地上或练习凳上，两手持杠铃片置于头后，两足固定。上体向前上方卷起，同时两膝逐步弯曲。练习时，注意背下部和腹部不能因上体抬起而离开地面或练习凳。用力吸气，放松呼气，收缩时停 2 秒。也可将负重物放在胸前上部进行练习。

(三) 蛙式仰卧起坐

作用：主要发展腹直肌力量。

要领：仰卧垫上，两脚掌靠拢，两膝分开，两手置头后，向上抬头，使腹肌处于紧张收缩状态，2 秒后还原重新开始。

(四) 仰卧举腿

作用：主要发展腹直肌、髂腰肌力量。

要领：卧仰在斜板上，两手置身体两侧握住斜板，然后两腿伸直或稍屈向上举至垂直。

(五) 悬垂举腿

作用：同仰卧举腿。

要领：两手同肩宽上举握住单杠，身体悬垂，然后两腿伸直或稍屈向上举至水平位置，反复练习。另外，也可在双杠上做两臂支撑的悬垂举腿。

八、腿部力量训练

(一) 颈后深蹲

作用：除主要发展股四头肌、股二头肌、臀大肌力量外，还能有效地发展伸髋肌群力量。

要领：上体正直，挺胸别腰，抬头，两手握杠将杠铃放置颈后肩上。做动作时，保持腰背挺直，抬头收腹，平稳屈膝下蹲。根据不同的任务和要求，可采用不同的站距（宽、中、窄）和不同的速度（快速、中速、慢速、反弹）来做。下蹲或起立时膝与脚尖方向应一致。

（二）胸前深蹲

作用：基本同颈后深蹲，但前蹲由于胸部所受的压力较大，参与完成伸膝、屈足肌群工作的阻力矩大，因此能更有效地发展伸膝肌群和躯干伸肌的力量。

要领：上体正直，挺胸别腰，抬头，两手握杠将杠铃放置两肩胛和锁骨上，平稳屈膝下蹲。其余要领同颈后深蹲。

（三）半蹲

作用：发展伸膝肌群力量与躯干支撑力量，特别是股四头肌的外、内侧肌，股后肌群和小腿头肌。

要领：正握杠铃于颈后肩上，挺胸别腰，屈膝下蹲近水平位置时，随即伸腿起立。其余要领同“颈后深蹲”。此练习也可采用坐蹲进行。

（四）半静蹲

作用：主要发展伸膝肌群力量和躯干支撑力量。

要领：颈后或胸前持铃屈膝下蹲至大腿水平部位，保持这个姿势不动，或做好半蹲姿势对抗不动物体，静止 6～12 秒。也可根据动作结构和需要，用不同角度来做。

（五）举腿

作用：主要发展股四头肌、臀大肌、股二头肌、半腱肌、半膜肌、大收肌、小腿三头肌、屈足肌群力量。

要领：仰卧于升降练习架下，两腿蹬住练习架做腿屈伸动作。练习时，可采用不同的速度（快、中、慢）和两腿间距（可膝脚靠拢，也可分开）进行。

九、全身力量训练

（一）窄上拉

作用：主要发展骶棘肌、斜方肌、前锯肌、臀大肌、股二头肌、半腱肌、半膜肌、大收肌、股四头肌、三角肌、肱肌、小腿三头肌、屈足肌群力量。

要领：站距约与髋同宽，靠近横杠。两臂下垂，握距约同肩宽，挺胸别腰，下蹲提铃。当杠铃提拉到大腿中下部时，全身骤然用力，迅速做出蹬腿、伸髋、展体、起踵、耸肩、提肘动作，使杠铃继续上升，身体随之做屈膝、半蹲或直腿动作，同时顺势提肘。窄上拉包括膝上窄拉、悬吊式窄拉、直腿拉、窄硬拉等多种练习方法。

（二）宽上拉

作用：基本同窄上拉。

要领：宽握距握杠，预备姿势同窄上拉。当杠铃上拉到大腿中上部时，迅速做出蹬腿、伸髋、展提、耸肩、提肘、起踵动作。宽上拉也包括膝上拉、悬吊式上拉、直腿拉、宽硬拉等多种作法。也可用助握带进行练习。

（三）高抓

作用：主要发展伸膝、伸髋、伸展躯干及肩带肌群力量，并能有效地发展爆发力。

要领：高抓技术包括预备姿势、提铃、发力、半蹲支撑等四个部分。预备姿势、提铃、发力部分同宽上拉。半蹲支撑是在发力时提肘的瞬间开始，这时杠铃即将转入惯性运动，腿部已能自由动作，两腿随即迅速屈膝半蹲，两臂在半蹲开始时积极提肘继续提铃，当身体降至横杠高过头部瞬间，以肘为“轴”甩前臂，将杠铃锁肩支撑在头部上方。另外，也可用分腿高抓和直腿高抓做此动作。

（四）箭步抓

作用：基本同高抓，并能有效发展爆发力。

要领：预备姿势、提铃、发力同宽上拉。在发力即将结束时，做前后箭步分腿，与此同时，将杠铃提拉过头顶，伸直两臂做锁肩支撑，反复练习。

（五）抓举（下蹲式抓举）

作用：基本同高抓，并能有效发展全身力量及爆发力。

要领：完整的抓举包括预备姿势、提铃、发力、下蹲支撑与起立四个部分。前三个部分基本同宽上拉。下蹲支撑与起立是在发力即将结束的瞬间，屈膝下蹲，提肘伸臂，将杠铃锁肩支撑于头顶上方并随即伸膝起立。

第三节　大学生的耐力素质训练管理

在发展耐力素质时，一般注重肌肉耐力，有氧、无氧耐力的训练。以下根据教学训练的体会，提供一些发展耐力素质的方法，供教学训练时参考。

一、肌肉耐力练习

肌肉耐力练习的内容与力量练习大致相同，只是负荷的强度较小，练习持续的

时间、反复次数要长与多些，具体练习应针对各运动专项的特点、要求，选择不同的练习、持续时间（或重复距离、次数）以及强度的要求。

（一）1 分钟立卧撑撑

由直立姿势开始，下蹲两手撑地，伸直腿成俯撑，然后收腿成蹲撑，再还原成直立。每次做 1 分钟，4～6 组，间歇 5 分钟，强度为 50%～55%。要求动作规范，必须站起来才算完成一次练习。也可以穿上沙背心做该练习。或做立卧撑接蹲跳起，则强度稍大，做 30 次为一组，组间歇为 10 分钟。

（二）重复爬坡跑

在 150 的斜坡道或 15°～20°的山坡上进行上坡跑。重复 5 次或更多些，跑距 250 米或更多些，间歇 3～5 分钟，强度为 60%～70%。也可根据训练目的决定强度，可以心率控制运动强度，也可穿沙背心进行。

（三）连续半蹲跑

成半蹲姿势（大小腿成 100°角左右），向前跑 50～70 米。重复 5～7 次，每组间歇 3～5 分钟，强度为 60%～65%。不规定速度，走回来时尽量放松。在进行下次练习前，可做 15 秒贴墙手倒立。

（四）连续跑台阶

在高 20 厘米的楼梯或高 50 厘米的看台上，连续跑 30～50 步，如跑 20 厘米高的楼梯，每步跑 2 级。重复 6 次，每次间歇 5 分钟，强度为 55%～65%。要求动作不能间断，但不规定时间。向下走时尽量放松，心率恢复到 100 次/分时可开始下一次练习，也可穿沙背心做该练习。

（五）沙滩跑

在沙滩上做快慢交替自由跑，每组 500～1000 米。也可穿沙背心跑，速度变化和要求可因人制宜。做 4～6 组，组间歇 10 分钟，强度为 50%～55%。

（六）逆风跑或负重耐力跑

遇飓风天气（风力不超过 5 级）可在场地或公路上做持续长距离逆风跑，也可做 1000 米以上的重复跑。重复次数 4～6 次，间歇 5 分钟，强度为 55%～60%。可穿沙背心进行负重耐力跑，要求与间歇同。

（七）原地间歇高抬腿跑

原地或前支撑做高抬腿跑练习。每组100～150次，6～8组，每组间歇2～4分钟，强度为55%～60%。要求动作规范，不要求时间，但动作要不间断地完成，也可负重做练习，但每组练习次数及组数可适当减少。

（八）原地间歇车轮跑

原地做车轮跑。每组50～70次，6～8组，组间歇2～4分钟，强度为50%～60%。也可扶墙借助支撑物完成。

（九）后蹬跑

后蹬跑每次100～150米或负重后蹬跑60～80米，6～8组，组间歇3～5分钟，强度为50%～60%。

（十）连续换腿跳平台

平台高度30～45厘米，单脚放在平台上，另一脚在地上支撑，两脚交替跳上平台各30～50次。要求两臂协调配合，上体正直，重复3～5组，组间歇3分钟，强度为55%～65%。

（十一）长距离多级跳

在跑道上做多级跳。每组跳80～100米，30～40次，3～5组，组间歇5分钟，强度为60%～70%。如果规定完成时间，强度会大大提高，注意组间的恢复情况。

（十二）半蹲连续跳

在草地上做连续向前双脚跳，落地成半蹲（膝关节90°～100°角），落地后迅速进行第二次。每组20～30次，（也可50～60米），重复3～5组，组间歇5分钟，强度为55%～60%。

（十三）连续深蹲跳

原地分腿站立，连续做原地深蹲跳起或在草地上向前深蹲跳。要求落地即起。每组20～30次或30～40米，重复3～5组，组间歇5～7分钟，强度为55%～65%。

（十四）沙地负重走

沙滩上，肩负杠铃杆或背人做负重走。每组800米，5～7组，组间歇3分钟，

强度为55%～60%，注意心率指标保持在130～160次/分。

（十五）沙地竞走

沙滩或沙地上做竞走。每组500～1000米，做4～5组，组间歇3分钟，强度为55%～60%。要求动作规范，尽可能提高速度。

（十六）沙地后蹬跑或跨步跳

沙滩或沙地上做后蹬跑或跨步跳。每组后蹬跑80～100米（跨步跳50～60米），重复3～5组，组间歇5分钟，强度为55%～70%。

（十七）水中高抬腿跑

在40～50厘米深的浅水池中，做原地高抬腿跑。每组100次，4～6组，组间歇4分钟，强度为55%～60%。也可穿插进行行进间高抬腿跑，间歇则应稍长些。

（十八）水中支撑高抬腿

在40～50厘米深的浅水池中，两手扶池壁前倾支撑做高抬腿练习。每组50次，4～6组，组间歇5分钟，强度为55%～60%。也可在水中行进间后蹬跑穿插进行，间歇则应延长到8～10分钟。

（十九）负重连续转跳

肩负杠铃杆等轻器械做连续原地轻跳或提踵练习。每组30～50次，重复6～8组，组间歇3～5分钟，强度为40%～50%。

（二十）连续跳推举

原地蹲立，双手握杠铃杆，提铃至胸后，连续做跳推举杠铃杆。每组20～30次，4～6组，间歇3分钟，强度为40%～60%。

二、无氧耐力练习

（一）原地间歇高抬腿跑

原地做快速高抬腿练习。如发展非乳酸性无氧耐力，则可做每组5秒、10秒、30秒快速高抬腿练习，6～8组，间歇2～3分钟，强度为90%～95%。要求越快越好。如发展乳酸性无氧耐力，则可做1分钟练习，或100～150次为一组，6～8组，每组间歇2～4分钟，强度为80%，要求动作规范。也可前支撑做高抬腿跑练习。

（二）高抬腿跑转加速跑

行进间高抬腿跑 20 米左右转加速跑 80 米。重复 5～8 次，间歇 2～4 分钟，强度为80％～85％。

（三）原地或行进间间歇车轮跑

原地或行进间做车轮跑。每组 50～70 次，6～8 组，组间歇 2～4 分钟，强度为75％～80％。

（四）间歇后蹬跑

行进间做后蹬跑。每组 30～40 次或 60～80 米，重复 6～8 次，间歇 2～3 分钟，强度为 80％。

（五）反复起跑

蹲踞式或站立式起跑 30～60 米。每组 3～4 次，重复 3～4 组，每次间歇 1 分钟，组间歇 3 分钟。

（六）反复跑

跑距为 60 米、80 米、100 米、120 米、150 米等。重复次数应根据距离的长短及运动员水平而定。一般每组 3～5 次，重复 4～6 组，组间歇 3～5 分钟，强度一般的心率控制，如短于专项的距离，练习时心率应达 180 次/分，间歇恢复至 120 次/分时，就可以进行下次练习。如发展乳酸耐力，距离要长些，强度小些。

（七）间歇行进间跑

行进间跑距为 30 米、60 米、80 米、100 米等。计时进行。每组 2～3 次，重复 3～4 组，每次间歇 2 分钟，组间歇 3～5 分钟，强度为 80％～90％。

（八）计时跑

可做短于专项距离的重复计时跑或长于专项距离的计时跑。重复次数 4～8 次（根据距离而定），间歇 3～5 分钟，强度为 70％～90％，根据运动员水平及跑距而定，距离短，强度大些。

（九）间歇接力跑

跑道上，4 人成 2 组，相距 200 米站立，听口令起跑，每人跑 200 米交接棒，

每人重复8～10次。要求每棒跑的时间。

（十）迎面拉力反复跑

跑道上，两队相距100米，每队4～5人，迎面接力跑每人重复5～7次。强度为70％～80％。

（十一）反复加速跑

跑道上加速跑100米或更长距离，跑完后放松走回再继续跑，反复8～12次。强度为70％～80％。

（十二）反复超赶跑

在田径场跑道或公路上，10人左右成纵队慢跑或中等速度跑，听口令后，排尾加速跑至排头。每人重复循环6～8次，强度65％～75％。

（十三）变速跑

变速快跑与慢跑结合进行。快跑段与慢跑段距离，应根据运动员专项而定。如发展非乳酸性无氧耐力，则常采用50米快、50米慢、100米快、100米慢或直道快、弯道慢或弯道快、直道慢等。为发展乳酸性无氧耐力，常采用400米快＋200米慢，或300米快＋200米慢，或600米＋快200米慢等。强度为60％～80％。

（十四）反复变向跑

在场地上听口令或看信号做向前、后、左、右的变向跑。每次2分钟，重复3～5组，组间歇3～5分钟，强度为65％～70％。变向跑的每一段落均为往返跑，即跑出去后，返回起跑位置，每一段落至少50米。间歇后心率恢复到120次/分以下，再开始继续练习。

（十五）变速越野跑

在公路、树林、草地、山坡等地进行越野跑，在越野跑中做50～150米或更长些距离的加速跑或快跑段落。加速或快跑的距离为1000～1500米，强度为60％～70％。

（十六）反复连续跑台阶

在每级高20厘米的楼梯或高50厘米的看台上，连续跑30～40步台阶，每步2级，重复6次，每次间歇5分钟，强度为65％～70％。要求动作不间断，也可定时完成。

（十七）球场往返跑

篮球场端线站立，听口令起跑至对面端线后再转身跑回。每组往返 4～6 次，重复 4～6 组，强度为 60%～70%。

（十八）连续侧滑步跑

跑道上，身体侧对前进方向，做侧向滑步跑 100～150 米。重复 5～6 组，组间歇 3～5 分钟，强度为 60%～70%，每次心率达 160 次/分。

（十九）综合跑

在跑道上，做向前跑、倒退跑及左右滑步跑，每种方式跑 50～100 米，每次跑 400 米，重复 3～5 组，组间歇 3～5 分钟，强度为 60%～70%。

（二十）法特莱克跑

在场地、田野或公路上，用不同的速度跑 3000～4000 米，强度为 60%～70%。可以采用阶梯式变速方法，如 50 米快、100 米慢、100 米快、150 米慢等。

三、有氧耐力练习

（一）定时跑

在场地、公路或树林中做 10～20 分钟或更长时间的定时跑。强度为 50%～55%。

（二）定时定距跑

在场地或公路上做定时跑完固定距离的练习。如要求在 14～20 分钟内跑 3600～4600米，强度为 50%～60%。

（三）变速跑

在场地上进行，快跑段、慢跑段距离应根据专项任务与要求决定。一般常以 400 米、600 米、800 米、1000 米等段落进行。例如，中距离跑运动员常用 400 米快跑、200 米慢跑的变速或 600 米快跑、200～400 米慢跑等变速；长跑运动员常采用 1000 米快、400 米慢等变速。重复次数一般 4～8 次为 1 组，1～2 组，组间歇 10～12 分钟。一般以心率控制，快跑段落心率控制在 140 次/分左右，慢跑段心率恢复到 120 次/分以下，间歇时心率恢复到 100 次/分以下时，开始下一组练习。

（四）重复跑

在跑道上进行，重复跑的距离、次数与强度也应根据专项任务与要求而定。发展有氧耐力重复跑强度不应大，跑距应较长些。一般重复跑距为600米、800米、1000米、1200米等，重复次数一般为4～10次。强度为50％～60％。

（五）越野跑

在公路、树林、草地、山坡等场地进行。跑的距离要求，一般在4000米以上，多可达10000～20000米。如以时间计算，一般在20分钟以上，多可达1小时以上。强度为40％～50％。

（六）法特莱克跑

在场地、田野、公路上进行，自由变速的越野跑或越野性游戏。最好在公园、树林中进行，约30分钟，也可更长些时间。强度为50％左右。

（七）定时走

在场地、公路或其他自然环境中按规定时间做自然走或稍快些自然走。一般走30分钟左右。强度为40％～50％。

（八）大步走、交叉步走或竞走

在场地、公路或其他自然环境中做大步快走、交叉步走或几种走交替进行。每组1000米左右，4～6组，间歇3～4分钟。强度为40％～50％。

（九）沙地连续走或负重走

海滩沙地徒手快走或负重（杠铃杆或背人）走。徒手快走每组400～800米，负重走每组200米，做5～7组，间歇3分钟，强度为45％～60％，心率控制在160次/分以下。

（十）沙地竞走

海滩沙地上竞走练习，每组500～1000米，4～5组，间歇3分钟，强度为55％～60％。

（十一）竞走追逐

在跑道上，两人前后相距10米，听口令开始竞走，后者追赶前者，每组400～

600 米，4～6 组，强度为 50%～60%。必须按竞走技术标准的要求，不能犯规，每组结束放松慢跑 2 分钟。

（十二）水中定时游

不规定游泳姿势及速度，规定在水中游一定的时间，如不间断地游 15 分钟、20 分钟等。强度为 40%～50%。要求不间断地游。

（十三）水中快走或大步走

在深 30～40 厘米的浅水池中，做快速走或大步走练习，每组 200～300 米或 100～150 步，4～5 组，间歇 5 分钟，强度为 50%～55%。

（十四）连续踩水

在游泳池深水区，手臂露出水面做踩水练习。每次 2～4 分钟，4～5 次，间歇 3 分钟，强度为 45%～60%。也可以要求肩部露出水面，加大难度。

（十五）5 分钟运球跑

篮球场内，以单手或双手交替运球跑动 5 分钟，3～5 次，间歇 2 分钟，强度为 45%～60%。要求不间断进行，或要求一定距离。

（十六）10 分钟带球跑

足球场内不限区域，中速带球运球跑 10 分钟，2～3 组，组间歇 5 分钟，强度为 40%～50%。要求不间断跑动，不能静止运球。

（十七）3 分钟以上跳绳或跳绳跑

在跑道上做两臂正摇原地跳绳 3 分钟或跳绳跑 2 分钟。4～6 次，间歇 5 分钟，强度为45%～60%。要求每次结束时，心率在 140～150 次/分，恢复至 120 次/分以下开始下一次练习。

（十八）登山游戏或比赛

在山脚下听口令起动，规定山上终点的标记，可以自选路线登山或规定路线登山，可进行登山比赛或途中安排些游戏，如埋些“地雷”，规定各队要找出几个“地雷”后集体到达终点，早者为胜等。强度为 40%～60%。

（十九）长时间滑雪、滑冰

连续不间断地进行15分钟以上的滑雪及滑冰活动。强度在40％～60％。

（二十）长时间划船

连续不间断地进行20分钟以上的划船。强度在50％～60％。

第四节　大学生的柔韧素质训练管理

柔韧素质的发展应从各项目的特点出发，有目的、有选择地进行。以下根据教学训练体会，提供一些发展柔韧素质的方法，供教学训练时参考。

一、手指手腕柔韧性练习

（1）握拳、伸展反复练习。

（2）两手五指相触用力内压，使指根与手掌背向成直角或小于直角。

（3）两手五指交叉直臂头上翻腕，掌心朝上。

（4）手腕屈伸、绕环。

（5）手指垫高的俯卧撑。

（6）杠铃至胸，用手指托住杠铃杆。

（7）用左手掌心压右手四指，连续推压。

（8）面对墙站立，连续做手指推撑。

（9）左、右手指交替抓下落的棒球（或小铅球）。

（10）靠墙倒立。

二、肩关节柔韧性练习

（一）压肩

（1）手扶一定高度体前屈压肩。

（2）双人手扶对方肩，体前屈直臂压肩。

（3）面向墙一脚距离站立，手、大小臂、胸触墙压肩（逐渐加大脚与墙的距离）。

（4）练习者背对横马并仰卧在鞍马上，另一人在后面扶着他上臂下压。

（5）两人互相以手搭肩，身体前倾，向下有节奏地压肩。

(二) 拉肩

(1) 双人背向两手头上拉住，同时做弓箭步前拉。

(2) 练习者站立，两手头上握住。帮助者一手拉练习者头上手，一手顶背助力拉。

(3) 练习者俯卧，两手相握头上举或两手握木棍。帮助者坐练习者身上，一手拉木棍一手顶其背助力拉。

(4) 背对肋木坐，双手头上握肋木，以脚为支点，挺胸腹前拉起成反弓形。

(5) 背向肋木站，双手反握肋木，下蹲下拉肩。

(6) 背向肋木屈膝站肋木上，双手头上握肋木，然后向前蹬直双腿胸腹用力前挺。

(7) 侧向肋木，一手上握一手下握肋木向侧拉。

(8) 体前屈坐垫上，双手后举，帮助者握其两手向前上推助力拉。

(三) 吊肩

(1) 单杠各种握法（正、反、反正、翻等握法）的悬垂摆动。

(2) 单杠负重静力悬垂。

(3) 杠悬垂或加转体。

(4) 后吊：单杠悬垂，两腿从两手间穿过下翻成后吊。

(四) 转肩

用木棍、绳或橡皮筋作直臂向前、向后的转肩（握距逐渐缩小）。

三、腰腹部柔韧性练习

(1) 弓箭步转腰压腿。

(2) 两脚前后开立，向左后转，向右后转，来回转腰。

(3) 体前屈手握脚踝，尽量使头、胸、腹与腿相贴。

(4) 站在一定高度上做体前屈，手触地面。

(5) 分腿体前屈，双手从腿中间后伸。

(6) 分腿坐，脚高位体前屈，帮助者可适当用力压其背部助力压。

(7) 后桥练习，逐渐缩小手与脚距。

(8) 向后甩腰练习。

(9) 俯卧撑交替举后腿，上体尽量后抬成反弓形。

(10) 双人背向，双手头上握或互挽臂互相背。

(11) 肩肘倒立下落成屈体肩肘撑。

四、胸部柔韧性练习

（1）俯卧背屈伸。练习者腿部不动，积极抬上体、挺胸。

（2）虎伸腰。练习者跪立，手臂前放于地下，胸向下压。要求主动伸臂，挺胸下压。

（3）练习者面对墙站立，两臂上举扶墙，抬头挺胸压胸。要求让胸尽量贴墙，幅度由小到大。

（4）练习者背对鞍马头站立，身体后仰，两手握环使胸挺出。要求充分伸臂，顶背拉肩，挺胸。

（5）练习者并腿坐在垫子上，臂上举，同伴在背后一边向后拉其双手，一边用脚蹬练习者肩背部，向后拉肩振胸。

五、下肢柔韧性练习

（1）前后劈腿可独立前后振压，也可以将腿部垫高，由同伴帮助下压。

（2）左右劈腿练习者仰卧在垫子上，屈腿或直腿都可以，由同伴扶部不断下压。

（3）压腿将脚放在一定高度上，另一腿站立脚尖朝前，然后正压（勾脚）、侧压、后压。

（4）踢腿原地扶把杆或行进，正踢（勾脚）、侧踢、后踢。

（5）摆腿向内、向外摆腿。

（6）控腿手扶支撑物体，前控、侧控、后控。

（7）弓箭步压腿。

（8）跪坐压脚面。

（9）在特制不同形状的练习器上练习脚腕不同方位的柔韧性（特制练习器械见弹跳力部分）。

（10）用脚内侧、外侧、脚跟、脚尖走。

（11）负重深蹲，脚跟不离地使脚尽量弯曲。

（12）双刀腿坐，双脚互相顶位，双手相拉，一人前俯后仰。

（13）背对背坐，双手头上拉，一人前俯，一人后仰。

六、踝关节和足背部桑韧性练习

（1）练习者手扶腰部高度肋木，用前脚掌站在最下边的肋木杠上，利用体重上下压动，然后在踝关节弯曲角度最大时，停留片刻以拉长肌肉和韧带。

（2）练习者跪在垫子上，利用体重前后移动压足背，也可将足尖部垫高，使足背悬空做下压动作，增加练习时的难度。

（3）练习者坐在垫子上，在足尖部上面放置重物，压足背。

（4）做脚前掌着地的各种跳绳练习。

（5）做脚前掌着地的各种方向、各种速度的行走练习。

第五节　大学生的灵敏素质训练管理

灵敏素质是人体综合能力的反映，受遗传因素影响很大。为了提高灵敏素质，教练员应尽可能采取逐渐增加复杂程度的练习方式，也可以通过改变条件、器械、器材等方式增加技术动作的复杂性和难度。同时，还应着重培养和提高运动员掌握动作的能力、反应能力、平衡能力、观察能力、节奏感等。

一、灵敏素质练习的主要手段

（1）在跑、跳中做迅速改变方向的各种跑、躲闪、突然起动以及各种快速急停和迅速转体练习等。

（2）做各种调整身体方位的练习。

（3）做专门设计的各种复杂多变的练习，如用之字跑、躲闪跑、穿梭跑和立卧撑 4 项组成的综合性练习。

（4）以非常规姿势完成的练习，如侧向或倒退跳远、跳深等。

（5）限制完成动作的空间练习，如在缩小的球类运动场地进行练习。

（6）改变完成动作的速度或速率的练习，如变换动作频率或逐步增加动作的频率。

（7）做各种变换方向的追逐性游戏和对各种信号做出应答反应的游戏等。

二、灵敏素质练习的途径

发展灵敏素质是提高运动能力的一个非常重要的方面，在发展灵敏素质过程中，应该注意到：提高力量、速度、耐力、柔韧素质等是发展灵敏素质的基础；竞技体操、武术、技巧、滑冰、滑雪、各种球类运动等项目都是发展灵敏素质的有效项目；在专项练习复杂化的条件下反复练习与专项运动性质相似的动作，是发展专项灵敏素质的有效途径。发展灵敏素质的途径主要包括徒手练习、器械练习、组合练习和游戏等。

（一）徒手练习

1. 单人练习

主要有弓箭步转体、立卧撑跳转体、前后滑跳、屈体跳、腾空飞脚、跳起转体、

快速后退跑、快速折回跑等练习。

2. 双人练习

主要有躲闪摸肩、手触膝、过人、模仿跑、撞拐、巧用力等双人练习。

（二）器械练习

1. 单人练习

主要包括各种形式的个人运球、传球、顶球、颠球、托球等多种练习，单杠悬垂摆动、双杠转体跳下、挂撑前滚翻、翻越肋木、钻栏架、钻山羊以及各种球类运动、技巧运动、体操运动的专项技术动作的个人练习等。

2. 双人练习

主要包括各种形式的传接球、运球中抢球，双杠端支撑跳下换位追逐、肋木穿越追逐等双人练习。

（三）组合练习

1. 两个动作组合

两个动作组合练习主要有交叉步—后退跑，后踢腿跑—圆圈跑，侧手翻—前滚翻，转体俯卧—膝触胸，变换跳转髋—交叉步跑，立卧撑—原地高抬腿跑等。

2. 三个动作组合

三个动作组合练习主要有交叉步侧跨步—滑步—障碍跑，旋风脚—侧手翻—前滚翻，弹腿—腾空飞脚—鱼跃前滚翻，滑跳—交叉步跑—转身滑步跑等练习。

3. 多个动作组合

多个动作组合练习主要有倒立前滚翻—单肩后滚翻—侧滚—跪跳起，悬垂摆动—双杠跳下—钻山羊—走平衡木，跨栏—钻栏—跳栏—滚翻，摆腿—后退跑—鱼跃前滚翻—立卧撑等练习。

（四）游戏

发展灵敏素质的游戏具有综合性、趣味性、竞争性的特点，能引起练习者的极大兴趣，使人全力以赴地投入活动，既能集中注意力、积极思维、巧妙对付复杂多变的活动场面，又能锻炼提高神经系统的灵活性和反应过程，有效地提高身体素质和运动技能。发展灵敏素质的游戏很多，主要包括各种应答性游戏、追逐性游戏和集体游戏等。

三、发展灵敏素质的具体方法

发展灵敏素质须从专项特点出发，重点综合发展反应、平衡、协调等能力。以下根据教学训练体会，提供一些发展灵敏素质的方法，供教学训练时参考。

（一）提高反应判断的练习

（1）按口令做相反的动作。

（2）按口令做动作。

（3）原地、行进间或跑步中听口令做动作。如：喊数抱团成组，加、减、乘、除简单运算得数抱团组合，看谁最快等。

（4）一对一追逐模仿。

（5）一对一互看对方背后号码。

（6）听信号或看手势急跑、急停、转身、变换方向的练习。

（7）听信号的各种姿势起跑。如：站立式、背向、蹲、坐、俯卧撑等姿势。

（8）跳绳两人摇绳，从绳下跑过转身，从绳上跳过等。

（9）一对一脚跳动猜拳、手猜拳、打手心手背、摸五官等练习。

（10）各种游戏。如叫号追人、追逃游戏、抢占空位、打野鸭、抢断篮球（一方攻、一方守，攻方运球强行通过，守方积极拦截抢夺，夺到球变为攻方运动员）等。

（二）发展平衡能力练习

（1）一对一面向站立，双手直臂相触，虚实结合相互推，使对方失去平衡。

（2）一对一弓箭步牵手互换面向站立，虚实结合互推互拉，使对方失去平衡。

（3）各种站立平衡：俯平衡、搬腿平衡、侧平衡等。

（4）头手倒立，肩肘倒立、手倒立停一定时间。

（5）在肋木上横跳、上下跳练习。

（6）做动作或急跑中听信号完成突停动作。

（7）在平衡木上做一些简单动作。

（8）发展旋转的平衡能力练习：①用手扶住体操棒，然后松手转身击掌再扶住体操棒使其不倒；②向上抛球转体 2 周、3 周再接住球；③跳转 360°前进，保持直线运行；④闭目原地连续转 5～8 周，然后闭目沿直线走 10 步，再睁眼看自己走的方向是否准确；⑤绕障碍曲线转体跑；⑥原地跳转 180°、360°、720°落地站稳。

（三）发展协调能力的练习

（1）一对一背向互挽臂蹲跳进、跳转。

（2）模仿动作练习。

（3）各种徒手操练习。

（4）双人头上拉手向同方向连续转。

（5）脚步移动练习。如：前后、左右、交叉的快速移动；单脚为轴的前后、转体的移动；左右侧滑步、跨跳步的移动。

（6）做小腿里盘外拐的练习。

（7）跳起体前屈摸脚。

（8）选用武术中的“二踢脚”“旋风脚”动作。

（9）双人跳绳。

（10）做不习惯方向的动作。

（11）改变动作的连接方式。

（12）选用健美操、体育舞蹈中的一些动作。

（13）简单动作组合练习。如：原地跳转360°接跳远。前滚翻交叉转体接后滚翻。跪跳起接挺身跳等。

（14）双人一手扶对方肩、一手互握对方脚腕，各用单脚左右跳、前后跳、跳转。

（四）选用体操中的一些动作

（1）前滚翻、后滚翻、侧滚翻。

（2）连续前滚翻或后滚翻。

（3）双人前滚翻一人仰卧，另一人分腿站在仰卧人的头两侧，双方互握对方两脚踝，然后作连续的双人前滚翻或后滚翻。

（4）连续侧手翻。

（5）双人侧手翻双人同向重叠站立，后面人抱住前面人的腰，然后共同完成侧手翻。

（6）鱼跃前滚翻（可越过一定高度的障碍物）。

（7）一人仰卧，两人各抓一只脚，同时用力上提，使其翻转站立。

（8）前手翻、头手翻、后手翻，团身后空翻。

（9）跳马、跳上、挺身跳下；分腿或屈腿腾越；直接跳越器械；跳起在马上作前滚翻。

（10）在低单杠上做翻上、支撑腹回环、支撑后摆跳下、支撑摆动向前侧跳下等简单动作。

（11）在低双杠上做肩倒立、前滚翻成分腿坐、向前支撑摆动越杠下，向后摆动越杠下等简单动作。

(五) 利用跳绳进行的一些练习方法

(1)“扫地”跳跃。练习者将绳握成多段，从下蹲姿势开始，将绳子做扫地动作，两脚不停顿地做跳跃练习。

(2)前摇2次或3次，双足跳1次，俗称“双飞”“三飞”。

(3)后摇一次，双足跳1次，俗称“后双飞”。

(4)交叉摇绳。练习者两手交叉摇绳，每摇一两次，单足或双足跳长绳子1次。

(5)集体跳绳。两名练习者摇长绳子，其他练习者连续不断地跳过绳子，每人应在绳子摇到最高点时迅速跟进，跳过绳子，并快速跑出。谁碰到绳子，与摇绳者交换。

(6)双人跳绳。同前，要求两名练习者手拉手跳3～5次后快速跑出。

(7)走矮子步。教练与一名队员将绳拉直，并把高度适当降低，队员在绳子下走矮子步和滑步与滑步动作。

(8)跳波浪绳。教练与一名队员双手握一根长绳子，并把绳子上下抖成波浪形，队员必须敏捷地从上跳过，谁碰到绳子，与摇绳者交换。

(9)跳蛇形绳。教练与一名队员双手握一根长绳，并把绳子左右抖动，使绳子像一条蛇在地上爬行，数个队员在中间跳来跳去，1分钟内触及绳子最少者为胜。

(10)跳粗绳(或竹竿)。教练双手握一根粗绳或竹竿，队员围成一个圆圈站立，当教练握绳或竿做扫圆动作时，队员立即跳起，触及绳索或竹竿者为败。

(六) 利用蹦床进行练习的一些方法

蹦床练习是训练高大队员灵敏素质、提高身体协调性和空中平衡能力的有效方法。

(1)原地向上腾起，两臂上举，使身体在空中伸展，然后下落。连续做5～10次。

(2)原地腾起，两臂上举，空中转体180°、360°。

(3)原地腾起，下落时成俯卧姿势，然后再腾起。

(4)原地腾起，体前屈，侧分腿，两手触及脚尖，然后直体双脚落地。

(5)原地腾起，在空中模仿挺身式跳远，分腿腾跃，足球守门员救球，排球运动员扣球、拦网，篮球运动员扣篮、跳水运动员的起跳、腾空、入水等动作。

(6)原地腾起，后空翻一周，双脚落地。

(7)原地腾起，前空翻一周，双脚落地。

(8)原地腾起，身体后倒，犹如失去平衡，然后臀部着地成直角坐地再腾起。

(9)原地腾起，落地跪立后再腾起。

（10）原地腾起，落地时成仰卧姿势，然后再腾起成站立姿势。

（七）灵敏性游戏

在灵敏性游戏的设计、选择、运用中，要注意把思维判断、快速反应、协调动作、节奏感等内容有机地结合起来。进行游戏时，要严格执行规则，防止投机取巧，遵守纪律，注意安全。

1. 形影不离

两人一组，并肩而站。右侧的人自由变换位置和方向，站在左侧的人必须及时跟进仍站到他的左侧位置。要求：随机应变，快速移动。

2. 模仿逼真

做两人一组，其中一人做站立或活动中的各种动作，并不断更换花样，其他人必须照着他的样子做。要求：领做者随意发挥，照做者模仿逼真。

3. 水、火、雷、电

练习者在直径为 15 米的圆圈内快跑，教练员接连喊“水”“火”“雷”“电”，所有人必须做出与之相适应的动作。要求：想象力丰富，变换动作快。

4. 互相拍肩

两人相对 1 米左右站立，既要设法拍到对方的肩膀，又要防止对方拍到自己的肩膀。要求：伺机而动，身手敏捷。

5. 单、双数互追

练习者按单、双数分成两组迎面相距 1～2 米坐下，当教练喊“单数”时，单数追双数，双数转身向后跑开 20 米；当教练喊“双数”时，双数追单数，单数转身向后跑开。要求：判断准确，起动迅速。

6. 抓“替身”

成对前后站立围成圈，指定人抓，另一人逃，逃者通过站到一对人的前面来逃脱被抓，后面的人立即逃开。当抓人者拍打着被抓者时，两人交换继续抓“替身”。要求：反应快、躲闪灵。

7. 双脚离地

练习者分散在指定的地方任意活动，指定其中几个为抓人者，听到教练的哨音后，谁的双脚离地就不抓他，抓人者勿缠住人不放。要求：快速悬垂、倒立、举腿等。

8. 听号接球

练习者围圈报数后向着一个方向跑动，教练持球站在圈中心，将球向空中抛起喊号，被喊号者应声前去接球。要求：根据时间和空间采取应急行动。

9. 老鹰抓小鸡

“小鸡”跟在“母鸡”背后，用手扶住前面人的髋。“老鹰”站在“母鸡”前面要抓后面的“小鸡”“母鸡”伸开双臂设法阻止。要求：斗智斗勇，巧用心计。

10. 围圈打猴

指定几个人当“猴”在圈中活动，余者作为“猎人”手持2～3个皮球围在圈外，掷球打圈中的“猴”（只准打腿部），被击中的“猴子”与掷球的“猎人”互换。要求：眼观六路，耳听八方，掷球准确，躲闪机灵。

11. 跋山涉水

用各种器械和物体设置山、水、沟、洞等，练习者采取相应动作越过去，山要攀登，水要划行，沟要跳越，洞要匍匐前进，看谁跋山涉水快。此游戏可分成两组计时比赛。要求：协调灵活，及时改变动作。

12. 传球触人

队员分散站在篮球场内，两个引导人利用传球不断移动，追逐场上队员并以球触及场内闪躲逃跑的队员，凡被球触及者参加传球，直到场上队员全部被触及为止。要求：传球者不得运球或者走步违例；闪逃者不准踩线或跑出界外。

13. 追逐拍、救人

队员分散站在场内，指定4名引导人为追逐者，其他队员闪躲逃跑。当有人被迫着时，需马上原地站立，两手侧平举。此时，同伴者可去拍肩救他，使之复活逃脱。由于在救人时可能被追拍，因此，该游戏可以培养自我牺牲的精神。要求：判断准确，闪躲敏捷，机智救人。

14. 活动篮圈

队员分两大组，每组设活动篮圈一个（两人双手伸直，相互握手）。教练抛球，两组跳球开始比赛，设法将球投入对方的活动篮圈中去，比哪组投中次数多。要求：按篮球规则进行比赛，活动篮圈可以跑动，但不能缩小，防守队员可以在篮圈附近防守。

15. 火中取栗

练习者分成两个小组，一个小组的人手挽手面向外围成一个圈子，以保护圈子中的几只球，另一个小组的人则设法钻进去把球取出来。要求：动作灵巧，合理对抗。

第六章　高校体育健康管理之心理健康管理

第一节　心理健康概述

一、心理与心理健康

（一）心理

恩格斯曾把人的心理比喻为地球上最美丽的花朵，苏轼也曾这样形容人的心理："江海不足以喻其深，山谷不足以配其险，浮云不足以比其变。"可见人的心理是多么神秘奇特、复杂多变。自古以来就有"人心难测，海水难量"之说，这是因为人的心理具有隐蔽性，"画虎画皮难画骨，知人知面不知心。"其次，人的心理具有复杂性，有些人的言与行不一致，表象与本质不相同。有的"大奸似忠"，有的"大诈似信"；有的"大智若愚"，有的"大巧若拙"；有的"大辩若讷"，有的"大勇若怯"。再次，我们可以借助仪器观察粒子世界的微妙，可以借助航天飞船在月球漫步，但对于人的心理，我们不能用手术刀把它解剖开来，借助显微镜观察它的结构。心理的这些特点，给我们了解、分析人的心理带来一定困难，可谓"管中难窥全豹，雾中难睹真景"。但人的心理又是可以推测的，心理支配行为，又通过行为表现出来。例如，人高兴时哈哈大笑，悲伤时痛哭流涕，害羞时脸色通红，愤怒时紧握拳头，悲恸时捶胸顿足，痛恨时咬牙切齿等。我们可以通过外部行为推测其内部心理过程。

心理活动尽管是人人具有并为大家所熟悉的，但是对它的实质却有各种说法。例如，有人把心理看成是虚无缥渺的、至高无上的灵魂活动的结果；有人庸俗地认为人脑产生心理如同肝脏分泌胆汁一样；有人认为心脏是心理活动的器官，理由是人的情绪平静时心脏跳动正常、情绪激动时心脏跳动加快。以上种种观点都是不正确的。科学的观点是：心理是脑的机能，即任何心理活动都产生于脑，所有心理活动都是脑的高级机能的表现，心理是客观现实的主观反映，即所有心理活动的内容都来源于外界，是客观事物在脑中的主观反映。

1. 心理是脑的机能、脑是心理活动的器官

心理活动是脑的机能，这是人们长期探索的结果。在古代，人们曾把心脏看作心理的器官，认为心理是心脏的机能。如荀子说“心居中虚，以治五官”“心卧则梦”；亚里士多德也认为精神位于心脏，而脑不过是一个“冷却”的装置。由于受传统观念影响，人们日常用语中，凡是与心理活动有关的词都含有“心”字，如“思”“恨”“意志”等。古人把心脏与心理联系起来，是企图找出心理活动的物质器官，但这是不符合事实的。

现代科学以无可置辩的事实证明：心理活动是脑的机能，脑是心理活动的器官。心理现象是随着神经系统的产生而出现，又是随着神经系统的不断发展和不断完善，才由初级不断发展到高级的。无机物和植物没有心理活动，没有神经系统的动物也没有心理，只有有了神经系统的动物才有心理活动。无脊椎动物的神经系统非常简单，像环节动物只有一条简单的神经索，它们只具有感觉的心理现象，只能认识事物的个别属性；脊椎动物有了脊髓和大脑，它们有了知觉的心理现象，能够对事物外部的整体加以认识；灵长类动物，像猩猩、猴子，大脑有了相当高度的发展，它们能够认识事物的外部联系，有了思维的萌芽，但是还不能认识到事物的本质和事物之间的内部联系。只有人类，才有思维，有意识，人的心理是心理发展的最高阶段，因为人的大脑是最复杂的物质，是神经系统发展的最高产物。所以，从心理现象的产生和发展的过程，也说明了心理是神经系统，特别是大脑活动的结果。脑是心理活动的器官，人们获得这一正确的认识经历了几千年。现在，这一论断得到了人们生活的经验、临床的事实，以及从心理发生和发展过程，脑解剖、生理研究所获得的大量资料的证明。

2. 心理是客观现实的反映

健全的大脑给心理现象的产生提供了物质基础，但是，大脑只是从事心理活动的器官，有反映外界事物产生心理的机能，心理并不是它自身所固有的。心理现象是客观事物作用于人的感觉器官，通过大脑活动而产生的，所以客观现实是心理的源泉和内容。离开客观现实来考察人的心理，心理就变成了无源之水、无本之木。对人来说，客观现实既包括自然界，也包括人类社会，还包括人类自己。20 世纪 20 年代印度发现的两个狼孩——让狼叼走养大的孩子，他们有健全的人的大脑，但是，他们脱离了人类社会，是在狼群里长大的，他们只具有狼的本性，而不具备人的心理。所以，心理也是社会的产物，离开了人类社会，即使有人的大脑，也不能自发地产生人的心理。

心理的反映不是镜子似的机械的反映，而是能动的反映。因为通过心理活动不仅能认识事物的外部现象，还能认识到事物的本质和事物之间的内在联系，并用这

种认识来指导人的实践活动，改造客观世界。心理是大脑活动的结果，却不是大脑活动的产品，因为心理是一种主观映象，这种主观映象可以是事物的形象，也可以是概念，甚至可以是体验，它是主观的，而不是物质的。从这个角度来说，应该把心理和物质对立起来，不能混淆，否则便会犯唯心主义或庸俗唯物主义的错误。

3. 人的心理是人脑对客观现实的能动反映

人脑对于客观现实的反映，不是像照镜子、拍照片那样机械、被动的，而是积极能动的。各人过去已有的知识经验、个性特点、当前的心理状态等，都在反映事物中起着重要的作用，使反映带有个人的特点。因此，我们常常可以看到：不同的人，或同一个人，在不同时期和不同条件下，对同一事物的反映是不同的。如，欣赏同一首乐曲，缺少音乐修养的人与具有一定音乐素质的人，其感受是大不一样的；同是对一株浓荫蔽日的大树，植物学家和艺术大师对它的评价也是不同的。这是知识经验参与到反映中的缘故。

人的心理是人脑对客观现实积极的能动的反映，还表现在人在实践中是有目的、有意识地支配和调节自己的行动，能动地反作用于客观现实、改造现实的。列宁说过："人的意识不仅反映客观世界，并且创造客观世界。"

（二）心理健康

心理健康是研究人的心理健康的形成、发展、变化的规律，以及如何维护和增进心理健康的科学。

1. 心理健康的定义

对于疾病产生的原因，人们的共识是首先考虑生理因素，但随着时代的发展、生活节奏的加快，来自工作、家庭、社会等方面压力的加大及一些不恰当生活方式的影响，导致疾病的发生掺入了许多心理因素。

第三届国际心理卫生大会（1946 年）将心理健康定义为："所谓心理健康是指在身体、智能及情感上与他人的心理健康不相矛盾的范围内，将个人心境发展成最佳的状态。"

心理学家英格里士（H. B. English）指出：心理健康是指一种持续的心理状态，当事人在各种情况下都能做出良好的适应，具有生命的活力并能充分发挥其身心潜能，是一种积极的、丰富的体验。

也有学者将心理健康定义为个体的各种心理状态（如一般适应能力、人格的健全状况等）保持正常或良好水平，且自我内部（如自我意识、自我控制、自我体验等）及自我与环境之间保持和谐一致的良好状态。

还有观点认为：心理健康就是指一种高效而满意的持续的心理状态。心理健康是人的基本心理活动协调一致的过程，即认识、情感、意志、行为和人格完整协调，能顺应社会，与社会保持同步的过程。

结合各家观点，我们认为：心理健康是个体能够随内外环境的变化保持心理在正常范围内波动的一种状态。

2. 心理健康的特点

（1）动态性。

心理健康的状态是动态的变化过程。个体在遇到积极事件时心理状态就会较为激进，而在遇到消极事件时则会很低落。另外，随着个体的成长、经验的积累、环境的改变，心理健康状况也会有所改变。尤其是个体在发展中遇到的一些困惑，可能在很长一段时间内都会影响到个体的心理状态，这并不能说明个体在该时期的心理是不健康的，如在青春期的叛逆心理等，并非心理不健康。

（2）整体协调性。

心理不健康是指一种持续的不良状态，偶尔出现的不健康心理或不健康行为并不能表明个体心理不健康，它同时受到情景因素的影响。比如，平时性格开朗的人，最近郁郁寡欢，不愿与他人接触，可能是刚刚失恋所致，而并非心理不健康。人的心理健康具有整体协调性，与人们所处的时代、环境、年龄、文化背景等因素有关，所以不能仅仅以一种行为或者一种短暂的状态来判断自己或他人心理是否健康。

（3）无明显界限性。

如果把心理健康与不健康比作白色与黑色，那么，白色与黑色的交叠部分是灰色，即过渡阶段。良好的心理健康状态到严重的心理疾病之间是一个渐进的连续体，异常心理与正常心理，变态心理与常态心理之间没有绝对的界限。

（4）可逆性。

心理健康或不健康都属于正常心理的范畴，并未进入或发展到病理状态。心理健康与不健康状态之间可以互相转化。当出现不健康状态时，可通过适当的调节而变得健康；同样，良好、协调的心理状态如果不注意保健，也可能出现不良或不协调的心理。

二、心理健康的标准

（一）确立科学的健康观

1. 心理健康的科学定义

心理健康是完整健康概念的组成部分。人类对健康概念的认识是随着社会的发展以及人类自身认识的深化而不断丰富的。在生产力低下的时期，人类只关注如何

适应和征服自然，维护自身的生存。其后，随着生产力水平的提高，人类开始关心身体健康，防病治病的医学科学应运而生。历史发展到现代，人类对健康的认识又发生了飞跃，不再局限于生理机能的正常、衰弱与疾病的减少。1948年，联合国世界卫生组织（WHO）成立时，在其宪章中开宗明义地指出：健康不仅仅是没有疾病，而且是身体上、心理上和社会上的完好状态或完全安宁。这是对健康全面、科学、完整、系统的定义。这种对健康的理解就意味着衡量一个人是否健康，必须从生理、心理、社会、行为等因素分析，不仅看他有没有器质性或功能性异常，还要看他有没有主观不适感，有没有社会公认的不健康行为。

2. 健康的具体标准

为了加深人们对健康的认识，世界卫生组织还规定了健康的十条标准：

（1）有足够充沛的精力，能从容不迫地应付日常生活和工作压力，而不感到过分紧张。

（2）态度积极，乐于承担责任，不论事情大小都不挑剔。

（3）善于休息，睡眠良好。

（4）能适应外界环境的各种变化，应变能力强。

（5）能够抵抗一般性的感冒和传染病。

（6）体重得当，身体均匀，站立时，头、肩、臂的位置协调。

（7）反应敏锐，眼睛明亮，眼睑不发炎。

（8）牙齿清洁、无空洞、无痛感、无出血现象，齿龈颜色正常。

（9）头发有光泽、无头屑。

（10）肌肉和皮肤富有弹性，走路轻松匀称。

从这十条健康标志可以看出，健康包括身体健康和心理健康两个方面，相辅相成，缺一不可。严格地说，没有一种病是纯粹身体方面的，也没有一种病是纯粹心理方面的。因此，我们在考虑自身的健康和疾病时，要注意身心两个方面的反应。

3. 健康观的演变

长期以来，人们对健康的传统认识存在着许多片面性。比如，一谈起健康就认为是医学的事，只注重生理健康而忽视心理健康。所以，在日常生活中往往只注重锻炼身体，而不重视培养健康的心理；一有头痛脑热就往医院跑，而有了严重心理疾患却自觉不自觉地掩盖。这种片面的健康观已经带来了许多不良后果。据美国的统计资料，每4个人中有1人在其一生中将因心理方面的原因而引起生理方面的疾病；每12个人中就有1个人将因心理方面的疾病而住院。美国全国的医院病床中，几乎有一半是被心理疾病患者所占住。世界卫生组织根据在世界范围内的调查推测，全球目前约有3.4亿抑郁障碍的患者，而且这个数字还在不断地上升。2003年开展的北京地区抑郁障碍流行病学的研究调查发现，全市15岁及以上人群中抑郁障碍的时点为33.31%，终身患病率6.87%，由此推算，全市15岁及以上人群约有30万人正在患有抑郁障碍，曾经患有和正在患病的人数大约有60万。心理卫生问题在人群中大量存在，严重地影响着人们的健康。事实证明了古罗马哲学家西塞罗的论断：心理的疾病比起生理的疾病为数更多，危害更烈。

（二）心理健康及界定原则

一个人的心理怎样才算健康，以什么作为心理健康的标志，这是一个非常复杂的问题。

1. 心理健康的标志

国内外学者曾就心理健康的定义与内涵从不同角度阐述过。第三届国际心理卫生大会（1946年）对心理健康是这样定义的："所谓心理健康，是指在身体、智能以及情感上与他人的心理健康不相矛盾的范围内，将个人心境发展成最佳的状态。"

世界心理卫生联合会还明确提出了心理健康的标志：

（1）身体、智力、情绪十分调和；

（2）适应环境、人际关系中彼此能谦让；

（3）有幸福感；

（4）在工作和职业中，能充分发挥自己的能力，过高效率的生活。

心理学家英格里士于1958年指出，心理健康是指一种持续的心理状态，当事人在那种情况下，能做出良好的适应，具有生命的活力，而能充分发挥其身心潜能。

综上所述，我们可以从广义和狭义两种角度来定义心理健康。从广义上讲，心理健康是指一种高效而满意的、持续的心理状态；从狭义上讲，心理健康是指人的基本心理活动的过程内容完整、协调一致，即认识、情感、意志、行为、人格完整和协调，能顺应社会，与社会保持同步。

2. 心理健康的等级

心理健康与生理健康是健康概念不可分割的部分，但是心理健康的标准并不像生理健康那样具体、精确、绝对。因为心理现象是主观精神现象，它的度量很难有一个固定而清晰的界限。根据中外心理健康专家们的研究，可将人的心理健康水平大致分为3个等级：

（1）一般常态心理者。表现为心情经常愉快，适应能力强，善于与别人相处，能较好地完成同龄人发展水平应做的活动，具有调节情绪的能力。

（2）轻度失调心理者。表现出不具有同龄人所应有的愉快，和他人相处略感困难，生活自理有些吃力。若主动调节或通过专业人员帮助，可恢复常态。

（3）严重病态心理者。表现为严重的适应失调，不能维持正常的生活、工作。如不及时治疗将会恶化，可能成为精神病患者。

3. 界定心理健康标准时应遵循的基本原则

界定心理健康与否应遵循3条基本原则：

（1）心理活动与外部环境是否具有同一性，即一个人的所思所想、所作所为是否正确地反映外部世界，有无明显的差异。

（2）心理过程是否具有完整性和协调性，即人在心理活动中认识、情感、意志三个过程内容是否完整，是否协调一致。

（3）个性心理特征是否具有相对稳定性，即人的个性心理特征在没有重大的外部环境改变的前提下，人的气质、性格、能力等个性特征相对稳定，行为表现出一贯性。

由此可见，在具体界定心理健康标准时，一般应该从环境适应能力、挫折耐受能力、情绪调控能力、社会交往能力、自我意识水平等方面提出明确的标准。

第二节　大学生心理健康的基本现状

大学生作为社会生活中一个高学历的群体，总体上看，是心理健康的群体之一，大多数大学生的心理是健康的。但任何事情都是一分为二的。正是由于大学生属于高智商和思维活跃型的群体。他们争强好胜，追求完善，思想活跃，但其心理发展尚未成熟，心理素质比较脆弱，在学习竞争、择业竞争、恋爱苦恼、经济条件限制、人际关系难处、家长期望值过高以及因社会变革加快而带来的多方面压力冲击下，造成了大学生强烈的忧患意识，心理负荷过重，致使相当部分的大学生存在着不同程度的心理问题。

一、大学生心理问题的发展趋势

随着社会转型、科技发展速度的加快，人们的生活节奏也在加速，学习、工作、生活的竞争日趋激烈，很多人因此而出现种种心理问题。在这样的背景下，大学生的心理健康问题也出现一些新的变化。一是心理问题的发生率呈逐年上升趋势。万素英等选择了国内12所不同层次的高校，开展了大学生心理健康状况调查，调查显示：大学生认为自己心理健康的占60%，认为自己存在不同程度心理障碍的达36.5%，反映出大学生中心理问题发生率相当高。综合有关高校近年来的调查，新世纪大学生的心理健康状况是：虽然大学生群体中大部分人心理是比较健康的，但也确有不少人存在心理问题，其中有一般心理困扰如恋爱、学习、交往问题的约占

35%左右，具有一定程度心理问题的约占28%左右，有中等程度以上心理问题的约占15%左右，真正严重的约占5%左右，患精神疾病的不到1‰，因心理障碍而休、退学的占休、退学总人数的54%左右。二是心理问题出现了一些新的特点。如大学生常见心理问题以往主要表现在学业、人际关系、恋爱情感、求职择业等几个方面，但近年来除了继续保留这种趋势外，还明显出现了一些新的特点，如网络依赖问题严重、职业生涯发展问题凸显等。

二、大学生心理问题的阶段性特征

（一）适应不良阶段——大一

广泛的调查表明，一年级主要是适应不良问题，主要是人际关系、生活、学习方法等的不适应。其中人际关系、学习方法和自我角色定位是大学新生存在的主要问题。

（1）在人际关系方面不知道怎么交往，人际交往技能缺失。一个主要原因是独生子女多，孩子在社会化过程中缺乏同辈交往；其次是受教育背景与成长经历的影响。许多学生在家和学校是好孩子，大人不让到处乱跑，只要学习好就行，造成孩子性格内向，没有交往的欲望。即使有交往欲望也不知道怎样做，缺乏必要的训练和实践，这种状况导致进入大学人际交往不适应。

（2）在学习方法上，大学生无论自己的学习方式方法还是老师的教学方式方法都与中学差别很大。中学教育是老师手把手地教，有指导，有监督，主要是他律；大学是自主型的，监督指导少了，主要靠自律。许多人失去他律后又缺乏自律，由放松导致无目标、无动力等问题。

（3）在自我角色定位方面，主要是自我角色定位不适应角色转换而产生自信心丧失的问题。现在高等教育的入学率虽已达到大众化水准，但在我国能上大学的仍是少数。能考上大学的学生在当地是优秀的学生，他们不缺乏鼓励、支持和掌声，原来的佼佼者在大学里成了“普通人物”，会突然因自信心丧失而产生自卑。加上大学生普遍处在自我同一性发展的关键年龄段，习惯上称为“心理断乳期”。这种心理上的失落感处理不好，很容易产生自我认识和自我评价的矛盾和混乱。如女大学生小华从初中到高中成绩一直排在前面。上了大学以后，往日的优势没有了，她发现无论怎么努力，很多同学们的成绩都比自己的好，小华难以接受这个现实。她起初是割腕自残，后来不得不休学。

（二）问题多发阶段——大二

根据樊富珉、王建中等学者对北京高校学生心理健康状况的调查发现，大学二

年级学生心理问题发生率在大学四个年级中最高。在高校从事心理健康教育工作的教师在心理咨询工作中也发现，大二是心理问题高发阶段。大二时，评定奖学金常常是引发心理问题的导火索，因指标所限，总有评得上和评不上的、有评得高的和评得低的，有的同学不能正确对待公平公正问题，追求绝对的公平公正，一旦事与愿违，便想不通，产生心理问题。此外，恋爱也是困扰领域之一。因为大二阶段男女生彼此相处已较长，加上性意识随年龄增长而日趋强烈，恋爱问题逐渐成为引发心理问题的重要方面。某高校男生小胡与同班女生小敏相互之间很有好感，可又怕谈恋爱影响学习，于是拒绝了小敏。没想到心里又放不下小敏，每回上课老想看她，不让自己看又控制不住，逐渐泛化到不敢看女生，后来发展到不敢去上课。

（三）情感困惑凸显阶段——大三

恋爱情感问题在大三比较突出。大一、大二刚开始恋爱，问题似乎比较简单，到大三有重新选择、与旧的恋人分手问题，有失恋问题，有找不找的问题，有性越轨而引发的问题等。有关专家认为，大学阶段性生理成熟，而性心理、性道德观念的发展相对滞后。性冲动与传统价值和道德观发生冲突，造成大量性心理异常，出问题的多是内向、腼腆、害羞的好学生。有的手淫后有犯罪感，导致自卑等问题，还会出现异性交往障碍、性别角色紊乱、恋物癖等心理障碍；有的因发生婚前性行为而怀孕，导致人流，产生一系列身体与心理问题；有的因多角恋爱或单相思而出现种种情感纠葛，导致性心理不正常。

（四）职业发展的苦恼阶段——大四

考研、择业是大四的主题。是继续深造还是工作，如何选择工作领域与职业？大四的同学都在思考自己的前途，由此产生困惑。不少人在考研还是不考研的矛盾中作艰难的抉择。因为现在考研的竞争不亚于高考，考上了还好，万一考不上耽误了找工作怎么办；如果考上了研究生毕业后能找到好工作吗；如果不考研，到什么地方找什么工作；与男朋友或女朋友的关系是持续还是打住，自己的未来是一个未知数，两个人的关系将如何发展……需要分析、思考、抉择的事的确很多。更多的人是在考虑就业，找到一个适合自己、报酬又不错的工作实属不易。招聘会人山人海的情景本身就给人以压力。有的毕业生见投简历是有去无回，便心灰意冷。有的女生看到一些单位的用人条件是“只要男生”，难免会受到刺激，产生自卑。即使用人单位有了回复，但具体到面试，还是压力重重，如怎样克服自卑心理、怎样见单位领导、面试技巧如何等，都不得不反复思考。有的人在应激状态下便出现了问题。

三、大学生心理问题产生的原因

大学生心理问题一方面与他们自身所处的心理发展阶段有关，另一方面与他们所处的社会环境相关。各种生理因素、心理因素、社会因素交织在一起，容易造成大学生心理发展失衡，导致各种心理疾病。主要有客观和主观两方面的原因。

（一）主观方面

1. 道德因素

世界卫生组织近来把道德纳入健康范畴，把道德作为健康的一部分。巴西著名医学家马丁斯研究发现，品德端正、心态淡泊、为人正直、心地善良、胸怀坦荡则会心理平衡，有助于身心健康。相反，有违于社会道德准则胡作非为，则会导致心情紧张、恐惧等不良心理，有损健康。马丁斯的结论同样适合于大学生。一个道德水准低下，处处伤害他人的人，他自己最先受到伤害。因为这样的人很难有一个平静愉快的心境，他总是处于在紧张易怒的状态，很难把自己的心理调整到健康状态。

2. 价值取向

人生的价值取向可分为两种不同类型，一类是个人主义的价值取向，以个人利益为出发点，以追求满足个人需要为目的；另一类是利他主义的价值取向，活着为了追求一个目标，在追求目标和实现目标的奋斗中，为他人、为社会做出贡献。如果一个大学生只以个人为中心，以私欲为目的，必然表现为狭隘闭塞、难有良好的人际关系，个人愿望不满足的痛苦经常困扰着他，焦虑不安会经常与其相伴，难以达到健康稳定的心理平衡状态。而具有利他主义的价值取向的人，心胸开阔，积极进取而充满活力，以学习为乐趣。这种优秀的人格品质决定他处处能有良好的人际关系，有益于获得健康的心理。

3. 冲突与矛盾

新生物质生活的依赖性与精神生活的独立意识发生着矛盾；日益增强的自主自立意识以及主观愿望上的自主自立与客观条件上的可能性及能力之间发生着矛盾。这两方面的原因使那些适应新环境能力不强的新大学生很容易产生以下心理问题。

（1）自我陶醉与盲目自满。历经千辛万苦而考取了大学，受到老师表扬，亲友夸奖，看到同学羡慕，父母满意，部分学生在这种自我陶醉中渐渐松懈了斗志，同时也厌倦了高中生活的枯燥。由于惯性，他们认为自己是中学的尖子生，大学里成绩也不会差，从而放松了对自己的要求，盲目自满。

（2）失望与失宠感。有的学生入学前把大学生活想的过于理想和神秘，入学后经历了大学生活，感到理想与现实差距很大，从而产生失望感；有的学生曾是中学的尖子生，是家庭与学校的宠儿，进入大学一下子不受重视了，就会产生失宠感。

（3）松气情绪与歇脚心理。20世纪80、90年代的大学毕业生国家包分配，现在是市场经济双向选择，可是有的同学仍然认为考上大学就是端上了铁饭碗，不再积极上进。长期拼搏的目标已经达到，心理上得到了满足，生理上也希望得到休整，而且进入大学后奋斗目标一下子变得模糊，再加上适应能力不强，竞争的气势也有所减弱，便产生了“松口气，歇歇脚”的心理，再也鼓不起奋斗的勇气了。

（4）畏首畏尾。因为环境发生了巨大的变化，一些学生瞻前顾后畏缩不前，不参加社会实践活动，不光顾运动场，整日除了学习之外没有其他安排，生活单一，有碍个性发展。

（二）客观方面

1. 生物遗传因素

近十年医学遗传流行病研究表明：重型心理障碍如精神分裂症、情感障碍等，与遗传的关系较密切；而轻型心理障碍如神经症，则与遗传的关联度较小。有研究表明，心理障碍随着年龄的增加，遗传因素的影响呈下降的趋势，环境因素的影响呈上升趋势。大学生的年龄处于青春期后期，因此遗传因素和环境因素的影响都处于比较重要的位置。

2. 早期经历

精神分析学派创始人弗洛伊德通过长期研究和精神病临床治疗中发现，心理障碍与早期经历有关。不良的早期经历留在个体心里的痛苦记忆，将对个体后来的生活产生重大影响，并有可能引发心理疾病，如有些同学童年或者少年期受过重大精神创伤，未向家人或朋友提及而一直压抑在心里。进入大学后，可能由于自由时间较多或者面临了新的难以解决的困难，从而使被压抑在心底的创伤又浮现出来，折磨着个体。

3. 环境变迁的因素

生活环境的变迁对刚入学的大学生是一个不小的挑战。这种变化的主要方面是要独立生活，应对一切生活琐事。几个同学共住一个寝室，彼此的生活习惯、作息安排及语言隔阂都需要去面对和适应。心理学研究表明：个体所处环境的巨大变迁也会使个体产生心理应激。具有良好心理的同学，很快就能适应新的环境，并与同学、老师建立起良好的人际关系。而心理承受力、适应力差的同学却较难适应，从而出现心理问题。例如，某大学一男生，考入离家很远的外省学校，自幼该生受到家长无微不至的关怀和照顾，就连交往的同学、朋友也是家长“考察”之后确定的。进入大学后，该生面对新的环境无所适从，不会与他人相处，最终只和同省来的两个同学交往，不参加各类课外活动，大学生活单调而乏味。全新的角色要求大学生重新评价自己与他人，要完成重新设计自我的过程。在适应过程中，一个基本的特点是大学生在新的环境中希望自己更优秀。对于刚刚经历巨大环境变迁的大学生来讲，不仅存在一个适应外部环境的问题，同时更重要的是他们也面临一个如何自我调适的过程。总的来看，无论是对学习和生活环境的适应，还是对人际关系和自我地位变化的适应，都会极大地影响到大学生们当时的心理健康状况。

4. 重要因素的丧失

人际关系主要是指与家人、朋友特别是异性（恋人）的关系。一旦这些关系丧失或出现问题，不仅会影响到大学生的情绪、学习和生活，也可能会极大地影响到他们对自己的看法。尤其是在失恋以后，这种影响表现得更加突出。

荣誉的丧失现在已经发展成为一个非常广泛的问题，特别是高校实行奖学金制度以后，很多学生都自认为可以获得奖学金但又没有得到，或者因为其他原因影响了他们的名声甚至以后的发展前途，如考试不及格、作弊等。

自尊的丧失、荣誉的丧失和重要人际关系的丧失有一定的关系，但在很大程度上与自我重新确认有关。伴随着自尊丧失，自卑和抑郁接踵而来。这种丧失对大学生的影响是非常大的。

主体性是指人作为主体的规定性，是“主体在对客体进行认识和改造的对象性活动中所表现出来的人的特性”（如，积极性、主动性、自觉性、创造性等）。当代大学生主体性是否健全发展，关系到大学生的成长和成才。因为当代大学生主体性的丧失不仅会引起依赖感较强、盲目性较大、迷茫与困惑并存、从众行为突出、功利主义严重、学习被动与沉迷于网络等一系列表现，而且还会引起学生对学习和生活失去兴趣，严重的话还会引起抑郁等心理问题。

5. 冲突与选择

在相对比较稳定的大学生活中，大学生仍面临着各种各样的冲突与选择，主要包括以下几个方面，即专业学习与社会工作的冲突，所学专业与自己兴趣的冲突，学习、社会工作与恋爱之间的冲突，考研与找工作之间的冲突及在将来的计划中不同目标的冲突等。对有些人来讲，这些冲突的影响可能会很小，而对有些人来讲，这些冲突的影响可能会很大。当他们面临的冲突对他们的影响较大时（如关系到工作的性质和前途时），要做出选择可能就比较困难了。

面对冲突而难以做出选择往往是由于对冲突的性质认识不清以及对自我的认识不清造成的。其实，大学生活中需要做出的选择并不是单选题，而是有很多答案的

多选题。只要想出折中的办法就可以很好地解决。

6. 家庭环境的因素

家庭的影响主要包括家庭的氛围、父母的教养态度、家庭结构及家庭经济状况四个方面。在人的成长过程中，家庭的影响是非常重要，如民主、平等而非命令、居高临下的，开明而非专制的，潜移默化而非一味娇宠的教养态度与教育方法有利于个体心理的健康发展；家庭结构的变化，如单亲家庭、重新组合家庭等因素对正在读书的大学生的心理也有一定的影响；家庭经济困难特别是家庭贫困的学生更易产生心理不适感。因此，家庭环境所带来的学生心理问题，其影响是深远而长久的。

7. 社会因素

社会因素包括社会制度、伦理道德观念、教育方式、经济状况、科学技术水平、社会阶级阶层、传统习俗等方面。

我国大学生的心理健康问题与中国社会文化背景、民族心理特征有着紧密的联系。中国传统文化强调“喜怒不形于色”，强调人对自己情感的抑制和对情绪的控制。在中国，人际关系十分重要，所以人与人之间存在着较强的人际依赖和人际制约，也就由此产生许多无处诉说的郁闷，从而深化了情感危机。非常严重的是，也许是传统文化的影响，人们常常把心理疾病与道德问题等同起来，所以大多数人忌讳心理疾病。

随着社会的发展，大学生所面临的压力与挑战越来越多。社会对大学生的期望值越来越高，社会岗位对人才要求也越来越高，所以大学生要长期承受较高的学业压力。虽然国家出台了很多政策，如绿色通道、助学贷款、奖助学金，在一定程度上暂时缓解了学生的经济压力，但贫困家庭的大学生还是要承受学费的压力，可能诱发较多的心理问题。

随着社会的发展，竞争的残酷日益加剧，一些学生不能正确认识某些社会丑恶现象，观点偏颇或过激，把积极的一面归功于自己的努力，把个人的不幸归责于社会，陷入心理学上的“归责理论”而不能自拔。

8. 网络影响

大学生是一个充满青春活力的群体，他们有着活跃的思维，有着鲜明的个性，他们害怕寂寞，渴望交友，希望能够得到别人的理解，但矛盾的是有些人又不愿主动与同学交往，在这样的心理状态下，网络的出现满足了他们渴望交流的内心需求，有的学生沉溺于网络世界，上网时精神亢奋，下网后烦躁不安（陷入“网络病”），有的宁可荒废学业也要和网络为伴，还有的甚至受到网络不良信息的影响而误入歧途。

第三节　影响大学生心理健康的因素

一、生物学因素

一个人作为整体与遗传因素的关系是十分密切的，尤其是一个人的体形、气质、神经结构的活动特点、能力、性格，这些都受到遗传因素的明显影响。统计调查数据及临床观察经验表明，在精神病患者家族中确有一定的成员患有精神病或某些异常的心理行为表现，如抽风发作、精神发育不全、性情怪僻、狂躁抑郁等。很多数据表明，许多精神疾病在发病原因上确实具有血缘关系从远到近导致患病率也由低到高的明显倾向，这是遗传因素起作用的明显证据。其次是大脑的外伤或化学中毒所造成的影响。例如因摔伤、碰伤或战争时的战伤造成的脑震荡、脑挫伤等都可导致心理障碍，如意识障碍、遗忘症、言语障碍和人格改变等。菲里尼斯·盖奇在严重的脑损伤后奇迹般地存活了 13 年，成为世界上最著名的脑损伤患者之一。而更为引人注目的是，盖奇在经历了脑损伤以后，脾气、秉性、为人处世的风格等等发生了巨大的转变，与从前判若两人。从他身上，科学家学到了一些有关人格与脑功能之间关系的知识。由于有害的有机与无机化学物质侵入人体内，可以毒害中枢神经系统，造成心理障碍，如酒精中毒、食物中毒、煤气中毒以及某些药物中毒等。某些严重的躯体疾病或生理机能障碍的影响，也可以成为心理障碍或精神失常的原因，如多疑、易怒、暴躁、情绪不稳和自制力减弱等心理异常表现，就有可能是甲状腺功能亢进所致；颅脑外伤可引起短暂或持续的精神障碍，如意识障碍、言语障碍、人格变化等。

二、心理学因素

人生活在世上会有种种选择，当作出选择的时候，往往会面临冲突的情境，即作出某一选择，同时就要放弃另一个选择的机会；不作出选择，其实也是一种选择。这就使得很多情况下作出选择是很困难的。中国寓言中曾讲到一头毛驴站在两捆草之间饿死的故事，这个故事从一个极端的角度说明了做出选择的困难。心理冲突的形式也是多种多样的。但根据冲突的性质则可以分为以下四种。

(一)“双趋式”冲突

“双趋式”冲突的个体面临两种选择，而这两种选择都能给个体带来好处，并且个体也想得到这两种选择的所有好处。但个体又必须从中作出选择。正所谓“鱼，

我所欲也，熊掌亦我所欲也”，但又“不可得兼”的情境。例如，有些大学毕业生既想读研究生继续深造，同时又想早点找个好工作以增加收入，这时就面临一种“双趋式”冲突。

（二）“双避式”冲突

“双避式”冲突与上一种情况相反，个体面临两种选择，而且每一种选择都会为个体带来不利的后果，但又必须接受其中之一。例如，在考试时如果没有复习好，要么考不及格，要么作弊但很容易被发现。这两种选择都会带来不利后果，但又必须从中选择一种。

（三）“趋避式”冲突

“趋避式”冲突，即某一目标既能为个体带来好处，同时又伴随不利的影响。个体只想取其好处，而不想要它所带来的不良后果。例如，有个别学生在咨询中提到对谈恋爱的困惑：既想有知心的异性伙伴，同时又不愿为此耽误学习时间，真是“难以取舍”。这虽是一个极端的例子，但也说明了“趋避式”冲突的影响。

（四）“双趋双避式”冲突

“双趋双避式”冲突，这是最常见的冲突形式。这时个体面临两种选择，每一种选择都能为个体带来某些好处，但同时又都有不利的影响。例如，有些大学生在选择职业时就面临这方面问题：去国有企业比较安全，“旱涝保收”，但收入偏低；而进合资企业收入较高，但必须受更多的约束，同时还可能“朝不保夕”。

当个体处于心理冲突时，很多情况下能很快解决；但当个体的选择对自己的影响非常大而且自己又缺乏主见时，要作出选择就比较困难，甚至会因此产生各种各样的躯体和心理反应。关于心理冲突对心理健康的影响以及应付冲突的策略将在以后的章节中详述。

三、社会因素

（一）早期经验的影响

社会文化因素往往是通过个体所处的团体而发生作用的。在个体的早期发展中，家庭的影响是起主要作用的。因此，早期教育与家庭环境对心理健康也是很重要的影响因素之一。

对个体早期发展的研究表明，那些在单调、贫乏环境中成长的婴儿，其心理发展将受到阻碍，并且会抑制他们的潜能的发展。儿童早期与父母的关系以及父母对儿童的态度也是影响个体心理健康的重要因素。这种早期母婴关系乃至稍后的儿童与父母的关系对个体以后的人际关系和社会适应有着很大的影响。儿童如果能够在早期与父母建立和保持良好的关系，对其以后的社会适应和人际关系有着积极的促进作用。相反，如果儿童在早期不能建立与父母的这种亲密关系，或者早期与父母的分离等，都会对他们以后的成长产生消极的影响。研究结果表明，在个体的早期发展中，父母的爱、支持和鼓励容易使个体建立起对初始接触者的信任感和安全感。而这种信任感和安全感的建立保证了子女成年后与他人的顺利交往。而儿童早期的这种信任感和安全感的缺乏会随着儿童的发展逐渐产生一种孤独、无助的性格，难以与人相处，因而容易产生心理异常，特别是人际交往方面的障碍。

（二）生活事件与环境变迁

生活事件指的是人们在日常生活中遇到的各种各样的社会生活的变动，如结婚、升学、亲人亡故等。生活事件不仅是测量应激的一种方法，也是一项预测身体和心理健康的重要指标。由于生活事件的增加而产生的应激体验与各种各样的生理和心理障碍有着明显的关系。例如，高血压病、冠心病、糖尿病、类风湿性关节炎、胃肠溃疡、癌症、神经症、事故、体育活动中的损伤以及学习成绩的下降等，都与生活事件的明显增加有着密切的关系。在对生活事件与心理健康之间的关系进行解释时，一般都认为由于生活事件的产生增加了个体适应环境的压力。换句话说，个体每经历一次生活事件，他都要付出精力去调整由于这一事件的发生所带来的生活变化。例如，结婚就意味着结束单身生活，开始新的家庭生活，而升学、就业、谈恋爱等也会不同程度地导致个体生活的改变。如果生活事件增加，那么个体的生活变化也会增加，个体要适应这变化了的生活所付出的努力也需要相应地增加。因此，如果在一段时间内发生太多的生活事件，个体的躯体和心理健康状况就很容易受到影响。

四、教育因素

教育因素包括家庭教育、学校教育、社会教育等方面。家庭教育包括了家庭的气氛、家庭结构、父母对子女的要求和教育理念等。

（一）父母期望值的压力

当今社会，家长望子成龙的心态普遍存在。为了子女的升学，诸如考大学、考研究生或出国留学等，许多家长都是煞费苦心，不惜一切代价。这样一种来自父母的强烈期望，一方面可以成为大学生们勤奋学习的动力，但另一方面也可能适得其反，成为大学生难以承受的心理负担。

（二）经济困难的压力

在经济体制转轨时期，由于城乡差别以及社会分配不公而产生的收入悬殊问题在高校学生中也表现出来。就高校的贫困生而言，尽管谁也不愿戴上“贫困生”的标签，但他们无法逃避的现实却是：在生活条件方面，从吃穿乃至言行举止都与大城市来的学生有很大的反差，他们除了参与学业竞争外，还得承受因高额的学费和生活开支而带来的经济方面的压力，不少贫困学生在学习之余不得不靠勤工俭学来维持学习和生活，因此，他们所承受的心理负担明显地超过了其他同学，极易导致心理上的不平衡。

（三）学校教育的多面性

许多同学考入大学后，会突然失去信心，感到自己一无是处。这种心理失落首先是因为竞争对手变了，在“高手如林”的大学里，多数过去的“尖子”不再拔尖。此外，在大学里，竞争的内容不仅仅局限于学习成绩，眼界学识、文体特长、社交能力、组织才干等都成了比较的内容。在这种情况下，大学生们很容易产生巨大的心理落差，而对自己进行整体否定。其次，表现为学习方式、方法的变化。中学时，大部分学生习惯于老师的详细讲解和具体辅导，自学能力较差，依赖性强。而在大学，同学们获取知识的手段，除了听课，从老师的讲授中获取知识外，自学占了很重要的位置，它需要学生不仅有较强的自学能力、学习自觉性、自主性和自制能力，而且还要学会研究性学习，善于发现和提出问题，加之大学的考试方法比较灵活等，这些变化往往使那些死记硬背、墨守成规、缺乏灵活运用知识能力的大学生遇到较多的挫折而感到自卑。

五、个体因素

（一）自我认识的危机

大学生在认识自我的过程中总会遇到一系列矛盾和冲突，矛盾和冲突难以解决时，就可能诱发心理问题。

（二）情绪冲突

情绪冲突是大学生心理冲突的主要表现形式。大学生正处于情绪发展最丰富、最敏感也是最动荡的时期。大学生情绪表现的两极性、矛盾性的特点，使他们在遭受挫折时，往往会产生种种不良的情绪反应，情绪容易冲动、失控，导致不良后果。

（三）个性缺陷

同样的环境，同样的挫折，不同的个体有着不同的反应模式，这与人的个性直接相关。有些大学生存在不良性格，如自卑、怯懦、孤僻、冷漠、固执、急躁、鲁莽、虚荣、任性、忧郁、自私等，还有的大学生存在人格障碍，如偏执型人格、强迫型人格等。这些个性缺陷都是有碍心理健康的，而其中有些缺陷本身就是心理障碍的典型表现。

（四）价值观模糊

大学时代既是人生观逐渐形成、确定的时期，也是面临多元化价值体系选择的时期。面对不同于以往的文化背景和多种价值选择时，大学生时常感到茫然，容易导致人生价值观的动荡不定或偏差。

（五）心理承受能力较差

近几年来，高等院校独生子女多，父母的过度保护和溺爱，使他们错失许多锻炼心理承受力的机会。为了在激烈的高考竞争中取胜，书本学习几乎成了他们唯一的生活方式，缺乏必要的生活经验的积累。当这些心理脆弱、缺乏挫折承受力的独生子女进入大学，独立地面对生活时，在学习、生活、交友、恋爱、择业等方面小小的挫折也足以使他们内心难以承受，以致出现心理疾病。

需要指出的是，大学生处于人生发展的特殊时期，出现一些心理问题是正常的、不可避免的，其心理问题的产生具有必然性。大学生的心理问题大多数是在成长过程中遇到困难而产生的，多数为发展性问题。因此，培养大学生良好的心理素质，帮助大学生塑造健全的人格，促进他们不断发展、成熟是心理健康教育的重要任务。

第四节　大学生常见心理疾病及其防治

人的心理问题大致分为三类：第一类是一般的心理状态失调或者行为问题。例如，考试焦虑、厌学逃学、受挫而情绪低落、自卑、孤独、多动、攻击、敌对等。第二类是神经症。如焦虑症、恐惧症、强迫症、孤独症、抑郁症等。第三类是严重的心理疾病。如精神分裂症。学校心理咨询主要解决第一类心理问题，同时能够鉴别出第二类心理问题。专门心理咨询机构主要解决第二类问题。第三类问题则由精神病院等机构解决。

一、人格障碍问题

人格一词有三层含义：一是人的性格、气质、能力等特征的总和。二是个人的道德品质。三是人的能作为权利、义务的主体的资格。我们这里所说的人格主要指性格和气质。

人格障碍问题就是行为模式偏离常态，并构成冲突的某种问题。一般学生人格障碍问题有偏执、自卑、分裂、强迫、边缘性、戏剧性等。

（一）自卑

1. 自卑的表现及其危害

自卑就是自我评价过低，自己瞧不起自己。

自卑常以消极防御的形式表现出来，如嫉妒、猜疑、羞怯、孤僻、自欺欺人、焦虑紧张等。它使人变得十分敏感，经不起任何刺激。

自卑对人的身心发展有三大危害：①引起其他心理障碍，几乎所有的心理障碍都与自卑感有关；②容易销蚀人的斗志；③自卑情绪长期笼罩的人，还会诱发许多生理失调和病变，最明显的是对心血管系统和消化系统有不良影响。

2. 自卑形成的原因

自卑的成因主要有以下几个方面：

(1) 没有形成成熟的自我概念而导致自卑。学前儿童一般不知道自卑，因为他们还不知道评价自我，他们的自我还停留在“自然我”的水平上；上了小学，“社会我”开始突现；到了青春期，自我意识迅速形成，然而自我意识还不能一下子成熟，不成熟的表现就是过高或者过低地要求“自我”。过低要求自我的人，得过且过，因而也不容易自卑。问题出现在过高要求自我的人身上。他们要求自己必须十全十美，必须时时处处都比别人强。可是现实中的自我达不到，因此就自卑起来。据研究，自卑的人智力水平和身材水平大都中等或者中上。可见，自卑的人之所以瞧不起自己，是因为主观评价标准太高的缘故。

(2) 生活中的挫折导致自卑。哲学家斯宾塞说：“由于痛苦而将自己看得太低就是自卑。”有的人原本豪情万丈，但是由于遇到了挫折，便觉得自己太无能，因而瞧不起自己。

(3) 身体上的缺陷。体形、体力、相貌、身体功能等方面的缺陷，常常使一些人觉得见不得人，低人一等，因而陷于自卑的泥潭中难以自拔。如太监、残疾人、痤疮患者、性功能低下者。这种自卑的本质原因仍然是心理因素。

3. 自卑的预防和调适

（1）正确地评价自我。通过自我评价，改变自我意象。自我意象就是“我属于哪种人”的自我观念，它建立在我们对自身的认识和评价基础上。人的自我意象的形成，与以往的经验有关，也与人的思维方式有关系。自我意象是一个前提，一个根据，人的全部个性、行为甚至环境都是建立在这个基础之上的，人的所有行为、感情、举止，甚至才能始终与自我意象一致。自我意象是可以改变的。

当你有自卑感的时候，多想一想自己的优势、优点、长处。“天生我才必有用”“每一朵小花都是一个独立的世界”。

（2）正确地表现自我。扬己长，避己短，在人群中树立一个新形象。表现自己最拿手的、容易取得成功的方面。有了一次成功，自信心就会随之增强。久而久之，自卑就逐渐被克服了。

（3）正确地暗示自己。“我能行”“别人能做的事情我也能做”“坚持就是胜利”。经常使用这些暗示，自卑就会被逐渐丢在脑后。

（4）正确地补偿自己。人贵有自知之明，看到长处是为了培养自信，看到短处是为了知不足而思进取。补偿的形式有以下几种：一是“扬长避短”。生理上的一些缺陷已成定局，补偿的形式应该是“代偿”，如张海迪，身体残疾，靠学习创作而使自己成为一个了不起的人。个子高的选择打篮球，个子矮的选择体操，盲人选择洗像，登山队员选择擦玻璃。孙膑、司马迁、海伦·凯勒、晏子、小征泽尔、寇准、拿破仑、郑和，这些人都是有生理缺陷的人。二是“以勤补拙”。有一些能力上的不足是可以通过后天学习、演练来补偿的。三是防止临阵磨枪。因为凡事预则立，不预则废。

（二）冷热病—边缘型人格异常

1. 冷热病的表现及其危害

边缘型人格异常主要表现为意识、情感和行为三个方面同时不稳定。多数冷热病患者，有令人不解的情绪反应，一会儿对人好，好得难舍难分；一会儿又不好，可以大吵大闹，而且吵过之后他并不当作一回事。严重的时候出现下列情况：明明自己好好的，却突然感到好像做了什么坏事，浑身紧张起来；或者突然想到有人想害自己，使自己十分恐慌。这种异常如果严重下去，有转化成精神分裂的危险。

冷热无常的人，动辄发脾气，什么解气说什么，待脾气发过之后，往往又跟没事一样，与人相处如前。可是，常人的情感毕竟很难适应这种跳跃式的行为变化，因此，这种冷热无常的人很少能交到知心朋友。

2. 冷热病的形成原因

（1）自幼任性。任性的性格一般是小时候父母溺爱娇宠的结果。冷热无常的行

为就是任性的表现。

（2）缺乏理智。心理学家巴甫洛夫在实验研究中揭示，动物高级神经系统活动的兴奋和抑制有强度、平衡性、灵活性三种特性。强而不平衡型的动物易激动，不易约束；强而平衡且灵活型的动物容易兴奋，较灵活；强而平衡但不灵活型的动物难以兴奋，迟钝而不灵活；弱型的动物难以形成条件反射，容易疲劳，根据这一理论前苏联的心理学家们设计了许多使用于人的测定方法，提出了高级神经活动类型与气质类型之间的关系，并与古希腊医生希波克拉特的体液气质学说相对照。

患冷热病的人，属于不可遏制型。但是，野马一旦被制服，也就不再撒野了。

（3）意念障碍。由于人们的意念不同，对事情的看法就不同，因此反应也不同。比如，对同样一件事，有的人没当回事，有的人却看得很重，不应该在大脑中引起异常兴奋的小事，却经常兴奋不已，甚至兴奋过度，这就是意念障碍。

有意念障碍的人，在特定的情况下，思维就像被某种轨道粘住一样，遇到不高兴的事，就会习惯地从坏的方面衡量别人，似乎那些看不惯的事情都是别人有意跟自己过不去，以致越想越生气，最后爆发脾气。

3. 冷热病的预防和调适

（1）确立自己是群体中普通一员的观念。任性者之所以任性，是因为他认为自己在群体中处于中心显要位置，于是跟着感觉走，想发脾气就发，从不考虑别人的感受。因此，要想破除任性，就需要摆正自己在家庭、集体中的位置，决不能有高人一等的思想。

（2）加强自制力训练。边缘性人格的行为特点是放纵情感，不加约束地表达情绪冲动，所以有时发起脾气如洪水般一泻千里。其实，情绪是可以控制的。经过训练，自制力是可以增强的。当自己要发作时，首先，告诫自己："发火是愚蠢的行为""生理解剖发现，冲动杀人的罪犯大脑的前额部都比较平滑""发火是丧失理智的表现""上帝想让谁灭亡，就先让谁疯狂"。其次，用手狠狠地摇住一个纸团之类的东西，想象将所有的怨气都发在它的身上，将它攥碎。第三，用指甲掐自己的虎口，以此来制怒。第四立即脱离现场。

（3）培养悔过之心。边缘性人格的人之所以随便发脾气，是因为缺乏悔过之心。这种人自己要培养悔过之心，要懂得"坏脾气是伤人的刀"，一旦控制不住，要马上悔过，并向被伤害的人赔礼道歉。有了悔过之心，下次就会注意克制和有所收敛。

（4）突破意念障碍。有意念障碍的人，将发脾气的原因归为别人惹他了。因此，要学会设身处地处地想问题，学会换位想问题。克服不正确的思想方法。

（5）运用肌肉放松技术。活动身体上的一些大的关节或肌肉，动作不需要有一定的格式，做的速度要均匀、缓慢，直到关节放开、肌肉松弛。

（三）偏执

1. 偏执的表现及其危害

偏执性人格障碍较常见，发病率占人群的1%～2%。偏执性人格主要有两种：一种是狂妄型。表现为自负、傲慢、爱争辩、好斗，对权力、地位有执着的追求而又多疑过敏。另一种是退萎型。表现为胆小怕事、遇事退缩，常背地里窃窃私语，干事偷偷摸摸而又多疑过敏。

偏执性人格的特点较为明显，综合了多种心理障碍的缺点于一身，主要表现在：

（1）多疑。这是偏执的最显著特点。对人不信任，倾向于把别人的好意或者中性态度体会成恶意，倾向于追究别人隐藏的动机而不满足于对别人的行为作常规性的评价。总认为别人对自己“笑里藏刀，指桑骂槐，杀鸡给猴看”。总认为世上好人少而坏人多。行动上过于警惕、保密，甚至采取不必要的防卫措施，想办法考验别人忠实与否。

（2）过敏。对别人的批评、轻视、拒绝等行为反应强烈、持久。对侮辱和伤害更不能宽恕，长期耿耿于怀，甚至总想报复，也常常采取报复行为，经常担心被别人说成道德品质不好而紧张不安。对职责分工不明的环境非常不安，生怕出了问题别人把责任往自己身上推。

（3）非情爱性嫉妒。别人获得重视、获得荣誉时，他感到内心隐痛不安。一旦自己的地位被别人取代，会表现出强烈的怨恨或委屈，公开抱怨指责别人。不愿意与竞争者交往，对竞争者幸灾乐祸或者视为仇敌。对知识技术严格保密，生怕别人学去。好谈论别人的短处，很少或从不夸奖别人。

（4）自我援引。倾向于把本来无关的事看作是针对自己的，如将人家的谈话、咳嗽、吐痰等看成是对自己的不满的表示。

（5）偏见。偏见在这种人身上即是厌恶，且这种厌恶性是建立在根据不足的概括之上的，一旦形成，就很难改变，顽固地认为某某坏、某某奸猾，并常常根据人的外貌来断定人的性格是如何不好。

2. 导致偏执的原因

（1）早期失爱。幼年生活在不被信任、常被拒绝的家庭环境之中。缺乏母爱，经常被指责和否定。

（2）后天受挫。成长中连续地遭受生活打击，经常遇到挫折和失败。如经常受侮辱或冤屈。

（3）自我苛求。自我要求标准极高，并与自身存在某些缺陷之间构成尖锐的矛盾。但是从不公开承认自身的某些缺陷。如个子不高、长相不出众、才能不突出等，

其实，意识深层正为此自卑。

（4）处境异常。某些异常的处境也使人偏执。如没有学历的人，厌恶别人谈论学历，经济状况不好的人，回避谈论经济收入问题，单亲家庭的孩子，怕别人知道自己的家庭情况。

3. 偏执的预防和调适

（1）克服偏见。偏执的特点是偏于一点，不计其余，不看全面；偏于一时，不看过去，不看长远。因此，必须培养自己辩证的思想方法，遇事重事实、重证据、重逻辑，而不是凭主观随意和某种感受。

（2）培养爱心。包括对人、对世界、对生活的爱心。

（3）重组认知结构，克服自我束缚。通过拓展自己的视野，改变原有的狭隘的自我观念。

（4）打掉深层次的自卑，扬起自信的风帆。偏执的深层次根源在于自卑。因此，必须想办法消除自卑。

二、学习心理障碍问题

大学生中出现的学习心理障碍有很多，如厌学、学习动力欠缺、学习方法不当、学习习惯不良、学习疲劳、考试焦虑等。

（一）学习疲劳

1. 学习疲劳的表现及其危害

学习疲劳是指连续学习之后，学习效率下降，身心症状增加的一种心理与生理的异常状态。有两方面表现：一是生理疲劳。表现为大脑疲劳，外观可见其反应迟钝、动作失调、肌肉麻木、局部痉挛和头痛悲痛等。二是心理疲劳。表现为注意力不集中、思维迟缓、情绪躁动、忧虑、厌烦、倦怠以及无聊等。

学习疲劳不仅能使学习效率和成绩下降，还能引起神经衰弱、消化功能失调等慢性疾病。

2. 学习疲劳的原因

（1）大脑疲劳积累。长期满负荷或者超负荷的脑力劳动，致使大脑的兴奋与抑制系统失调。

（2）缺乏规律的生活与和谐的学习环境。

（3）遭受不良刺激而产生严重的挫折感。

3. 学习疲劳的预防和调适

（1）学会放松和积极休息。文武之道，一张一弛。运笔不灵看燕舞，行文无序赏花开。

（2）掌握科学的学习方法。

（3）培养学习兴趣。

（4）养成科学的用脑习惯。

（二）考试焦虑

1. 考试焦虑的表现及其危害

考试焦虑，是面临考试紧张不安、带有恐惧的情绪状态。有的学生，考前失眠，甚至吃不下饭。严重的临场心率加快，呼吸加剧，多汗、尿频、头痛，惶恐不安，多余动作增加，或者胡乱答卷子，早早离开考场。

多数人面临重大考试总会有一些心理压力，产生一定程度的考试焦虑，这是正常的，没有害处。但是过度考试焦虑则对学习有极大的危害，容易分散注意和阻断过程，干扰回忆过程，对思维过程有瓦解作用。同时，过分的考试焦虑对心理健康威胁较大。

2. 考试焦虑的原因

（1）缺乏自信。

（2）把考试看得太重。

（3）期望值过高。

3. 考试焦虑的预防与调适

（1）自信训练。第一步：把所担忧的想法逐条记在白纸上，把潜意识提高到意识水平，使个体清晰地意识到自己当前消极的自我意识的水平和内容。第二步：对消极的自我意识中的不合理成分进行辨析。其中，包括指出这种消极的自我意识的不现实和不必要性，阐明由此对个人所造成的危害，并明确今后应该采取的态度。

（2）放松训练。

（3）系统脱敏。

（4）掌握必要的考试策略和技巧。

三、社交障碍问题

大学中社交问题的表现有很多，如忧虑、烦恼、自我评价过低、过度悲伤、神经过敏、害羞等。

（一）社交恐怖

1. 社交恐怖的表现及其危害

社交恐怖是恐惧症的一种，其主要特征是对人际交往活动产生强烈的紧张、恐怖和回避的反应。一是逃避交际；二是表情失常；三是不敢正视对方。

社交恐怖的危害是把自己封闭起来，不能正常地与人共同工作和学习，让同他有生活关系的人感到不舒服。

2. 社交恐怖的原因

（1）早期生活事件的不良刺激。

（2）缺乏独立与人交往的经验。如某些农村的孩子。

（3）弱型神经活动类型。

（4）自幼胆小。

（5）非理性的强迫观念。

（6）高标准自我与现实自我的剪刀差。

3. 社交恐怖的预防与调适

（1）宣泄疗法。一些社交恐惧症患者有自幼的创伤性刺激经历，并形成内心世界深深的压抑。当患者领悟回忆了这些经历，重新认识这些事件其实没有什么了不起，或者再次体验当时的那种情境和情绪以后，恐惧症就会减轻。

（2）认知领悟疗法。社交恐惧症患者，都存在着一些强制性的要求和非理性观念，比如“我应该是一个完美的人”“宁在众人面前全不会，不在众人面前会不全”“按照自己的心愿办事就会得罪人，得罪人就是不道德的”。这些观念，无一合理，可当事人却奉为行为准则。当他们认识不合理后，就会寻求改变，明确认识：说不好话总比哑巴强；做不好总比废物强。

（3）暴露疗法。社交恐怖的人都是预先反复设想交际时自己的窘态，对此自己又非常害怕，因此，极力回避、摆脱。结果反而被担心和焦虑吓倒。暴露疗法就是偏让自己做，硬着头皮做。关键是告诉当事人：恐怖都是自己吓唬自己，真正做了，所担心的事并不会发生；而且即使发生了，也没什么了不起。

（4）系统脱敏法。系统脱敏疗法由三个部分组成：一是放松训练；二是建立恐怖或焦虑的等级层次；三是要求患者在放松状态下，按照等级层次中列出的项目进行想象脱敏或实地脱敏。

第一步：肌肉放松训练。

第二步：建立客观干扰程度（SUD）从 10 到 100 共 10 个等级的恐怖反应层梯表。如表 6-1 所示。SUD 值每增加 10 为一个级次。SUD 为 10，是干扰程度最轻的条件；SUD为100的等级是对患者干扰程度最大的事件。

表6-1 恐怖反应层梯表

序号	事件类型	客观干扰程度
1	和人在一起，但不和人讲话	10
2	和小孩讲话	20
3	和家人讲话	30
4	和好朋友讲话	40
5	和一般同学讲话	50
6	和生人讲话	60
7	和那些蛮横的同学讲话	70
8	小组发言	80
9	班级发言	90
10	遭到别人当面嘲笑、非议，同他（她）辩论	100

第三步：进行想象脱敏。脱敏治疗之前，先让患者调整呼吸，进行肌肉放松。进入放松状态后，请患者举起右手示意。这时，用语言描述有关情景，患者闭目凝神，每一级都要使患者进入清晰地想象。在不感到害怕时，就举手示意，这时再做两次深呼吸，缓缓地睁开眼睛。休息一会儿，轻松一下，让他谈谈感受。接着再进行下一个等级的训练。每次就诊脱敏治疗时间不超过30分钟，每次脱敏不超过3个等级。对于比较高的等级，每次脱敏一个等级。每次就诊时，都请患者介绍一下情况，因势利导。

脱敏训练从最低等级开始，进行想象脱敏，与放松训练配对练习，逐级通过，直到通过最高层次的恐惧情境。每当遇到紧张，马上进行放松训练，过关以后再往下进行。

第四步：实地脱敏。请患者将脱敏训练的内容分层次地拿到实际生活中去实践。

（二）抑郁

1. 抑郁的表现及其危害

凡以持久的心理郁闷不乐为主要症状的神经症，就属于抑郁型神经症。主要表现为：认识事物消极，悲观而缺乏信心；对待事物总是过分认真，缺乏灵活性，并为此而烦恼；一些微小的事情就能引起忧愁和苦恼，经常愁眉不展，长吁短叹；对日常生活和娱乐都丧失了兴趣以至轻生。抑郁的发病率女性高于男性。

抑郁的危害相当严重，它能使一个人在生理上极快地发生变化，轻则导致生活质量下降，重则导致生病，再严重的会导致自杀。在美国，抑郁是15～19岁青年死

亡的第二位的原因；在中国，抑郁导致自杀的青少年占整个自杀人群的1/4。

2. 抑郁的病因

（1）早期缺乏温情的爱并形成内疚感。许多抑郁的人，早年往往没有得到应有的抚爱，使之缺乏心理上的安全保障感，进而因为自己的缺乏和不足，不受重视而感到内疚，转而惩罚自己，认为问题和失败都是因为自己不好，自己无权享乐。所以，抑郁成了他的一种生活方式。

（2）学习的无能为力感和无助感。由于父母过于保护孩子，不允许其独立闯生活，导致一些生活能力、学习能力差的学生往往认为自己的行为不能对环境产生影响，因此，在困难面前，束手无策，悲观失望。

（3）家庭环境不良。离异的家庭、对孩子要求高而又不善于同孩子沟通的家庭，不允许孩子失败，不允许孩子解释，孩子容易变得郁郁寡欢。

（4）病理因素。青春期女生，很容易出现内分泌失调、缺铁性贫血、甲状腺功能失调、食物过敏、血糖不正常等。这些都可能造成心情抑郁，精神萎靡。

3. 抑郁的预防和调适

对于抑郁患者，如果不属于精神病，可以通过心理调适来治疗。

（1）自杀危机干预。对于有自杀倾向的，首先要采取自杀危机干预。第一，问患者自杀的理由和没有采取行动的原因，对阻止自杀的积极因素加以强化。第二，询问患者是否考虑过其他可能解决问题的方法。因为抑郁患者的负性认知倾向，常使他们忽略其他积极的、现实的应对方法，采取询问这种方式，有助于患者对自己的想法进行思考。第三，告诉患者，只要他愿意接受帮助，采取积极行动，是可以治好的。

（2）认知疗法。培养树立积极乐观的人生态度，使患者知道，世界是美好的，生活是美好的，一切问题都是可以通过努力解决的。可以就事论事。

（3）积极与人交往。

（4）适当地表达自己的情感。

（三）孤僻

1. 孤僻的表现及其危害

孤僻，俗称不合群，是不能与人保持正常关系、经常离群索居的心理状态。在中学生群体中约占5%～8%。孤僻的人讨厌同别人交往，冷淡甚至冷酷，对人抱有敌意，甚至有严重的反社会行为。孤僻的人，多疑、内向、安全感差、情绪波动大，发生一点小事，他就可能怀疑周围的人别有用心，于是怒形于色，弄得别人莫名其妙。

2. 孤僻的原因

（1）心灵受过严重伤害。害怕别人，缺乏安全感，是孤僻的人保持孤僻的重要原因。因为从小心灵受过伤害，如父母的粗暴对待，伙伴的欺负、嘲笑等。不良刺激使人变得难为情，变得过分敏感，不信任别人。

（2）社会活动能力低。由于缺乏必要的社会交际技能和方法，他们在主动探索与人交往时曾经碰过壁，如耻笑、埋怨、训斥。多次否定性的体验，使他们的自主性受到伤害，便把自己封闭起来。结果越不与人接触，社会交往能力就越得不到锻炼，就越孤僻。

（3）父母拒绝式的教养态度。有的父母对孩子的朋友要求过高，公开表示或者暗示孩子的朋友不好，使孩子自此失去朋友，只能在自己的小天地里寻求满足。同时，父母又专制地对待孩子，使孩子从小就不信任别人。

（4）气质性障碍。有些孤僻者可能隐藏着神经系统或内分泌系统疾病，需要到医院诊治。

3. 孤僻的预防和调适

（1）正确认识和评价和对待他人，当人与人之间无利害冲突时，一般人都会以善待人。学生之间，属于纯洁的伙伴关系，没有根本的利害冲突。因此，可以放心、大胆地信任别人，有事可以求同学办，有话可以说给同学听，想玩可以和大家一起玩。

（2）掌握交往的技巧。学会尊重人、关心人、帮助人、理解人和谅解人。同时，多尝试主动和他人交往，培养交友的愿望。另外，多听取朋友、同学的意见，对于同伴的倡议，尽量表示积极响应。

参考文献

[1] 孙波．高职实用体育与健康教程［M］．成都：电子科技大学出版社，2013.

[2] 汪元榜，吴兆祥．大学体育与健康（新版）［M］．合肥：安徽人民出版社，2014.

[3] 陈瑜．体育与健康教育教程（南方版）［M］．长春：吉林大学出版社，2010.

[4] 贡建伟．大学体育与健康教程［M］．北京：科学出版社，2014.

[5] 刘大川．体育与健康［M］．北京：北京大学医学出版社，2013.

[6] 张瑞林．足球运动［M］．北京：高等教育出版社，2010.

[7] 朱冬宁，庞继捷．体育与健康［M］．北京：电子工业出版社，2014.

[8] 董勤广．大学生体育理论与实践教程［M］．哈尔滨：哈尔滨工业大学出版社，2013.

[9] 张瑞林，许斌．网球运动［M］．北京：高等教育出版社，2010.

[10] 盖洋．中国竞技排球技战术发展特征及体能训练理论体系与实证研究［D］. 北京：北京体育大学，2008.

[11] 吴卫兵．我国优秀羽毛球运动员运动训练机能监控及其决策支持系统研究［D］．上海：上海体育学院，2009.

[12] 王树宏．高校体育课程中增设野外生存生活训练内容的探讨［J］．成都体育学院学报，2009（1）.

[13] 赵振浩．关于高校轮滑教学问题的探讨［J］．辽宁医学院学报（社会科学版），2013（04）.

[14] 邹恒．浅析拓展训练在高校体育课程的开展［J］．科技信息，2011（23）.

[15] 张锦．大学生健康意识的研究和干预［D］．杭州：浙江大学，2011.

[16] 徐瑶．烟台市高校大学生体质健康现状与保障体系构建研究［D］．烟台：鲁东大学，2016.

[17] 余岚．大学生个性化体质健康促进研究［D］．北京：北京体育大学，2013.

[18] 高劲腾．《国家学生体质健康标准》下大学体育与健康课程教学改革的实证研究［D］．昆明：云南师范大学，2015.

[19] 王燕梅．《国家学生体质健康标准（2014 修订）》执行偏差问题与矫正措施研究［D］．杭州：杭州师范大学，2016.

[20] 朱奥．长株潭地区大学生体质健康现状与预警机制的构建研究［D］．湘潭：湖南科技大学，2014.

[21] 顾忠科．关于构建学生体质健康测试与预警平台的相关研究［D］．南京：南京体育学院，2012.

[22] 杨方成．湖南省高校学生体质健康测试工作的运行现状与反思［D］．湘潭：湖南科技大学，2016.

[23] 钱平．大学生体质健康保障机制的构建与运行［J］．当代体育科技，2013（6）.

[24] 聂锐新，杨晨飞，白银龙．以健康为视角审视《国家学生体质健康测试标准》［J］．青少年体育，2017（2）.

[25] 赖锦松．大学毕业生体质健康预警机制的构建［J］．河北体育学院学报，2014（6）．

[26] 王春华．巴班斯基教学过程最优化理论评析［J］．山东社会科学，2012（10）：188－192.

[27] 马凤光，屠文娟．公共决策执行过程中的影响因素［J］．理论探讨，2002（4）：70.

[28] 戴霞，朱琳，谢红光．《国家学生体质健康标准》评价效能的反思与优化——大学生体质健康预警机制的构建［J］．中国体育科技，2012，8（3）：75－82.

[29] 曾智．中小学校田径运动会的价值审视［D］．长沙：湖南师范大学，2014.

[30] 朱广涛．基于数据挖掘的学生体质健康测试系统的设计与实现［D］．济南：山东大学，2015.

[31] 刘利波．山东省高校大学生体质健康测试体制机制研究［D］．济宁：曲阜师范大学，2015.

[32] 匡泉．大学生体质健康管理机制创新研究［D］．广州：华南理工大学，2015.

[33] 殷洁森．江南大学学生体质健康管理研究［D］．长沙：湖南大学，2014.

[34] 史博强．石家庄市普通本科院校学生体质健康管理的研究［D］．石家庄：河北师范大学，2016.

[35] 司苗杰．智慧校园背景下高校学生体质健康管理研究［D］．张家界：吉首大学，2016.

[36] 刘星亮，王迎春，刘丹松．体质健康概论［M］．武汉：中国地质大学出版社，2016.

[37] 周皎．大学生体质健康成因与健康促进［M］．北京：中国纺织出版社，2016.